영적 지도의 실제

© William A. Barry & William J. Connolly 1982
The Practice of SPIRITUAL DIRECTION
Harper & Row, Publishes, San Francisco

Translated by Damian KIM & Sun-Sook KIM
© Benedict Press, Waegwan, Korea 1995

영적 지도의 실제
1995년 7월 초판 | 2021년 5월 8쇄
옮긴이 · 김창재/김선숙 | 펴낸이 · 박현동
펴낸곳 · 성 베네딕도회 왜관수도원 ⓒ 분도출판사
찍은곳 · 분도인쇄소
등록 · 1962년 5월 7일 라15호
04606 서울 중구 장충단로 188(분도출판사 편집부)
39889 경북 칠곡군 왜관읍 관문로 61(분도인쇄소)
분도출판사 · 전화 02-2266-3605 · 팩스 02-2271-3605
분도인쇄소 · 전화 054-970-2400 · 팩스 054-971-0179
www.bundobook.co.kr
ISBN 978-89-419-9512-8 03230

윌리엄 A. 베리 · 윌리엄 J. 코놀리

영적 지도의 실제

김창재 · 김선숙 옮김

분도출판사

차 례

머리말 ································· 7

제1부: 영적 지도 개론

1 영적 지도란 무엇인가? ······················ 14
2 신앙 체험의 구심점 ························ 25

제2부: 하느님과 피지도자와의 관계

3 하느님과 개인과의 관계 ····················· 44
4 관상적 태도 ····························· 60
5 주요 내적 문제의 인식과 하느님과의 나눔 ············ 81
6 관계의 발전과 저항 ························ 100
7 신앙 체험을 평가하는 기준 ···················· 124

제3부: 영적 지도자와 피지도자와의 관계

8 영적 지도자가 되려면 ······················ 144
9 영적 지도자와 피지도자와의 관계의 기초 ············ 160
10 영적 지도자와 피지도자와의 관계에서의 장애 요인들 ····· 184
11 영적 지도의 관리 ························ 207
12 맺는 말 ····························· 227

참고 문헌 ································ 237

머리말

최근 영적 지도가 크리스천들 사이에 널리 보급되어 많은 개신교 신자나 가톨릭 신자들이 영적 지도에 대해 알고 있으며, 과거보다 훨씬 많은 사람들이 영적 지도자와 피지도자로서 영적 지도에 참여하고 있다. 더욱이 과거 영적 지도를 요청한 대다수의 사람들은 신학생들과 수도자들이었고 영적 지도자들은 대부분 가톨릭 사제들이었는 데 반해, 오늘날에는 영적 지도를 해주거나 영적 지도를 받는 사람들이 개신교 신자, 가톨릭 신자, 평신도, 사제, 목사, 수도자 등으로 다양해졌다. 또한 영적 지도를 요청하는 사람들도 일상적인 평범한 삶을 사는 사람들의 수는 줄어드는 데 반해 활동적이며 평범하지 않은 삶을 사는 사람들의 수가 늘어나고 있다.

이같이 영적 지도를 요청하거나 영적 지도를 해주는 사람들의 숫자가 늘고 그들의 배경 또한 다양해지면서 과거 5년 동안 영성과 영적 지도에 대한 토론 역시 현저하게 증가했다. 기도에 대한 강의와 연수의 횟수가 늘고 사제, 목사, 수도자와 신학생을 위한 영적 지도가 더욱 활발해졌다. 이와 더불어 영적 지도자를 위한 교육 과정과 영적 지도를 위한 봉사 센터가 여러 곳에 설립되면서 기도와 영성 및 영적 지도의 기술에 대한 논문과 책의 출판이 꾸준히 증가하였는데 이런 상황은 영적 지도에 대한 연수나 교육 과정, 또한 이에 대한 책들이 전혀 알려지지 않았던 60년대 이전과는 판이하게 달라진 것이다.

그렇다면 이 책은 영성과 영적 지도가 주목받는 시기에 씌어졌다고 할 수 있으며 이에 따라 이제까지 잘 알려지지 않았던 분야에 대한 관심이 새롭게 조성되었고 많은 정보가 이용 가능해졌다. 그러나 현재의 영적 지도에 대한 관심이 미국에서의 다른 최근의 움직임들과 같은 경로를 따른다면, 주목 그 자체는 10년 이상 지속되지 않을 것이다. 그렇지만 이 기간 동안 영성신학과 영적 지도를 위해 영구한 가치를 지닌 연구와 조사가 이루어질 수 있다. 일시적 현상이나마 이런 주목으로 말미암아, 영적 지도에 대한 평가가 확고해져서 영적 지도의 방식에 대한 분별이 가능하게 된다.

이 책이 이런 중요한 평가에 이바지할 수 있기를 바란다. 그러나 저자들은 영적 지도가 영성생활의 성장에 항상 도움이 되거나 꼭 필요한 수단이라고 생각하지는 않는다. 다만 영적 지도가 단순히 수도원 내에서만 아니라 일반 사람들의 체험에 의해 판단되어야 한다고 생각한다. 만약 영적 지도의 체험이 사람들로 하여금 현존하시는 하느님을 체험케 하고 삶을 개방하는 것을 도와 준다면, 이 체험은 영적 지도와 영성의 전체 영역에 이바지하게 될 것이다. 만약 이 체험이 나쁘거나 불합리하다고 인식된다면, 사람들이 하느님께 개방되는 더 효과적인 방법으로 대치되기를 바란다.

그래서 저자들은 이 책이 현대 교회의 영성의 발전과 크리스천의 영성생활의 심원한 조류에 이바지하며, 영성생활의 체험에 대한 진지한 토론의 하나의 목소리가 되었으면 한다. 이 토론은 "영성이란 어떠한 것인가?"라는 질문으로 시작되지 않고 "실지로 사람들의 영성생활은 어떠하며, 어떻게 영성생활이 발전하도록 도와 줄 수 있는가?"라는 질문으로 시작되기를 바란다.

1970년 저자들은 예수회의 네 명의 다른 사제들과 함께 보스톤 지역에 영성 센터를 설립할 가능성을 의논해 왔다. 우리 중 한 명은 수년 동안 피정 지도와 영적 지도를 해왔으며, 그 당시에 영성신학 박사학위 과정에 있었다. 다른 한 명은 임상심리(Clinical Psychology) 박사학위 연구를 마치고 웨스톤 신학 대학(Weston School of Theology)에서 사목상담(Pastoral Counseling)을 가르치며 영적 지도를 하고 있었다. 1971년 우리 여섯 명의 예수회 사제들은 매사추세츠 주 캠브리지에 신앙 계발 센터(Center for Religious Development)를 설립했다. 이 센터의 세 가지 목적은 ① 현대 영성을 연구하고, ② 영적 지도자를 교육시키며, ③ 하느님의 백성들에게 영적 지도를 제공하는 것이었다. 센터 임원들은 전통에 주의를 기울이려고 노력하면서, 개인적 체험 — 가장 근본적으로 영적 지도자와 피지도자로서 하느님이라 부르는 신비와의 체험 — 에 바탕을 두고 영적 지도에 대해 연구하며 영적 지도자를 교육시켜 왔다. 해를 거듭하면서 우리의 영적 지도는 사람들이 하느님과의 관계를 발전시키도록 도와 주는 데 더 초점을 맞추게 되었다.

영적 지도란 윤리적 지도, 심리 상담, 고백성사의 집전, 설교와 치유 등의 사목활동과는 다르다(비록 유사한 점은 있지만). 영적 지도는 사람들로 하여금 하느님과의 개인적 관계를 육성하고 발전시키는 것을 도와 준다. 이 책에서 깊게 다루게 될 영적 지도에 대한 이런 이해는 신앙 계발 센터에서의 우리의 체험과, 또 센터 임원들이 영적 지도자들을 위해 미국, 캐나다 및 여러 나라에서 실시한 영적 지도에 대한 수많은 연수의 체험에 의해 점차 가다듬어졌다.

1971년 설립 이래 다양한 배경과 체험을 가진 사람들이 신앙 발전 센터에서 일하게 되었고, 센터 직원들은 우리로 하여금 하느님과의 관계를 직면하고 영적 지도의 활동에 대한 성찰을 가다듬도록 도와 주었다. 센터의 활동과 이 책에 공헌한 모든 사람들의 노고에 감사를 표한다. 마델린 버밍햄(Madeline Birmingham, r.c.), 로버트 도허티(Robert G. Doherty, S.J.), 앤 하비(Anne Harvey, S.N.D.), 에블린 리브라토어(Evelyn M. Liberatore), 로버트 린드세이(Robert E. Lindsay, S.J.), 폴 루시(Paul T. Lucey, S.J.), 다니엘 러쉬(Daniel J. Lusch, S.J.), 죠셉 맥팔란(Joseph F. MacFarlane, S.J.), 죠셉 맥코믹(Joseph E. McCormick, S.J.) 및 프란신 젤러(Francine Zeller, O.F.M.) 등. 현재 영적 지도 연합 과정(Joint Program in Spiritual Direction)이라

불리는 과정의 계발을 위하여 우리와 함께 공동 연구한 웨스톤 신학대학의 교수들에게도 역시 감사를 표한다.

또한 캠브리지에서 교육 과정에 참여하고 있는 회원들에게도 감사를 표한다. 회원들은 미국, 캐나다, 일본, 필리핀, 뉴질랜드, 호주, 칠레, 자마이카, 아일랜드, 스위스와 독일에서 온 사제, 수녀, 수사, 평신도 남녀 등 다양하다. 또한 많은 사람들이 자메이카, 가이아나와 트리니다드에 영적 지도자를 위한 교육 과정을 설립하는 것을 도와 주었다. 현존하시는 하느님을 만나기 위한 이들의 바람과 체험 때문에 저자들은 영적 지도를 더욱 깊이 이해하게 되었다.

또한 이 책이 질적으로 영성과 영적 지도의 이해에 이바지하게 된 것은 신앙 발전 센터와 매사추세츠 주의 스프링필드, 미시간의 디트로이트, 자메이카의 킹스턴, 트리니다드의 포트 오 스페인, 가이아나의 죠지타운에 있는 센터들에서 영적 지도를 요청한 사람들과 우리가 실시한 연수에 참석한 사람들 덕분이다. 캠브리지에 있는 센터에서는 학교에서 일하고 있는 수녀, 교외에 살고 있는 가정주부, 성공회 신부, 택시 운전사, 연합 교회(United Church) 목사의 부인, 감리교 신학대학 교수, 보스턴 신학 재단(Boston Theological Institute)에 속하는 아홉 개의 신학교에 다니는 신학생들을 항상 볼 수 있는데, 저자들은 이런 다양한 크리스천들의 삶을 접하게 됨으로써, 이 책에서 주장하고자 하는 영적 지도의 방식에 대해 더욱 확신하게 되었다. 하느님과 더 깊은 관계를 가지기 위한 이들의 노력에 대하여, 또 우리에게 기꺼이 얘기해 준 이 모든 사람들에게 특별히 감사를 드린다.

저자들은 둘 다 예수회 소속이어서 이냐시오 성인(St. Ignatius of Loyola)의 영성과 그의 『영성수련』(Spiritual Exercises)으로부터 큰 영향을 받았다. 영성의 전통에 따르면 이냐시오 성인의 『영성수련』은 기도의 카타파틱(Kataphatic) 방식의 하나라고 알려져 있다. 카타파틱 방식은 상징 및 개념과 논리에 의존하는 방식인데, 상징과 개념에 의존하지 않는 아포파틱(Apophatic) 방식과는 구분된다. 이 책에서 사용하는 "관상"이라는 단어는 카타파틱 방식의 기도에 더 가까운 것이다. 그러나 이 책에서 묘사하는 영적 지도는 특정한 형태의 기도나 방식에 얽매여 있지 않다. 영적 지도에 참여하기 위한 단 한 가지 전제 조건이라면 영적 지도를 받기를 원하는 사람이 하느님께 대한 감정적인 체험을 가지고 있고 영적 지도자와 이 체험에 대해 얘기를 나누기 원하는 것이다. 이런 체험들이 화살기도, 묵주기도, 이냐시오식 관상, 꿈, 참선, 혹은 기도의 어떤 다른 방법을 통해서 오건 그것은 큰 문제가 아니다. 어떤 사람이 이런 체험을 가지고 있다면 그것의 원천에 상관없이, 그 사람은 영적 지도를 위한 "음식 재료"를 가지고 있다. 아울러 우리가 이냐시오 성인의 영성에 뿌리를 둔 것에 감사를 표하고 이 영성의 적용을 도와 준 예수회 형제들에게도 감사를 표한다.

여러 해를 거쳐 많은 사람들이 우리가 써 놓은 거친 문장을 읽을 수 있도록 변화시켜 주었다. 의무를 넘어서 헌신을 바친 캐터린 피에르니(Catherine Pierni), 메리 스트리트(Mary Street), 앤 프래이타스(Ann Freitas)에게 감사하며 많은 시간을 투자해 관련 문헌을 찾아내고 원고 교정에 수고한 패트리샤 맥카니(Patricia McCarney, C.N.D.)에게 특별히 감사한다. 덧붙여 에블린 리브라토어(Evelyn M. Liberatore)에게도 감사를 표한다. 그녀는 신앙 발전 센터에 찾아오는 사람들을 접견하는 사람으로서, 그녀의 따뜻하고 부드러운 모습과 보살핌 때문에 센터가 사무실이 아니라 가정처럼 느껴지게 했다.

센터의 전담 임원들과 회원들과 더불어 많은 동료들과 친구들과 학생들이 원고를 읽고 도움이 되는 평가를 해 주었다. 원고를 비판적으로 읽고 비평을 써 준 존 카모디(John Camody)와 드니스 카모디(Denise Carmody) 부부와, 초고와 마지막 원고를 읽고 계속하라고 격려해 준 다니엘 헤링톤(Daniel Harrington, S.J.)과, 1977년과 1978년에 웨스톤 신학교에서 영적 지도 과정 PT366에 참여하여 초고를 읽고 비평해

준 신학부 석사 과정 학생들과 특수 과정 학생들에게 감사한다. 윌리암 베리(William A. Barry)는 웨스톤 신학교와, 연구와 저술을 위해 1975년과 1976년 안식년이 가능하게 해 준 신학교 연합(Association of Theological School)과, 저술을 격려하고 몇 장의 초고를 비판적으로 읽어 준 패트리샤 지오기간(Patricia Y. Geoghegan)에게 특별히 감사한다.

이 책의 대부분은 빌 코놀리(Bill Connolly)의 삼촌인 다니엘 코놀리(Daniel Connolly)와 사촌인 존 코디(John Coady)와 마가렛 코디(Magaret Coady) 부부의 뉴햄프셔 주의 시부루크 비치의 집에서 처음으로 씌어졌다. 우리를 초대해 준 호의에 깊은 감사를 표하며, 만약 이 책 안에서 광대함을 느낀다면, 그것은 모두 그들과 대서양변에 있는 그들의 집 덕분이다. 우리가 1주일 동안 교정을 볼 때 뉴햄프셔에 있는 그들의 집을 빌려 준 유진 코놀리(Eugene Connolly)와 셀리 코놀리(Sally Connolly) 부부의 호의에도 감사를 표한다.

끝으로 마지막 단계에서 우리가 전달하고자 하는 것을 이해하고, 그것을 믿고, 그것을 좀더 잘 전달하도록 도와 준 시베리 출판사(Seabury Press)의 에브리 부르크(Avery Brooke)와 프란시스 티소(Francis Tiso)에게 감사를 표한다.

이 책 전반에 걸쳐 우리는 우리들의 체험과 다른 사람들의 체험에 바탕을 둔 사례들을 자주 사용한다. 대개 이 사례들은 여러 명의 체험을 반영하는 각색된 사건들이지만 때로는 개인이나 단체의 체험에 밀접하게 연관되기도 한다. 이 모든 경우 관련된 개인의 신원을 감추기 위해 성별, 나이, 장소, 대화의 주제 등 자세한 부분을 변경시켰음을 밝혀 둔다.

〈제1부〉

영적 지도 개론

1

영적 지도란 무엇인가?

24세의 청년이 어떤 사제에게 자신의 인생에 대한 불안함 때문에 괴로워하고 있다고 말한다. 그는 좋은 직장에 만족하고 있고, 활기찬 사회생활을 즐기며, 친한 친구들과 우정을 나누고 있고, 한 아가씨와 사랑에 빠져 있다. 그는 대학에 다니는 동안 냉담했으나 지금은 미사에 참여하고 있으며, 더욱이 한 기도 모임에 참석하는 것을 매우 가치있게 여긴다. 그럼에도 그는 불안하다. 이것이 그에게 사제 성소의 가능성이 있음을 말하는 것일까? 그 사제는 그를 어떻게 도울 수 있을까?

마흔 살 된 어떤 부인은 전기회사에서 일하는 남편과, 열 살과 여덟 살 된 두 아이를 두고 있으며 남편과 함께 본당의 부부 모임에 참석하고 있다. 그녀는 요즘 답답함과 신경질을 느끼고 있고, 남편과 아이들에게 짜증이 늘어나는 것을 깨닫는다. 기도에 대한 강의에 참석한 후 강사인 본당신부에게 다가가서 "그러나 하느님은 여전히 멀리 계신 것처럼 느껴집니다"라고 그녀는 말한다. 본당신부는 그녀를 위하여 무엇을 말해 줄 수 있을까?

마흔다섯 살 된 어떤 수녀는 고등학교 선생으로서 즐겁게 일하고 있으며, 자신이 소속된 수녀원을 좋아한다. 그 수녀는 어떤 유명한 피정 지도 수녀와 대화할 기회를 가진다. "다른 수녀들이 기도에 대해 얘기하는 것을 자주 듣게 되는데 내가 그것을 어떻게 받아들여야 할지 모르겠습니다. 그들은 기도를 아주 중요하게 생각하고 있습니다. 그들이 과장하는 것인가요? 나는 항상 의무감에서 기도를 해왔습니다. 내가 어떤 것을 깨닫지 못하고 있는 건가요?"라고 그 수녀는 말한다. 피정 지도 수녀가 그 수녀에게 무엇을 말해 줄 수 있을까?

사제직의 위기를 느끼는 마흔 살 정도 된 사제가 다른 사제에게 도움을 청한다. 그는 요즘 기도를 소홀히하고 미사 집전이나 강론에서 아무런 만족도 얻지 못하며 늘 자신이 외롭다고 느낀다. 최근에 그는 매우 매력적인 서른다섯 살의 과부를 만난 후, 그녀에 대해 많이 생각하며 본당 업무에 매달려 있지 않을 때는 언제든지 그녀와 함께 있기를 원하고 있다. 도움을 청하는 그에게 다른 사제가 무엇을 말해 줄 수 있을까?

독실한 크리스천으로 부부생활과 가정생활이 원만한 쉰 살의 성공적인 사업가가 예배가 끝난 후에 목사와 얘기를 나누고 있다. 최근에 그는 자신의 생활 방식이 너무나 "세속적"이라는 것에 꺼림칙해 하며 윤리적으로 문제가 있는 사업상의 거래들 때문에 괴로워하고 있다고 말한다. 한동안 얘기를 나눈 후 그는 스스로 하느님의 뜻과 하느님과 자신과의 관계에 대하여 관심을 가지게 되었음을 깨닫는다. 그 목사가 어떻게 그를 도와 줄 수 있을까?

서른다섯 살의 이혼녀가 이웃 사람과 얘기를 나누고 있다. 그녀는 이웃사람이 주일마다 교회에 나가며 많은 사람들이 그 사람을 매우 신뢰하는 것을 눈여겨보았고 그때문에 그 사람에게 얘기를 털어 놓을 용기를 얻었다. 그녀는 자신의 몸이 점차 마비되어 가는 불치병을 앓고 있다고 말하고, 하느님이 죄의 대가로 자신을 벌주신다고 생각하지만, 그러면서도 하느님이 부당하고 불공정하다고 느낀다. 또 그녀는 "나는 하느님을 원망하고 있고 그때문에 더 큰 죄의식을 느낍니다"라고 말한다. 그 이웃이 어떻게 그녀를 도와 줄 수 있을까?

이상 언급한 상황들은 다른 크리스천에게 도움을 청하는 사람들의 예이며 이러한 요청을 받은 사람들은 다음과 같은 다양한 형태의 반응을 보일 것이다.

먼저 상황을 좀더 자세히 물어보고, 상대방 스스로 왜 그러한 곤경에 처하게 되었는지 이해하게끔 도와 줄 수 있을 것이다. 스스로 이해하게끔 한다는 것은 대부분의 경우 도움이 되기 때문이다. 혹은 동정심을 갖고 얘기를 들어 주고, 고통중에 있는 상대방에게 용기를 북돋아 줄 수 있을 것이다. 동정심을 가지고 얘기를 들어 주는 것은 괴로워하고 있는 사람에게 큰 도움이 되기 때문이다. 혹은 상대방으로 하여금 자신의 삶의 상태가 어떤 결과를 낼 것인지 보게 하고, 그 결과에 따른 행동 방향을 결정하게끔 도와 줄 수 있을 것이다. 혹은 하느님이 엄격한 재판관이 아니라 사랑하는 아버지이심을 상대방이 이해하도록 도와 줄 수 있을 것이다. 이런 신학적 설명은 깨우침이 될 수 있기 때문이다. 혹은 상대방에게 전문가를 추천해 줄 수 있다. 이 모든 과정은 앞에서 예를 든 사람들에게 도움이 될 수 있으며 이 모두를 사목적 배려라 할 수 있다. 그러나 이것을 영적 지도라 할 수는 없다. 영적 지도는 하느님과 개인과의 관계에서 그 사람을 직접 도와 주는 것에 관심을 둔다. 위에서 언급한 예들에서 가장 근본적인 문제는 하느님과의 관계 그 자체이며 또 "하느님은 나에게 누구시며, 나는 하느님께 누구인가?"란 질문일 것이다.

그렇지만 이런 사람들에게 가장 유용한 형태의 도움이 무엇인지에 대한 의견은 영적 지도자들 사이에서조차 분분하다. 다양한 접근 방식이 가능한데, 그 중의 몇몇을 살펴보도록 하자.

첫번째 예에서 사제는 그 청년의 과거와 현재의 생활 방식과 하느님께 대한 관점과 건강에 대해 물어볼 수 있다. 또 사제직을 선택할 수 있는 자유가 그 청년에게 있음을 인식시키고, 어떻게 성소에 대한 관심을 가지게 되었는지 물어볼 수 있다. 그리고 성소 담당자에게 전화를 걸어 보거나, 수도원을 방문해 보거나, 하느님의 뜻을 따를 수 있도록 기도를 해 보라고 그 청년에게 제안할 수 있다. 만약 본인이 성소의 가능성 여부를 알고 싶어한다면, 그가 생각하는 대로 그 청년에게 성소의 표시가 있는지 없는지 말해 줄 수 있다.

하느님이 멀리 계시다고 느끼는 부인에게는, 하느님께서 때때로 우리를 시험하시기도 하고 거리를 유지하시기도 하심으로써, 우리가 하느님을 필요로 하고 있는 존재임을 인식하도록 도와 주신다고 말해 줄 수 있다. 하느님께 좀더 가까이 있고자 하는 그녀의 바람이 바로 이것을 나타낸다. 그녀가 하느님께 충실하다면, 하느님께서는 그녀를 저버리지 않으시리라는 것을 확신시켜 줄 수 있다.

성소의 위기에 처한 사제에게는, 그의 기도생활과 매일 미사의 집전에 대해 물어보고 경건한 신앙생활로 되돌아가도록 충고해 줄 수 있다. 또 기도나 토론이나 오락을 같이하는 사제들의 정기적인 모임에 참석해 보라고 충고해 줄 수도 있다. 동년배의 사제들이 모두 비슷한 형태의 위기를 겪고 있음을 말해 주고, 이런 때일수록 하느님께 드린 자신의 서약에 더욱 충실할 필요가 있음을 말해 줄 수 있다.

이혼녀의 이웃사람은, 그 이혼녀가 하느님을 용서와 자비의 아버지로 인식하고, 자신의 병을 죄에 대한 벌로 볼 것이 아니라 모든 인간이 겪어야만 하는 고통으로 인식하도록 조심스럽게 설명해 줄 수 있다. 그 병든 이혼녀는 자신이 가지고 있는 하느님의 개념은 크리스천들이 가질 수 있는 하느님께 대한 개념들 중 하나일 뿐이라는 것을 인식함으로써 큰 도움을 받을 수 있다.

이상 언급한 것들은 영적 지도에서 가장 널리 보급된 방식이라 해도 과언이 아니며, 영적인 삶의 기준과 핵심적 실천을 강조하는 전통적 방법론과 많은 문헌이 이 주장을 지지하고 있다.[1] 영적 지도자

---

1. 예를 들어, "Direction Spirituelle" in *Dictionnaire de Spiritualité*, vol.3 (Paris: Beauchesne, 1957)라는 탁월한 논문에 약간 언급되어 있다. "영적 지도의 목적은 개인을 완전에로 인도하는 것이다. 즉, 개인으로 하여금 자신을 위한 하느님의 뜻을 이해하고 그 뜻을 실천하도록 인도하는 것이다. 영적 지도자는 피지도자를 알아야 하고, 신학적으로 교육시켜야 하며, 도와 주어야 한다." 이 방대한 논문을 통해 자아-포기와 덕행의 실천 및 기도생활은 강조되는 반면에, 하느님과의 개인적 관계와 기도의 본질에 대해서는 거의 언급되지 않고 있다.

1 영적 지도란 무엇인가? 17

가 경험과 지식이 풍부하고 사려깊게 얘기를 들어 주는 사람인 경우 이런 영적 지도는 사람들에게 도움이 되었고 또 도움이 되고 있다.

그럼에도 아직 몇 가지 질문들이 남아 있다. 자신을 사제직으로 부르고 계신 하느님께 그 청년은 어떻게 반응할 것인가? 순종하려 할 것인가? 수동적으로 받아들일 것인가? 거부감을 가질 것인가? 만약 이런 느낌을 가진다면, 그는 어떻게 하느님을 대할 것인가? 또 그는 하느님께서 응답해 주시리라고 기대할 수 있을까?

또한 사제는 자신이 서약한 하느님께 어떻게 반응할 것이며 그것을 어떻게 표현할 수 있을 것인가? 만약 그렇게 한다면 어떤 일이 일어날 것인가?

하느님께로부터 거리감을 느끼는 부인은 어떻게 하느님을 대할 것인가? 그녀는 하느님의 전지하심을 알고 있다고 말씀드릴 것인가? 비록 하느님께서 자신의 처지를 알고 계신지 혹은 염려하시는지에 대한 확신이 없을지라도?

이상과 같은 질문들은 다른 방식의 도움을 필요로 한다. 영적 지도자는 피지도자로 하여금 하느님께 직접 말씀드리고 하느님의 메시지를 들을 수 있도록 도와 준다. 영적 지도는 하느님과 피지도자와의 관계 자체에 초점을 맞추고 있다. 피지도자가 필요로 하는 도움은 그 관계를 이해하기 위한 것이 아니라, 관계 그 자체, 즉 하느님과의 대화에 참여하기 위한 것이다. 이런 방식의 영적 지도는 피지도자가 자신을 전달하시는 하느님의 말씀을 듣고, 그 말씀에 반응할 때 일어나는 현상에 초점을 맞추고 있다.

그래서, 사제 성소의 가능성을 생각하며 괴로워하고 있는 젊은 청년의 경우는, 하느님과 함께 문제를 해결할 수 있다는 가정하에, 하느님께서 그를 특별히 부르고 계신지, 또한 자신이 그 부르심에 응답하고자 하는지를 분별하도록 하고, 기도 안에서 하느님과의 더 친밀한 관계를 발전시키도록 도와 줄 수 있다.

결혼한 부인의 경우는, 소망에 응답하실 하느님께 자신이 하느님과 밀접한 관계를 맺기를 바란다고 말씀드리도록 도와 줄 수 있다.

성소의 위기에 처한 사제의 경우는, 자신이 하느님과의 밀접한 관계를 원하는지 원하지 않는지 살펴보게 하고, 만약 원한다면 하느님께 어떻게 가까이 갈 수 있는지 말해 줄 수 있다. 그 사제는 하느님 앞에 자신의 근심을 털어놓고, 기도중에 하느님께 대한 자신의 깊은 희망과 두려움과 실망을 표현함으로써, 하느님과의 의사전달에 주의를 기울일 수 있게 될 것이다. 그리하면, 그의 삶에 관련된 결정은 하느님과의 계속되는 관계 안에서 자연스럽게 내려지게 될 것이다.

사업가의 경우는, 자신의 생활방식에 대해 "괴로워하는 것"이 무엇을 의미하는지, 또 자신이 하느님과의 밀접한 관계를 원하는지 살펴본 후, 자신이 하느님께 바라는 것과 하느님께서 그에게 바라시는 것에 대해 하느님과 대화를 나눌 수 있게 될 것이다. 병든 이혼녀의 경우는, 자신이 현재 느끼는 감정과 자신의 불안정을 하느님께 직접 말씀드리고, 그것에 대한 하느님의 응답을 듣도록 도와 줄 수 있다.

일단 이런 사람들이 하느님의 말씀을 듣기 시작하고, 그것이 그들에게 미치는 영향을 하느님께 말씀드리기 시작하면, 그들은 하느님과의 지속적인 관계와 대화를 위해 계속해서 도움받기를 원할 것이다. 즉, 그들은 지속적인 영적 지도를 원하게 된다. 이 책의 목적은 영적 지도자들이 좀더 능숙하고 자신있게 이런 사람들의 영적 지도를 해줄 수 있도록 도와 주는 것이다.

영적 지도의 일차적 관심은 하느님과 개인과의 관계에 대한 실제 체험에 있다. 최근 영적 지도자들이 영적 지도의 "방식"과 "유형"에 대해 자주 언급하고 있으나,[2] 중요한 문제는 영적 지도의 방식에 대한 논란이 아니라, 오히려 영적 지도가 무엇에 초점을 맞추는가 하

---

2. David L. Flemming, "Models of Spiritual Direction", *Review for Religious* 34 (1974), 351-7 참조.

는 것이다. 어느 방식이나 어떤 유형의 영적 지도 이론을 따르건, 신앙 체험 — 그 체험이 하느님과 개인과의 관계에 대한 것인 한 — 을 영적 지도의 초점으로 삼는 것은 당연하다. 그것을 바탕으로 영적 지도의 근본적인 문제들을 파악하고, 그 문제들을 중심으로 영적 지도의 모양새를 갖출 수 있다.

그러므로 신앙 체험과 영적 지도의 관계는 음식 재료와 요리의 관계와도 같다. 음식 재료가 없으면 요리를 할 수 없듯이, 신앙 체험 없이 영적 지도가 있을 수 없다.

영적 지도란 어떤 개인으로 하여금 하느님께서 개인적으로 의사 전달하시는 것에 주의를 기울이고, 이렇게 의사 전달하시는 하느님께 응답하며, 하느님과의 친교를 깊게 하고, 그 관계에 바탕을 둔 삶을 살아가도록, 한 사람이 다른 사람에게 베푸는 도움이라고 정의할 수 있다.

이런 영적 지도는 개념이 아니라 체험에 초점을 맞추고 있다. 특히, 신앙 체험, 즉 하느님이라 불리는 신비스러운 대상에 대한 어떤 체험에 초점을 맞추고 있다.[3] 더구나 이 체험은 일회적인 사건이 아니라, 지속적으로 하느님과 맺는 개인적 관계를 말한다.

영적 지도의 궁극적 목적은 개인과 하느님과의 일치를 육성하는 데 있다. 그러므로 영적 지도는 개인과 하느님의 관계에 대한 것이어야만 한다. 그러나, 우리의 일생 중에 만나는 대부분의 영적 지도자들이, 여기에서 말하는 것만큼 분명하게 하느님과의 관계에 대한 체험에 초점을 맞추지 않는다고 해도 과언이 아니다. 일단 영적 지도에 대한 저자들의 관점은 하느님께 대한 체험 — 대개 기도중에 일어나는 — 에 일차적인 초점을 맞추어야 한다는 사실을 강조하고자 한다. 영적 지도의 가장 중요한 관심사는 어떤 개인이 의식적으

---

3. 이 표현은 **Karl Rahner**의 저술에 자주 등장한다.

로 하느님의 현존 안에 있게 될 때 일어나는 체험에 있다. 이것은 영적 지도자가 피지도자의 삶의 나머지 부분에 관심이 없다거나 적다고 말하는 것은 아니다. 영적 지도자는 전체적인 한 인간에게 관심을 두지만, 그 관심의 초점은 피지도자의 기도 체험에 있다.

"영적 지도"란 말은 교회가 과거로부터 물려받은 과장된 용어 중의 하나이고, 이 말은 또한 현대의 문화적 배경에서 가장 혼동되고 있는 용어 중의 하나이다. 다음의 묘사로 그 혼동이 잘 표현될 수 있을 것이다.

어떤 사람이 영적 지도자라는 말을 들을 때, 우리는 무의식적으로 눈을 내리깔고 손을 소매자락에 집어넣고 있는, 수도복을 입은 나이 많고 바짝 마른 노인을 상상하게 될 것이다. 그리고 그가 앉아 있는 회칠한 조그마한 방에는 철창이 쳐진 작은 창문 하나가 벽 높은 곳에 나 있고, 칙칙한 색깔의 여행복에 모자를 쓴 17세기의 프랑스 귀족 부인이 그와 마주 앉아 있다. 그 부인은 남편이 일 년 중 대부분을 궁궐에 나가 있기 때문에 집안 재산을 관리하기가 힘이 든다고 하소연한다. 그 수도자는 "외로운 분"과 함께 홀로 있는 것에 대해 웅얼거리다가, 그 부인의 삶 안에서 신앙심과 수덕적인 실천에 도움이 되는 시간경을 가르쳐 준다.

이 묘사가 제대로 된 것은 아니지만, 대부분의 독자들은 거기에 포함된 요소들을 인식할 것이다. 이 묘사가 매력적이거나 역사적으로 정확해서가 아니라, 풍자 만화가 그렇듯이, 현대의 가톨릭 신자나 개신교 신자들이 기지고 있는 영적 지도에 대한 — 그들이 뭔가를 좀 알고 있을 때 — 태도를 대변해 주기 때문에 유용하다. 이 묘사는 개인의 생활방식에 대하여 세세하게 말해 주는,[4] 고풍스럽고 계

---

4. 이런 생각은 Gustave Bardy (*Dictionnaire de Spiritualité*, op. cit., 1173-1194)가 피지도자가 영적 지도자에게 순명의 서약을 해야 하는지에 대한 질문을 다루면서 지적한 사실과 큰 차이가 없다. 그는 이 문제에 대해 신중을 기해야 한다고 말하면서도, 어떤 경우에는 이런 서약이 적절할 것이라고 생각한다.

급적인 사회 조직과 종교 조직의 냄새를 풍기고, 또한 삶에 대한 혐오감과 삶으로부터의 도피를 암시하고 있다. 즉, 구름의 세계처럼 삶의 기본 활력이나 추진력과는 약간 동떨어져 있는, 무겁고 복잡한 사고의 세계를 암시한다. 그것은 또 "장식적"인 체험을 찾는 지루해하고 공허해하는 상류사회 사람들과, 그들의 아첨에 최면이 걸린 사제들을 넌지시 비춰 준다. 이 묘사가 남성 우위의 분위기로 채워져 있음은 의심할 여지가 없다.

물론 용어 그 자체 때문에 어려움이 야기되기도 한다. 현대 사회에서 "종교적"이라는 말 자체가 별스럽게 들리는데, 더구나 "영적"이라는 말이 거창하고 자연스럽게 들리지 않기 때문에 민감한 반응을 불러일으키고, 그 행동이나 사고가 요즘같이 복잡한 현대사회에서 존속될 수 없을 것 같은 느낌을 준다. 사회적 양심에 대해 강조하는 사람들에게는, 영적이라는 말이 이 세상의 궁핍한 사람들이나 정의와 평화를 옹호하는 것에는 무관심하고 오히려 내면 세계에 몰두하여 개인의 감정적이고 윤리적인 삶에 관심을 쏟는 것처럼 들릴 수 있다.

또한 어떤 사람을 지도하거나, 어떤 사람으로부터 지도를 받고 있다는 표현에서 사용된 "지도"라는 말은, 개인이 책임을 회피하고 지도하는 사람의 권위를 받아들인다는 의미에서 현대인들에게 거부감을 느끼게 한다.

이런 까닭에 현대 서구 문화권의 사람들에게 "영적 지도"라는 말은 건전한 신학과 심리학이 멀리해야 할 영성주의와 권위주의로 들리게 된다. 삶의 모든 면에서 인간은 정신과 더불어 육체를 가지고 활동하고 있다는 사실을 무시하는 영적 지도는, 개인의 성숙에 득이 되기보다는 오히려 해가 됨을 명심해야 한다. "영적 지도자가 그렇게 하라고 말했습니다"라는 변명은 결코 행위를 정당화시켜 주지 않는다. 영적 지도를 받는 사람은 자신의 책임감을 유지해야 한다. 건전한 영적 지도의 방식과 내용은 개인이 책임감을 유지하고 성장하는 것을 도와 주는 것이지, 그것을 더 어렵게 하는 것은 아니다.

그렇지만 이 용어는 그 나름대로 쓸모가 있다. "영적"이라는 용어는 기본 관심사가 외적 활동에 있지 않고, 선과 악이 나타나게 되는 심장부인 "마음", 즉 내면의 삶에 있음을 말해 준다. 영적이라는 말은 "머리"와 관련이 있지만, 논리와 지식의 범주를 넘어서는 것임을 지적하고, 또한 다른 정신, 즉 하느님의 성령도 포함됨을 상기시켜 준다. "지도"라는 말은 단순한 충고 제공이나 문제 해결 이상을 의미하고, 영적 지도를 요청하는 사람이 어딘가로 가고 있으며, 그 여정에서 누군가와 대화하기를 원하고, 그 대화가 우연히 목적 없이 행해지는 것이 아니라 그의 길을 발견하도록 도와 주는 데 목적이 있음을 의미한다.

비록 영적 지도라는 말 그 자체에 오해의 소지가 있지만, 이 말은 "신앙 상담"이나 "영적 상담", "영적 충고"라는 용어보다는 그것이 전달하고자 하는 것을 더 잘 표현해 준다. 덧붙여, 이 말은 전통 안에 튼튼한 뿌리를 박고 있고, 이 말을 대치하려고 제안된 다른 어떤 용어들보다 좀더 자연스럽고 또 광범위하게 사용된다.

그렇기 때문에, 우리는 약간 염려하면서도 영적 지도란 말을 계속 사용하고자 한다. 이 책이 이 말을 둘러싸고 있는 혼동을 어느 정도 떨쳐 버리고, 위에서 말한 묘사에서부터 생겨나는 두려움을 진정시킬 수 있기를 바란다.

위에서 언급은 되었지만 채택되지 않은 용어들은 사목적 배려의 다른 영역에 속하게 된다. 영적 지도의 관계는 일 대 일의 관계이고, 영적 지도자와 피지도자의 관계는 도움의 관계이며, 준계약을 바탕으로 시작하게 된다. 사목상담이 부부 관계에 초점을 맞추는 것과 마찬가지로, 영적 지도는 하느님과의 관계에 초점을 맞추고 있다. 실제로 모든 영역의 사목적 배려와 상담의 궁극적 목적은 우리가 하느님이라 부르는 신비 안에 삶의 중심을 두도록 도와 주는 것이기 때문에, 영적 지도를 다른 모든 종류의 사목적 배려가 파생되어 나가는 구심점으로 고려할 수 있다.

사목활동의 다른 영역에서처럼, 영적 지도는 이 영역에 특별한 관심을 가지고 있는 사목자들뿐 아니라, 다른 영역의 사목활동에 종사하고 있는 사람들에 의해서도 실행될 수 있다. 이 책이 모두에게 도움이 되기를 바라지만, 우리의 초점은 영적 지도를 전문으로 하는 사람들에게 있다. 여기서 우리는 기술과 도표와 방법론을 제시하려는 것이 아니라, 영적 지도자가 되려는 사람들을 도와 주고자 한다. 영적 지도가 조직적이고 신학적으로 다루어지기를 희망하는 독자들과 마찬가지로, 영성생활의 실천과 발전 단계에 대한 논문을 기대하는 독자들은 실망하게 될 것이다. 이 책은 과정 그 자체에 초점을 맞추고 있다. — 즉, 하느님과의 관계를 발전시키는 과정, 피지도자가 의식적으로 하느님과의 관계를 맺고 그 관계 안에서 성장하도록 도와 주는 과정, 영적 지도자가 되는 과정 등. 단순히 개인의 지식의 범위를 넓히고자 하는 것이 아니라, 영적 지도자가 되려는 사람을 도와 주는 데 이 책의 목적이 있다. 그러므로 이 책은 영적 지도자가 되기 위한 교육과 관리를 받으면서 영적 지도와 그들의 영적 지도 활동에 대해 토의하는 사람들에게 가장 큰 도움이 될 것이다. 왜냐하면 누군가가 되기 위해서는 다른 사람과의 관계를 통하는 것이 가장 효율적이기 때문이다.

② 신앙 체험의 구심점

지난 장의 예에서 도움의 요청을 받은 사람들은, 누구에게 영적 지도를 해주어야 한다는 생각에 당황할 수 있다. 대부분의 독자들은 그런 도움의 요청을 받고 "누구? 내가?"라고 말할지도 모르고, "기도하는 방법을 내게 가르쳐 달라"는 요청을 받고, 자신이 그런 도움을 주기에 적합하지 않다고 느낄 수 있다. 우리가 다른 사람의 기도생활을 도와 주는 역할을 맡기에 적합하지 않다고 생각하는 것은 당연하다. 우리는 그런 역할을 가볍게 받아들이는 사람을 신뢰할 수 없을 것이다. 더구나 현대의 사목자들이 자신은 그 역할에 적합하지 않다고 느낄 만한 충분한 이유가 있다. 현대사회는 엄청난 문화적 변혁을 겪고 있다. 사실이라고 당연히 받아들여졌던 많은 제도와 이론들에 대한 신뢰성이 부지불식간에 사라지는 것을 목격해 왔다. 너무나 많은 것이 변화할 때, 삶의 의미에 대한 답을 찾으며 기도생활을 갈망하는 사람들에게 우리가 실제로 무엇을 해줄 수 있을지 의아해할 수 있다.

이 장의 첫째 목적은 현시대의 문화적·종교적 배경을 이해하는 것이다. 먼저 1960년대의 혼란 이전의 배경을 살펴보자. 정치 지도자들의 진지함은 의심의 여지 없이 받아들여졌고, 국가 정책은 정당하다고 받아들여졌으며, 자유 기업과 강력한 노조운동의 자본주의가 가장 적합한 민주주의적 생활방식이라고 받아들여졌다. 여기서 "과거를 찬양하는 자"로서 "옛날의 좋던 시절"로 되돌아가자고 말하려는 것이 아니라, 1960년대와 1970년대가 미친 영향에 대해 독자들의 주의를 환기시키려는 것이다. 1960년대 이전 당연히 받아들여졌던 수많은 사회적·정치적 태도가 지금 의문시되며, 심지어 유치한 것으로 간주된다. 사회 문화적 조직과 가치들을 향한 이런 태도의 변화는 우리 모두에게 심각한 영향을 미쳤다.

가톨릭 신자들은 또 다른 변혁을 겪었다. 1960년대 이전 가톨릭 교회에서는 변화가 일어날 수 없을 것 같았고, 또 대부분 가톨릭 신자들에게는 교회가 변화될 필요도 없었다. 신학교와 수도회에는 성소자들이 넘쳐났고, 계속 증가될 것으로 예상되는 신학생들과 수도회 수련자들을 위한 큰 건물들이 전국 각지에 세워졌다. 주일미사 참석자 수는 많았으며, 새로운 성당과 학교가 빠른 속도로 건립되었고, 교황과 주교와 사제들의 권위는 비교적 의문시되지 않았다. 가톨릭 신자들은 자신이 누구인지를 알았고, 또 어떤 행동이 요청된다는 것도 알았으며, 만약 그 요청에 어긋나는 행동을 했을 때는 죄를 지었음을 알았고, 고백성사를 보러 갔다. 이런 흐름은 제2차 바티칸 공의회의 개혁과 1960년대와 1970년대의 혼란 이후 사라졌다. 개신교의 크리스천들도 유사한 격변을 겪었음은 의심할 여지가 없다. 좋건 나쁘건 우리가 새로운 상황에 처해 있음은 분명하다.

극히 최근까지 신학교는 영적 지도를 중요시하지 않았으며 또 영적 지도에 많은 시간을 투자하지 않았다. 영성신학과 영적 지도는 신학교 교과 과정의 주요 과목에 끼지 못했고, 기껏해야 금욕주의, 신비주의 신학, 기도에 대한 선택 과목들이 있을 뿐이었다. "기도를 가르쳐 달라"는 요청에 대해 미래의 사제들이나 사목자들을 준비시키는 과정은 거의 없었다. 오늘날 많은 사제들이 영적 지도를 위한 교육을 받지 않았기 때문에, 기도생활을 도와 달라는 요청에 대해 당황해하고 자신이 부적합하다고 느낀다. 저자들이 과거에 받은 교육이나 경험을 통해 볼 때도 현대인들의 이러한 요청에 대한 교육을 거의 받지 못했다고 생각된다.

문화적 변혁이 또한 영적 지도에 대한 요구를 증가시킨다. 사회 및 종교 조직과 그 가치관이 공유되며, 그것이 비교적 잘 적용될 때, 개인의 가치관은 그 개인이 성장한 문화적·사회적·가족적 조직과 환경에 의해 형성된다. 가끔 귀찮은 존재들이 조직 자체에 대한 의문을 제기하기도 하지만, 대부분은 가치관을 당연하게 받아들이고, 그 가치관에 바탕을 둔 가정이 진리가 아닐 수도 있다는 사실을 인식하지 못한다. 예를 들어 "모든 사람"이 신자일 때 믿음은 당연한 것으로 받아들여지고, 대부분의 사람들은 자신의 믿음을 비판적으로 재고해 볼 필요가 없다. 그러나 조직이 붕괴되기 시작할 때 무슨 현상이 일어날까? 개인의 가치관을 형성하는 데 도움을 준 가정들이 무너지기 시작하면서, 수많은 사람들은 무의미하고 혼란한 세상 안에서 떠돌고 있다고 느끼고, 삶의 의미를 찾고자 하며, 삶의 고통을 덜어줄 수 있는 무엇을 찾게 된다.

현대에 일어난 수많은 형태의 운동들이 마치 삶의 의미에 대한 답을 약속하는 것처럼 보인다. 정신 질환이나 직업 선택을 위해서뿐만 아니라, 불안정한 세상에서 살아가기 위해 심리치료나 상담의 도움을 요청하는 것 같다. 사람들이 공동으로 삶의 의미를 찾으려고 노력함에 따라 만남의 운동, 성장을 위한 모임, 체험을 나누는 모임들이 유행하게 되었다. 동양 종교의 실천에 대한 관심이 현저하게 증가했으며, 광신 단체들이 급속히 늘어났다. 기존의 교회 내에서는 기도와 성령의 은사에 대한 관심이 고조되었고 여러 가지 형태의 피정이 활성화되었다. 영적 지도자들은 영적 지도를 받으려는 사람들의 요청을 모두 들어주기가 어렵게 되었다.

급변하는 세상에서 안정을 제공할 바위를 찾는 것, 즉 삶의 의미를 찾으려는 것은 본질적으로 종교적 추구이다. 사회적·문화적 격동의 시대에 사람들이 다급하게 안정을 찾으려 하면서, 그런 안정에로 인도해 줄 안내자를 필요로 하게 되고, 이에 따라 사제나 목사나 다른 종교 지도자들이 그 업무에 유력한 후보자가 되는 것 같다. 그래서 사목상담과 영적 지도에 대한 요청이 증가함에 따라, 본인 스스로 방법을 모른다고 느끼는 사목자들이 이런 요청을 받게 된다. 성서적 용어로 양들이 목자가 없음을 발견하게 된다.

이런 상황이 미치는 위험은 심각하다. 삶의 의미에 대한 그럴듯한 답을 약속하는 구루(guru)들이 현대인들에게 최면적 영향을 미칠 수 있다. 많은 사람들이 불확실함에 대한 해결책으로 끊임없이 심리치료를 받는 것 같다.[1] 또한 영적 지도자들이 마치 답 그 자체인 것처럼 행세하며 자신들의 권위를 보호하려 하기 때문에 해로운 결과를 초래하는 사례들을 보아 왔다. 비슷한 사회적·문화적 격동기를 겪은 토마스 모어의 경우를 살펴보자. 토마스 모어의 딸이 감옥에 갇혀 있는 그를 찾아와서, 그가 수위령 서약(The Oath of Supremacy)을 거부하는 것이 존 피셔 추기경의 영향 때문이 아니냐고 물었을 때, 그는 추기경에 대한 찬사를 한동안 한 후, "애야, 그 추기경이 비록 오늘날 살아 있는 사람들 중에서 가장 훌륭한 분이라 할지라도 내 영혼을 그분께 맡기고 싶은 생각은 추호도 없단다. 그분이 그 부담을 감당해 내리라고 생각하지 않는단다. 왜냐하면 살아 있는 사람들 중 어느 누구도 나 이외에는 나에게 확신을 심어줄 수 없기 때문이다"라고 말했다.[2] 만약 종교 지도자 스스로가 불확실해한다면 우리는 누구에게 의지할 것인가? 우리가 바위로 신뢰할 수 있는 것은 무엇인가? 어디에 우리의 영혼을 맡길 수 있을까? 이 책은 앞으로 그런 바위를 발견하는 것이 가능하고, 또 다른 사람들이 그런 바위를 발견하도록 도와 주는 것이 가능하다는 것을 증명하기 위해 노력할 것

---

1. Ernest Becker가 *Denial of Death* (New York: Free Press, 1973)에서 이렇게 지적한다.
2. R. W. Chambers, *Thomas More* (Ann Arbor, Mich.: University of Michigan Press, 1958), pp.309-10.

이다. 그 바위는 인간이 아니라 하느님이라고 불리는 신비, 즉 각자가 스스로의 마음과 영혼 안에서 체험하게 되는 신비이다.

불안정한 삶의 의미에 대한 답을 찾으려는 사람이나, 하느님과의 밀접한 개인적 관계를 발전시키기를 원하는 사람이 도움을 요청해 올 때, 우리는 어디서부터 시작할 것인가라고 자문하게 된다. 이런 사람들은 자신들이 받아들인 객관적 진리나 방식에 부족한 면이 있다는 것을 스스로 발견하지 않았더라면 이런 요청을 하지 않았을 것이다. 이런 요청을 받았을 때 우리는 근본적인 질문을 던지게 된다. 우리는 개인과 공동체와 또 실질적으로 의사 전달하시는 하느님을 믿고 있는가? 우리는 하느님을 개인적으로 만나뵐 수 있음을 믿고, 그분과의 관계를 우리 삶의 바위로 삼을 수 있음을 믿고 있는가? 만약 우리가 이런 것들을 믿는다면, 우리는 어디서 하느님을 만나게 되는가? 궁극적으로 개개인은 자신의 체험 — 개인으로든, 전례나 다른 행사를 통해 공동체와 함께하든 — 안에서 하느님을 만나게 된다.

신앙을 가지지 않는 것이 "자연적이고 정상적인 상태"[3]로 간주되는 현대를 살아가는 신자들은 다음 두 가지 중 하나를 선택할 수 있다. 하나는 서로의 신앙을 지켜주고자 노력하는 "신자들만"의 은둔처로 숨어드는 것이다. 다른 하나는 그리스도 신앙의 중심으로 가는 것이다. 그 중심은 예수님이야말로 자신과 세상의 구세주이심을 믿고, 예수님께 응답하면서 이루어지는 믿음과 희망과 사랑 안에서의 체험이다. 다른 말로 그 중심은 기도이고 또 기도에 바탕을 둔 삶이다.[4]

---

3. Paul W. Pruyser, *Between Belief and Unbelief* (New York: Harper & Row, Publishers, 1974), p.54. Pruyser는 최근까지 믿음을 가지는 것이 정상이었고, 믿음을 가지지 않는 것이 설명을 필요로 하는 비정상 상태였다고 주장한다.
4. 믿는 이들의 현대적 상황을 주의깊고 통찰력있게 분석하고 있는 Josef Sudbrack, *Beten Ist Menschlich: Aus der Erfahrung Unseres Lebens mit Gott Sprechen* (Freiburg im Breisgau: Herder, 1973), pp.38-44 참조.

첫번째 선택은 궁극적으로 자신의 영혼을 하느님께 맡기는 것이 아니라, 다른 "신자들"에게 맡기는 것으로 세상을 향한 자신의 사명을 회피하려는 것이다. 우리는 자주 "다른 사람에게 맡기는" 것의 위험을 체험해 왔다. 크리스천의 유일하고 진정한 선택은 두번째이다. 신앙이 여러 가지 선택들 중의 하나로 고려되는 다양한 현대사회에서 다른 사람의 체험이 궁극적으로 내가 딛고 설 바위가 될 수는 없으며, 그 바위는 나 자신의 체험이어야만 한다.

하지만 이것이 크리스천이 다른 사람들의 영향을 받지 않는 외톨이임을 의미하는 것은 아니다. 크리스천이란 믿는 이들의 공동체로서 서로의 신앙생활과 체험과 삶에 영향을 미친다. 또 크리스천은 그들의 믿음을 권위에 둔다. 즉, 성서의 권위, 교부들의 권위, 공의회의 권위, 공식 문헌들의 권위 및 성직계의 권위에 그들의 믿음을 둔다. 전통적으로 크리스천은 권위가 제시하는 것을 자신의 것으로 받아들여 "나는 믿습니다"라고 항상 표현해 왔으며, 문화적 격변의 시기에 그 필요는 더욱 강조된다.

그럼에도 불구하고 자신의 체험을 바위로 삼는다는 것이 가능한 일인가? 정신분석학은 자신을 기만하지 않고 자기 자신을 명확히 안다는 것은 불가능하다고 주장한다. 모든 체험은 구조적이며 과거의 체험들이 그 구조를 형성한다. 자신의 성격과 심리 구조에 의해 영향을 받지 않는 "순수한" 체험이란 있을 수 없다. "하느님께 대한 우리의 체험"이 "우리 자신"의 것이 아니고 "하느님"의 것임을 어떻게 확신할 수 있을까?[5] 사회학은 우리의 의식구조가 우리가 소속된 사회와 문화와 제도에 영향을 받아 형성된다고 주장하고 따라서 "순수한" 자기 체험과 의식구조가 가능한가에 대해 의문점을 제기한다.[6]

---

5. 현대의 믿는 이들을 위해 Freud에 의해 제기된 문제를 밀도있고 난해하지만 정곡을 찌른 Paul Ricoeur, *Freud and Philosophy: An Essay on Interpretation* (New Haven and London: Yale University Press, 1970) 참조.

정신분석학적 비판이나 사회학이 유익한 정보를 제공하지만 아직 명백한 답을 제시하지 못하고 있으며 그 질문은 여전히 남아 있다. 나는 나의 체험을 바탕으로 현존하시는 하느님을 믿는다고, 즉 예수 그리스도 안에서 나의 삶의 중심에 영향을 미치시는 하느님을 믿는다고 확신있게 말할 수 있을까?

현대의 많은 철학자들 중 피터 버어그는 "아무것도 사회 문화적 분석의 대상에서 벗어날 수 없다",[7] 그렇기 때문에 하느님의 부재는 증명되지 않는다라고 말한다. 또 그는 신학이란 계시의 하느님에 의해 시작되는 것이 아니라, 인간에 의해 또 인간의 체험에 의해 시작된다고 말한다. 달리 말해, 모순적이지만 우리가 해답을 얻게 되는 곳은 바로 의문시되고 있는 인간의 체험이라고 그는 말한다. 우리는 인간의 체험 안에서 유일하게 "초월성의 표시"를 보고 "천사들의 소문"을 듣게 될 것이다.

인간 체험에 주의를 기울여 진지한 질문을 던지게 되면 천사들의 소문이 드러나게 될 것이라고 버어그는 말한다. 그러나, 그 소문이 실지로 천사들의 것인지 아닌지 어떻게 판단할 수 있는가? 초월성의 표시를 나타내 보이는 실재가 정말 존재하는가? 인간의 체험에 주의를 기울이는 것은 바로 하느님의 존재에 대해 질문을 던지는 것이다. 단순히 질문을 던지는 것만으로 답이 주어지는 것은 아니며, 또 그 질문이 보잘것없는 것이라고 무시해 버릴 수 없다. 어떤 외부적 사건이나 사물을 관찰함으로써가 아니라, 질문을 던지는 자가 된다는 것이 무엇을 의미하는지 완전히 파악함으로써 답을 얻게 되므로, 내면으로 되돌아가 답을 얻으려고 노력해야 한다. 버어그의 결론은

---

6. Peter L. Berger, *The Sacred Canopy: Elements of a Sociological Theory of Religion* (Garden City, N.Y.: Doubleday & Co., 1967) 참조.

7. Peter L. Berger, *A Rumor of Angels: Modern Society and the Rediscovery of the Supernatural* (Garden City, N.Y.: Doubleday Anchor Books, 1970), p.47.

칼 라너[8]와 버나드 로너간[9]과 같은 탁월한 신학자들의 신학의 바탕이 되는 초월적 방법과 일치하고 있다. 궁극적으로 질문을 던지는 자는 하느님의 존재가 자신의 존재를 근원적으로 가능하게 해준다는 판단에 도달하게 된다. 그러나 질문을 던지는 자 이외에 아무도 이런 판단을 내려줄 수 없고, 이런 판단을 내리기 위해 그는 자기 자신의 내면의 체험과 활동을 진지하게 받아들여야 할 필요가 있다. 영성신학과 영적 지도가 항상 관심을 두고 중요하다고 인식해 온 내면의 체험에 주의를 기울임으로써, 우리를 지탱시켜 줄 바위를 찾게 된다.

사람들이 하느님의 존재를 깨닫도록 어떻게 도와 줄 수 있을까? 하느님께서 우리 가까이 계시면서 당신의 뜻을 전달하신다는 것을 믿도록 어떻게 도와 줄 수 있을까? "하느님께서 나를 염려하고 계시는가?", "하느님께서 나를 구원하셨는가?"라는 실존적 질문에 대한 답을 얻도록 어떻게 도와 줄 수 있을까? 다시 한번 자신의 체험에 의지해야만 한다. 나의 체험은 내가 자라난 환경과 내가 속한 교회와 내가 받은 가르침과 내게 증언해 주는 사람들의 영향을 받고 있다. 그러나, 궁극적으로 내가 "나는 예수님이 나의 구세주이심을 믿습니다"라고 또 "내가 예수님의 사랑에 사로잡혀 있으며 믿음 안에서 그 사랑을 체험했음을 믿습니다"라고 말해야 한다. 어느 누구의 믿음이나 체험도 이렇게 말해 줄 수 없다. 이것이 믿음에 가득 찬 확신으로 내가 딛고 서 있을 수 있는 부서지지 않는 바위이다. 사람들이 기도하는 것을 가르쳐 달라고 요청해 올 때, 그들로 하여금 하느님 스스로 염려와 관심을 나타내시도록 함으로써 일어나는 내면의 체험에 주의를 기울여 이런 확신에 도달할 수 있도록 도와 주어야 한다.

---

8. Karl Rahner, *Foundations of Christian Faith: An Introduction to the Idea of Christianity* (New York: The Seabury Press, 1978).
9. Bernard J. F. Lonergan, *Insight: A Study of Human Understanding* (New York: Philosophical Library, 1956).

"내게 기도하는 것을 가르쳐 달라"는 요청에 대한 배경을 살펴봄으로써, 도움을 요청하는 사람의 신앙 체험에 중심을 두는 것이 최상의 접근 방법이라는 결론에 도달하게 된다. 이것으로 영적 지도를 처음 시작하며 느끼게 되는 불안이 어느 정도 해소되기를 바란다. 정교한 기술이 필요하지 않고, 속세를 초월하여 "거룩하게" 될 필요가 없다. 약간의 성서적 지식과 신학적 지식이 필요하지만, 더 중요한 것은 도움을 요청하는 사람에게 관심을 가질 필요가 있고, 그들과 함께 신앙 체험을 검토하려는 의지, 즉 그 체험이 나타내 보이는 관계를 함께 밝히려는 의지가 필요하다.

여기서 신학 자체가 내면 세계로 향하는 극단적 모형의 변천(paradigm shift)을[10] 겪고 있음을 지적해 둘 필요가 있겠다. 『신학의 방법』[11]에서 버나드 로너간은 초월적 방법은 신학적 방법의 한 요소일 뿐이라고 말한다. 초월적 방법은 개인으로 하여금 자신이 지식과 사랑 안에서 자기 초월을 향하는 기본 역동(dynamics)을 가진 존재임을, 곧 자신이 하느님을 찾고 있는 존재임을 확인시켜 준다. 신학적 방법은 하느님께서 실제로 말씀하심을, 즉 하느님께서 지식과 사랑 안에서 자신을 전달하고 계심을 아는 신앙적 체험을 필요로 한다.

로너간은 객관성으로부터 내면성 또는 상호 주체성으로 모형을 변천시켰다. 그는 신앙적 요소는 체험, 바로 하느님과 사랑에 빠진 체험에 의해 제공된다고 말한다. 내가 자기 초월의 능력을 가진 존재임을 초월적 방법이 증녕하고, 내기 가진 이 능력이 실제화되었다

---

10. 모형과 모형 변천의 개념에 대해 토론한 Thomas S. Kuhn, *The Structure of Scientific Revolutions* (Chicago: The University of Chicago Press, 1962)와 이 개념을 신학에 적용한 Joseph A. Komonchak, "*Humanae Vitae* and its Reception: Ecclesiological Reflections", *Theological Studies*, 39 (1978), 221-257 참조.
11. Bernard J. F. Lonergan, *Method in Theology* (New York: Herder and Herder, 1972).

고, 즉 하느님이 나와 사랑에 빠져 있고 내가 하느님과 사랑에 빠져 있다고 말할 수 있을 때 신앙적 요소가 제공된다.

로너간의 신학적 방법은 일련의 전제 조건으로부터의 연역이 아니라, 신앙적 체험, 즉 하느님과 사랑에 빠진 체험에 바탕을 두고 있다. 그것은 "나의 가장 큰 바람과 희망이 채워지는 것을 내가 희미하게나마 체험하고 있는가?"라는 질문에 대한 답에 바탕을 두고 있다.

또 로너간은 신학의 기초에 관한 장에서 조직신학과 사목신학은 신앙 체험에 기초를 두어야 한다고 분명히했다. 너무나 오랫동안[12] 신앙 체험과 별 상관이 없었던 학문으로서의 신학 그 자체가 신학의 가장 기초가 되는 체험으로 되돌아가는 것을 볼 수 있다. 사람들을 도와 주기 위해 영적 지도자들과 다른 사목 담당자들이 신앙 체험에 초점을 맞추는 것과 마찬가지로 신학자들도 체험에 초점을 맞추게 되었다. 영성과 교의신학 혹은 이론적 신학과의 간격을 메워 줄 상호 공동 연구의 새로운 시대가 다가온 것 같다.

신앙 체험에 초점을 맞추는 것이 영적 성장에 도움이 되며 또 필요하다고 보는 것은 영성의 역사에서 새로운 현상이 아니며 크리스천 신앙 자체만큼이나 오래된 것이다. 독실한 초대 크리스천들은 하느님과의 체험과 또 그 체험에 주의를 기울이면서 발전하는 의식적 관계를 삶의 바탕으로 삼았다. 크리스천의 신앙과 실천을 반영하는 신약성서와 역사적 문헌들은 신앙 체험을 받아들이고, 또 그 체험으로부터 발전할 수 있는 대화의 삶을 받아들이기를 권하고 있다.

사도들은 예수님과의 체험을 통해 예수님을 믿게 되었고 그분을 신뢰하게 되었으며 그들의 체험을 바탕으로 예수님께 대해 많은 생

---

12. Josef Sudbrack은 자신의 논문인 "Spirituality", in *Sacramentum Mundi: An Encyclopedia of Theology*, eds. Karl Rahner et al. (New York: Herder and herder, 1970), 6, 148-157에서 교의신학과 영성신학과의 일치가 사라진 때를 12~13세기로 보고 있다.

각을 하게 되었다. 이 점은 신약성서를 대충 보아도 분명하다.

복음은 사도들이 예수님과의 관계를 시작할 때, 예수님께 대한 선입관을 가지고 있지 않았다고 묘사하고 있다. 사도들은 예수님을 만나게 되었고, 예수님을 관찰했고, 예수님과 함께 생활했으며, 예수님의 활동을 지켜보았고, 예수님의 말씀에 귀를 기울였다. 예수님과의 체험 때문에 사도들은 예수님께 대한 질문을 던지게 되었고, 그들 스스로 그 질문에 대한 답을 얻을 수 있게 되었다. 사도들은 예수님께서 치유하시기 전 문둥병자를 만져주시고, 중풍병자에게 용서의 말씀을 해주시고, 바리사이파 사람들에게 안식일에 사람을 살리는 것과 죽이는 것 중 어느 것이 옳은 일인지 대답하라고 명하시며, 나인의 과부에게 동정과 능력을 보이시고, 하혈하는 여자를 초대하여 얘기를 나누시는 것을 보았다. 사도들은 이런 수많은 활동들 안에서 예수님을 체험했고, 그 체험을 통해 예수님께 대해 확신을 가지고 믿음을 고백하게 되었다.

복음은 예수님께 대한 사도들의 태도가 발전하는 것을 보여준다. 처음 사도들은 단지 예수님을 능력을 가지신 분으로만 보았지만 나중에 가서야 겨우 그분을 메시아로 받아들이게 되었다. 예수님께서 처음으로 자신을 수난당하는 메시아로 묘사하셨을 때, 사도들이 보인 반응은 극도의 두려움이었다. 예수님이 부활하신 후에야 사도들은 제자의 배반과 예수님의 죽음을 통해 구원을 이루시는 하느님의 계획을 인식하게 되었다. 복음은 제자들을 체험의 과정에 있는 사람으로, 또 그 체험에 바탕을 두고 확신해 가는 과정에 있는 사람으로 묘사한다. 크리스천 정신은 이것을 기초로 하고 있다.

아타나시오[13]가 은둔자 안토니오의 영적 여정을 묘사할 때, 안토니오가 영적 여정을 시작하게 된 것은 합리적인 사고에 기초를 둔 어

---

13. St. Athanasius, *The Life of Saint Antony*, trans. and annot. Robert T. Meyer (Westminister, Md.: Newman Press, 1950), pp.19-20.

떤 결론에 도달했기 때문이 아니라, 그에게 선포되는 복음을 들었기 때문이라고 말하고 있다. 안토니오는 예수님의 말씀 "네가 완전해지려면 가서 가진 것을 다 팔아 가난한 사람들에게 나누어 주어라. 그러면 하늘에서 보화를 얻게 될 것이다. 그러니 내가 시키는 대로 하고 나서 나를 따라 오너라"를 예수님께서 직접 자신을 향해 하시는 말씀으로 듣고, 그 말씀에 응답하기로 결정하였다. 아타나시오는 안토니오가 복음을 듣고 보인 응답을 하나의 체험으로 보았고, 다른 체험들과 마찬가지로 이 체험을 바탕으로 하여 안토니오의 덕행과 카리스마가 발전하게 되었음을 말하고 있다.

초대 크리스천 문헌들은 이와 유사한 사건들을 무수히 묘사하고 있다. 초대 크리스천 작가들과 설교자들은 하느님께서 성서에서 보여주신 대로 사람들을 대하시리라고 기대했다.[14] 그들은 하느님과의 대화의 체험이 예수님의 승천으로 끝나는 것이 아니라 교회의 삶을 살아가는 사람들 안에서 여전히 계속된다고 보았다.

알렉산드리아의 클레멘스[15]는 말씀이 크리스천의 삶 안에서 동료 교육자(Paidagogos)의 역할을 한다고 했다. 희랍 문명의 동료 교육자란 집안 하인으로서, 그 집 아이를 어릴 때부터 돌보면서, 그 아이와 함께 위험한 도시의 거리를 지나 학교에 가고 또 복잡한 도시 안을 돌아다니며, 그가 보여주는 모범과 그가 해주는 충고와 그가 내린 결정을 통해 그 아이가 처한 환경 안에서 살아나가는 것을 배우도록 도와 주는 사람이었다.[16] 학교 선생이 그 아이의 교과 과목을

---

14. 예를 들면 Marie-Denise Valentin, O.P., in the introduction to Hilaire D'Arles, *Vie de Saint Honora*, Sources Chrétiennes, no.235 (Paris: Les Editions Du Cerf, 1977), 39와 Pierre Maraval in his notes to Grégoire De Nysse, *Vie De Sainte Macrine* (Paris: Les Editions Du Cerf, 1971), p.265, n.2. 참조.
15. Clement of Alexandria, *Christ the Educator*, trans. Simon P. Wood, C.P., in *The Fathers of the Church* 23 (New York: Fathers of the Church, Inc., 1954).
16. H. I. Marrou, *A History of Education In Antiquity*, trans. by George Lamb (New York: Mentor Books, The New American Library, 1956), pp.201, 301. 참조.

가르쳤기 때문에, 동료 교육자의 원래 역할은 학문을 가르치는 것이 아니라, 하루의 대부분을 그 아이와 함께 지내면서, 그 아이로 하여금 동료 교육자 자신을 통해 배우도록 도와 주는 것이었다. 클레멘스는 말씀, 즉 예수님께서 우리에게 그렇게 해주신다고 생각했다. 동료 교육자와 그 아이가 쌍방의 감정적인 요소에 바탕을 둔 관계를 형성했듯이, 예수님과 크리스천도 또한 이런 관계를 형성한다. 크리스천은 예수님과의 관계를 통해 성장하면서 더불어 하느님과의 관계에서의 성숙과 개인의 성숙에 도달하게 될 것이다.[17] 크리스천이 성장함에 따라, 크리스천과 예수님 사이에 지속적인 대화가 있게 되며, 변화되는 상황 안에서 발전의 단계를 거치면서 대화가 계속되게 된다. 대화의 내용은 대화하는 두 사람이 성장함에 따라 달라지게 된다. 클레멘스의 크리스천의 삶에 대한 이런 묘사 덕분에, 우리와 예수님과의 관계도 역시 이러할 것이라고 생각할 수 있다.

거의 같은 시대에 무명의 작가에 의해 쓰여진 작품인『디오그네투스』[18]에서, 인간을 사랑하시는 하느님 아버지를 알게 되고, 그분을 사랑하라고 인간을 초대하시는 하느님 아버지를 알게 됨으로써, 어떤 이단자가 개종하게 된다. 크리스천의 삶의 기초가 되는 것은 바로 "나를 먼저 사랑하신" 분을 알게 되고, 그분을 사랑하게 되는 것이다. 그 개종한 사람은 자신을 사랑해 주시는 하느님으로부터 어떻게 살아야 하는지 배우게 된다. 법에 대한 복종이나 불복종을 떠나서, 그가 만나 뵌 하느님을 점차 닮아감으로써, 그는 크리스천으로서 성장하게 된다. 그 사람은 지신의 능력과 부를 이기적으로 사용

---

17. Clement of Alexandria, op. cit., pp.86-9.
18. "The So-Called Letter to Diognetus", in *Early Christian Fathers* 1, trans. and ed. Cyril C. Richardson (Philadelphia: The Westminister Press, 1953), sec. 10, pp. 221-2. "To Diognetus"에서 크리스천 삶의 성장을 다룬, Irénée Hausherr, S.J., "*La Spiritualité des Premiéres Générations Chrétiennes*", in A. Ravier, S.J., et al., *La Mystique et les Mystiques* (Paris: Desclée De Brouwer, 1965), pp.409-60 참조.

하지 않게 되고, 다른 사람의 짐을 짊어지는 사람이 된다. 하느님과의 체험과 크리스천 삶의 체험을 통해 그는 점차 하느님과의 관계의 신비 안으로 깊숙히 들어가게 된다.

위의 두 작품은 크리스천의 삶을 하느님과 우리와의 관계로, 즉 상호 의사전달이 필요한 관계로 묘사한다. 하느님께서는 말씀과 활동을 통해 우리에게 말씀하시며, 우리는 그 말씀에 응답하게 된다. 초대교회에서 성서가 크리스천에게 전달되는 방식을 살펴보면, 크리스천의 삶을 이런 관계로 이해하기가 쉬워진다. 성서는 미사중에 선포되었다. 성서는 조용한 사적 독서를 위한 책이 아니었다. 미사중이 아닐 때는 본인 스스로 또는 하인이 큰 소리로 성서를 읽었다. 하느님의 말씀을 이런 식으로 들려줌으로써 사람들이 그 말씀에 대해 생각하는 것을 막으려는 의도가 아니라, 오히려 그 말씀에 대해 생각하는 것을 장려하려는 의도였다. 이렇게 함으로써 성서는 사적 연구를 위한 것이 아니고, 한 사람이 다른 사람에게 하는 선포로서, 말씀을 듣는 사람에게 반응을 불러일으키는 것임을 보여주고자 했다.

말씀은 공동체 전체에게 전달되었으나, 또한 개개인에게도 전달되었다. 설교자는 공동체에 하느님의 말씀에 대해 설명해 줄 뿐만 아니라, 그 말씀이 개인이 살아가는 삶의 환경과 발전에 적용됨을 말해 주었다. 하느님의 말씀을 들을 때 "윤리적인 느낌" 또는 "영적인 느낌"이 드는 것은, 하느님께서 말씀하실 때 각 개인의 삶을 염두에 두고 계셨음을 지적해 준다. 하느님께서 말씀하시고, 개인은 그 말씀에 반응하며 자신이 어떻게 응답할 것인지 결정했다. 그래서 우리의 삶을 하느님과 우리 사이에서 일어나는 말과 행동을 통한 대화로써 이해할 수 있다. 성서의 말씀이 마음에 와 닿음으로써 그 대화가 순전히 이성적이 되는 것을 막아 주었다. 성서의 말씀이 미사중 공동체 전체에게 전달됨으로써, 사람들이 마음뿐만 아니라 감정으로 그 말씀을 듣게 되었다.

교회의 미사 전례는 하느님이 사람들에게 말씀하시고 그들로부터 반응과 응답을 요구하시는 분으로서 묘사한다. 말씀을 마음으로 듣는 것 자체가 관례적인 성서의 묵독이나 하느님의 말씀에 대한 토론보다, 이 책에서 의미하는 신앙 체험에 좀더 가까운 체험이 될 것이다. 신앙 체험이 크리스천의 삶과 기도의 기초라고 말하는 것은, 기도의 새로운 기초를 제시하려는 것이 아니라, 처음부터 크리스천 전통의 중심이 되어 왔던 요소를 지적하려는 것이다.[19]

크리스천의 기도에서 성서에 있는 하느님의 말씀과의 대화가 자연스럽게 일어나게 된다. 12세기의 아엘레드는 그의 『예수님이 열두 살이었을 때』[20]라는 작품에서 성전에서의 예수님의 모습을 묘사하는 것에서부터 자연스럽게 예수님께 직접 말씀드리는 것으로 옮겨간다. 이렇게 함으로써 그는 독자들에게 말씀의 수용성을 보여주고, 또한 개인이 어떻게 하느님의 말씀에 자연스럽게 반응할 수 있는지 보여준다.

중세기의 작가들은 영성생활의 대화가 『아가』[21]에 극적으로 표현되어 있다고 보았다. 예를 들어 성 티에리의 윌리암은 『아가의 해설』[22]에서 신랑이 스스로 자기 자신과의 관계를 정립하고 난 후에 영성생

---

19. Avery Dulles, *Revelation Theology* (New York: Herder and Herder, 1969), pp.38, 39, 172; Jean Leclerq, O.S.B., *The Love of Learning and the Desire for God: A Study of Monastic Culture*, trans. Catharine Misrahi (New York: Fordham University Press, 1961, 1974), pp.233-86, 99-100; Louis Cognet, *La Spiritualité Moderene* 3 (Paris: Aubier, 1966), pp.292-3; "Dogmatic Constitution on Divine Revelation: Vatican II, *Dei Verbum*", in *Vatican Council II: The Conciliar and Post Conciliar Documents*, ed. Austin Flannery, O.P., (Northport, New York: Costello Publ. Co., 1975), ch.1, no.4, p.752 with ch.2, no.8, p.754; ch.6, no.21, 23-25, pp.762-5 참조.
20. Aelred of Rievaulx, "Jesus at the Age of Twelve", in *The Works of Aelred of Rievaulx, 1: Treatises, The Pastoral Prayer* (Spencer, Mass.: Cistercian Publications, 1971), pp.3-39.
21. Leclerq, op. cit., pp.106-9.
22. William of St. Thierry, *Exposition of the Song of Songs*, trans. Mother Columba Hart, O.S.B. (Shannon, Ireland: Irish University Press, 1970).

활을 시작한다고 본다. 신랑이 신부와의 관계를 바라며 또 신부가 신랑과의 관계를 바라기 때문에 신부가 신랑의 초대에 응답하게 되고 두 사람의 관계가 발전하게 된다. 『아가』에 말을 통한 대화가 있긴 하지만, 원칙적으로 그 대화는 하나의 행동이다. 한 사람의 행동이 상대방에게 전달되고, 상대방은 그것에 반응할지 하지 않을지를 결정한다. 그 과정에 절망의 순간과, 희망이 채워지지 않는 순간과, 어둠 속을 헤매는 순간이 있게 된다. 『해설』은 신랑의 멈춤과 사라짐과 망설임을 크리스천의 삶으로써 묘사한다. 그러나 『해설』 전체를 통해 서로서로 관계를 맺으려는 신랑과 신부의 바람은 끊임없이 계속되고 유지되듯이 크리스천의 삶도 그러하다.

다른 중세기 작가들처럼 윌리암도 역시 지식을 높이 평가했다. 그는 지성이 안다는 사실을 높이 평가했지만, 사랑도 역시 안다고 믿었으며, 우리가 하느님을 사랑함으로써 하느님을 알게 된다고 믿었다. 신랑과 신부의 관계가 영성생활의 발전의 모습으로 사용됨으로써, 윌리암과 같은 작가들이 이해했던 것처럼 체험의 중심을 쉽게 이해할 수 있게 된다. 영성생활을 이해하는 데 이성적 지식이 큰 도움이 된다. 그러나 하느님께 도달하게 되는 것은 체험에 바탕을 둔 사랑 때문이다.[23]

윌리암과 같은 작가들은 체제를 신봉했다. 그들은 교회와 사회 조직과 수도 단체를 매우 중시했으며, 그것들은 하느님과의 개인적 만남이 일어나는 삶의 환경을 제공했다. 그러나 만나게 되는 것은 그런 체제 자체가 아니었다. 그 만남은 하느님과 개인과의 관계 안에서 일어났다. 그 관계 안에서 개인이 하느님의 사랑을 깨달아야 하고, 그 사랑을 받아들이고 응답하며 하느님께서 개별적으로 부르고

---

23. William of St. Thierry, op. cit., pp.46-7 and n.18, pp.51-2. See also his *The Golden Epistle*, trans. Theodore Berkeley, O.C.S.O., (Kalamazoo, Mich.: Cistercian Publications, Inc., 1976), pp.68-9, 97-8.

계심을 깨달아야 한다. 거기에 응답함으로써 그 사람은 지도 한 장 없이 상상조차 할 수 없는 곳으로 들어가게 될 수 있으나, 그것은 항상 그 사람의 가슴에 전해졌고 또 계속해서 전해지는 말씀에 대해 보인 그 사람의 응답이었다.

중세기 말의 영성은 하느님께 대한 이성적 지식을 강조하는 측과 하느님께 대한 사랑의 체험을 강조하는 측 사이에서 무수한 갈등을 겪었다.[24] 그 당시 이 두 측면의 갈등에서 로욜라의 이냐시오 성인은 자신의 체험을 신뢰하기로 선택했으며 그의 작품들은[25] 그것을 보여준다. 그는 고위 성직자들로부터 상당한 고통을 받았음에도 불구하고 교회의 권위를 존중하였고, 교회의 권위를 결코 의문시하지 않았다. 그러나 권위가 하느님께서 개인을 향해 하시는 전달과, 그 사람이 하게 되는 응답을 대신할 수는 없었다.[26] 하느님께서 그를 부르시고 지탱해 주시는 것과 그가 하는 응답 사이의 대화가 이냐시오 성인의 삶이 되었다. 그는 하느님께서 길을 안내하시고, 그를 지탱해 주실 것을 알았기 때문에, 아무도 가지 않은 길을 기꺼이 선택했다.

이제까지 수세기 동안 어떻게 크리스천 전통이 하느님과의 개인적 체험에 개방되었고, 그 체험을 통해 일어날 수 있는 대화의 관계를 권장했는지를 살펴보았다. 마지막으로 이냐시오 성인을 예로 들어보자. 대화 안에서 하느님을 만나기를 갈망하고 또 대화 안에서 하느님을 만날 수 있다는 확신에 바탕을 둔 그의 『영성수련』은, 수세기

---

24. Dom François Vandenbroucke, in Dom Jean Leclecq, et al., *The Spirituality of the Middle Ages*, vol.2 of Louis Bouyer et al., *A History of Christian Spirirituality* (New York: The Seabury Press, 1968), pp.407-9, 481-543 참조.

25. Luis Goncalves da Câmara, *The Autobiography of St. Ignatius Loyola*, trans. Joseph F. O'Callaghan, ed. John C. Olin (New York: Harper Torchbooks, 1974); Ignatius of Loyola, *The Spiritual Journal of St. Ignatius of Loyola*, trans. William J. Young (Rome: Centrum Ignatium Spiritualitatis, 1979); Ignatius of Loyola, *The Spiritual Exercises of St. Ignatius*, trans. Louis J. Puhl, S.J. (Chicago: Loyola University Press, 1951) 참조.

26. Luis Goncalves da Câmara, op. cit., pp.62-71.

에 걸쳐, 하느님과의 대화의 체험을 받아들이고 권장하는 크리스천의 전통을 보여준다. 또한 『영성수련』은 하느님과의 대화의 개인적 체험에 대해 영적 지도자와 얘기를 나누는 것이 하느님과의 대화의 관계를 발전시키는 데 도움이 될 수 있다는 확신을 심어준다.

〈제2부〉

하느님과 피지도자와의 관계

③
하느님과 개인과의 관계

영적 지도란 하느님과 개인의 관계가 발전하도록 도와 주는 것이다. 영적 지도에 직접 관련된 사람은 하느님과 피지도자와 영적 지도자이다. 영적 지도자와 피지도자와의 관계는 하느님과 피지도자와의 관계가 발전하게 하는 데 매우 중요할 수 있으나, 후자의 관계는 전자에 앞서 존재하고 전자와는 독립적이다. 영적 지도자는 하느님과 피지도자와의 관계를 형성하는 것이 아니라 다만 그 관계를 발전시키려고 노력할 뿐이다.

하느님은 신비이시다. 하느님은 우리가 완전히 알 수 없고 또 어떤 방법으로도 적절하게 이름 부를 수 없는 완전한 분이시다. 하느님은 개인이나 공동체의 형태로 자신의 백성들과 관계 맺기를 원하신다. 하느님은 자신의 백성들과 관계를 맺으시는데 누구의 도움도 필요로 하지 않지만 하느님의 백성인 인간은 하느님과의 관계를 발전시키기 위해 도움을 요청한다. 이 장에서는 피지도자로 하여금 하느님과의 관계에서 성장하도록 도와 주는 방식과 피지도자 자신에 대해 다루고자 한다.

저자들이 영적 지도에 대한 연수와 교육 과정을 실시할 때, 참석자들이 신앙 체험과 하느님과의 관계에 초점을 맞추고자 하는 우리의 취지를 제대로 파악하지 못한다는 것을 알게 되었다. 연수 도중 일부 참석자들이 우리가 의도하지 않았던 방식으로 우리의 얘기를 듣고 있는 것이 분명했지만, 한동안 왜 그런지 이해하지 못했다. 점차 우리가 신앙 체험과 하느님과의 관계라는 용어의 정의를 적절하게 묘사하지 못했음을 인식하게 되었고, 참석자들로 하여금 "신앙 체험"과 "하느님과의 관계"의 의미를 제대로 파악하도록 도와 주는 데 시간을 투자할 필요가 있다는 것을 인식하게 되었다. 이 장에서 우리는 독자들을 위해 똑같은 과정을 시도하려고 한다. 우리의 목적은 이런 용어들의 정의를 내린다기보다는, 오히려 독자들로 하여금 자신들의 체험을 회상해 보고 또 그 체험들이 우리가 묘사하는 것을 반영하고 있는지를 보게 하려는 것이다.

기도에서 표현되고 발전되는 관계에 대해 얘기할 때, 당장 용어의 문제에 부딪치게 된다. 우리 인간들은 추상적이 되려는 경향이 있다. 예를 들어 어떤 사람이 하느님께 대한 두려움을 표현하기를 어려워할 때, 이것을 묘사하기 위해 심리학적 용어를 빌려 "감정적 미성숙", "주체의식 문제", "심리적 친밀함을 성취하는 데 필요한 능력 부재" 등으로 말하게 될 것이다. 혹은 신학적 용어에 의존하여 은총과 죄 사이의 투쟁에 대해 말하게 될 것이다. 이 두 가지 방식의 설명은 개인의 상황을 적절하게 묘사할지 모르나, 가장 중요한 차원, 즉 하느님과 자신과의 구체적 관계를 적절하게 묘사하지는 않는다. 이 관계를 묘사하기 위해서는 새로운 용어가 필요하다. 그 새로운 용어는 관계를 묘사하기 위해서 관계적이어야 하고, 하느님과의 관계에 대해 얘기하기 때문에 신앙적이어야 하며, 관계의 개념이 아니라 관계의 체험에 대해 얘기하고자 하기 때문에 구체적이어야 한다.

"하느님과의 관계"는 무엇을 의미하는가? 먼저, 존재하는 어떤 것을 의미한다. 하느님과의 관계는 나라는 한 인간이 창조됨으로써 형성되었고, 심지어 내가 그 관계를 깨닫지 못하고 있을 때조차 존재한다. 내가 그것을 알든 모르든 나는 하나의 피조물이고 하느님은 나의 창조주이시다. 내가 하느님이 나의 아버지시라는 것을 모르고 있을 때조차 하느님께서는 나를 그분의 자녀로 알고 계시다. 예수님께서는 내가 그 유대 관계를 모르고 있을 때조차 나를 그분의 형제나 자매로 알고 계시다. 그러나 자신의 아버지와 어머니와 형제들과 자매들을 모르는 사람이라면 누구라도 그에 따른 결핍을 느끼고 있을 것이며, 그 결핍은 자신의 의식 안에서 어떤 방식으로든 나타나게 될 것이다. 그 결핍은 뿌리가 없다는 의식이나, 극단적으로 혼자라는 느낌이나, 혹은 상실감으로써 나타나게 될 것이다. 이와같이 우리와의 관계에 존재하시는 하느님께 대한 인식의 결핍도 역시 의식 안에 나타나게 될 것이다. 모든 두려움과 채워지지 않은 희망과 자기 의심과 더불어 오롯이 혼자 남겨진 것에 대한 두려움으로 그 결핍은 나타날 것이다. 우리는 그 두려움을 자주 표현하지 않지만 그럼에도 불구하고 그것은 우리에게 영향을 미친다. 또한 우리가 이름할 수 없는 삶의 더 깊은 차원과의 접촉을 갈망하는 것으로써 그 결핍이 긍정적으로 나타날 수 있다.

우리가 알든 모르든간에 하느님께서는 계속해서 우리를 창조하시고 구원하시면서 우리와 의사전달하고 계시다고 크리스천 신앙은 말한다. 하느님께서는 그분 자신을 우리와 함께 나누고 계시며, 우리가 그 사실을 모르고 있을 때조차도 그렇게 하신다. 생명 그 자체가 우리에게 하느님을 전달해 준다. 이른 봄 처음 꽃을 피우는 크로커스는 생명의 경이를 전달해 준다. 석양은 우리에게 웅장함을 말해 주며 우정은 우리에게 신의와 사랑의 체험을 전달해 준다. 눈사태와 태풍은 자연의 질서가 궁극적으로 우리의 통제 밖에 있다는 의식을 우리에게 심어준다. 핵 에너지의 이용은 탐험하고 개척하는 우리의 능력에 한계가 없음을 깨닫게 하고, 핵 사고는 우리가 발견한 것을 우리가 완전하게 통제할 수 없음을 깨닫게 한다.

크리스천 신앙은 하느님께서 이런 방식으로 우리와 의사전달하고 계심을 받아들인다. 하느님께서는 우리가 하느님을 의사전달의 원천이라 칭하건 칭하지 않건 계속해서 우리에게 말씀하신다.

어떤 사람이 다른 사람과 의사전달을 할 때, 예를 들어 한 남자가 사랑하는 여자의 집 문간에 장미꽃 한 다발을 놓아 둘 때, 우리는 의사전달의 체험에 대하여 말할 수 있다. 의사전달을 시도한 사람의 입장에서 볼 때 그것은 분명한 의사전달의 체험이다. 그러나 의사전달을 받아들이는 사람 스스로 누군가가 자신에게 의사전달을 하고 있다는 것을 모른다면, 그 사람에게는 다만 불분명한 의사전달의 체험이 될 뿐이다. 예를 들어 그 여자는 장미의 아름다움을 즐길 수 있지만, 그 장미가 그녀의 동생을 위한 것이라고 추측할 수도 있다. 그러나 받기로 의도된 사람이 알고 있을 때, 그 의사전달은 받아들이는 사람의 입장에서도 명백한 의사전달의 체험이 된다. 특정한 신앙 체험은 하느님과 받는 모든 사람에게 명백한 의사전달의 체험이 된다. 그 사람은 하느님께서 그 순간에 자신과 의사전달하고 계심을 안다.[1]

그렇지만 하느님께서 하시는 의사전달을 수용하거나 그 말씀에 응답하는 것은 우리의 자유이다. 우리가 관상기도에 대해 말할 때, 우리는 또한 하느님께서 하시는 이 의사전달을 깨닫는 것과 하느님의 말씀을 듣고자 하고 또 응답하고자 하는 의지에 대해 말하고 있다. 의식적 관계는 내가 듣고자 하고 또 다른 사람이 하고 있는 것을 지켜보고자 할 때 시작된다. 이런 선택을 내린 후, 나는 응답할지 응답하지 않을지 자유롭게 결정한다. 관상기도란 하느님께서 내가 그렇게 하도록 바라시는 대로 하느님을 지켜보고자 하고, 하느님의 말씀을 듣고자 하며, 하느님께 응답하고자 하는 갈망과 의지를 의미한다. 나는 하느님을 받아들일 수도 있고, 거절할 수도 있다. 어느 상황이건 나는 응답한 것이다. 이런 과정이 일어날 때 나는 영적 지도를 시작할 "재료"를 가지게 된다.

---

1. 체험이란 일회적 체험뿐만 아니라 일련의 체험을 묶어서 말할 수 있다. 여기서 70세 할머니의 인생 체험과 하느님께 대한 체험을 묶어서 말하고 있다.

좀더 정확히 말하자면, 개별적 신앙 체험은 하느님께서 우리와 개인적 관계를 맺고자 하시는 바람의 표현이라고 말할 수 있다. 그 개인적 관계는 하느님에 의해 시작되었으며, 우리에 의해 인식되고 응답된 관계이다. 신앙 체험이라 부를 수 있는 것에는 두 가지가 있을 수 있다. 하나는 자발적인 것으로서, 개인이 기도하고 있을 때와 마찬가지로 기도하고 있지 않을 때도 일어날 수 있다. 그것은 하느님께 응답하고자 하는 바람을 불러일으키지만 하느님과의 의식적 관계로 발전되지 않고 일회적 사건으로 머물 뿐이다. 예를 들어 어느 겨울날 석양이 질 때 시골 길을 따라 걷고 있던 어떤 남자가 주변의 엄청난 아름다움에 갑자기 경이로움을 느끼고 큰 소리로 하느님께 감사합니다라고 외친다. 그러고 나서 그는 집에 돌아가 아내에게 그 체험에 대해 말해 준다. 그는 때때로 그 사건을 회상하지만 그것은 비교적 동떨어진 하느님께 대한 일회적인 체험으로 남아 있게 된다.

다른 하나의 사건은 그 사람의 삶에서 동떨어지지 않은 유사한 체험이지만, 하느님과의 계속되는 의식적 관계의 시작이거나 일부분이 되는 체험이다. 예를 들어 석양이 질 때 경이로움을 느낌으로써, 그 사람은 자신이 최근에 하느님을 너무나 당연하게 받아들인 것에 대해 생각하게 되고, 하느님과의 관계를 깊게 하기 위해 매일 기도 바치는 것을 다시 시작하게 될 수도 있다. 이와같이 하느님과의 의식적 관계를 추구하는 체험이 영적 지도가 관심을 가지는 체험이다.

사람들에게 기도하는 것을 어떻게 생각하느냐고 물어보면 다양한 대답을 듣게 된다. 어떤 사람들은 기도하는 것이 어렵다고 말하고, 어떤 사람들은 쉽다고 말하고, 또 어떤 사람들은 기도하는 것이 때로는 어렵고 때로는 쉽다고 말한다. 일반적으로 기도가 어렵지도 쉽지도 않은 것이 사실인 것 같다. 기도한다는 것은 지속적이며 깊이 신뢰하는 관계를 형성하는 것과 같다. 만약 당신이 어떤 사람과 개인적 문제에 대해 일주일에 몇 번씩 30분 가량 대화를 나눈다면, 당신은 곧바로 당신과 상대방 사이가 가까운 관계로 발전되고 있음을 알게 되거나 또는 뭔가 잘못 되어가고 있음을 알게 된다. 만약 쌍방이 의사전달을 통해 서로의 희망과 바람과 이상과 두려움과 좌절을 받아들인다면, 그 관계는 밀접할 수밖에 없다.

이 비교가 적절함을 구약과 신약이 증명해 준다. 구약과 신약은 우리를 향한 하느님의 태도를 표현한 기록이다. 성서는 우리와 관련되시고자 하시는 하느님께서 어떻게 자신의 사랑과, 자신의 관심과, 자신의 의지를 표현하시는지를 보여준다. 하느님께서는 부드러움과 실망과 분노와 염려로써 말씀하신다. 예수님께서는 매력과 분노와 슬픔과 끈기와 연민으로써 우리를 대하신다. 우리와 상호 관계를 맺기를 바라시는 하느님께서는 우리를 직접 대면하시고 또 우리의 반응을 요구하신다. 하느님께서는 한 사람 한 사람의 이름을 부르신다. 하느님께서는 어려운 때에 우리를 도와 주시고, 우리를 억압으로부터 구출하시며, 우리의 우둔함과 반항을 용서하시고, 우리에게 어머니의 사랑을 보여주신다. 예수님께서는 우리를 위해 눈물 흘리시고, 우리가 예수님을 이해하도록 도와 주시며, 하느님 아버지께 대해 끈기있게 말씀해 주시고, 경고하시며, 재촉하시고, 역할을 맡기신다.

하느님의 말씀을 들으려는 사람들은 자신의 태도를 전하고자 하시는 하느님을 직접 만나게 된다. 이 직접적인 만남은 하느님의 말씀을 듣는 사람들로 하여금 응답하게끔 한다. 강조하여 말한다면, 하느님의 말씀에 응답하지 않고는 마음이 편치 못할 것이다. 복음은 특별히 응답을 유도하는 방식으로 씌어져 있으며 응답을 유도한다는 의미로써만 복음은 적절하게 이해될 수 있다.

복음의 말씀을 듣는 사람들은 어떤 도전적인 말을 들었을 때 반응을 보이는 것과 마찬가지로 복음에 반응하는 경향이 있다. 그들은 그들이 듣고 있는 말을 좋아하거나 싫어하며, 혹은 더 많이 듣기를 원하거나 더 이상 듣기를 원하지 않는다. 만약 그들이 듣고 있는 말을 싫어하지만 듣는 것을 물리적으로 피할 수 없다면, 적극적으로 반대하거나 권태에 빠짐으로써 듣는 것을 심리적으로 피하려고 할 것이다. 만약 그들이 듣고 있는 말을 좋아한다면, 그 말에 동의하며 기쁨과 만족을 느끼며 그들의 바람과 행동을 나타내 보일 것이다.

찬성하거나 반대하거나에 상관없이 반응이 일어남에 따라 하느님께서 달라지시는 것 같다. 반응이 일어나기 전에는 표현하시지 않았던 태도를 하느님께서는 나타내 보이신다. 예를 들어, 하느님을 분노로써 받아들였을 때, 하느님께서는 끈기있는 관심을 나타내 보이신다. 하느님의 말씀을 받아들였을 때, 하느님께서는 사랑을 나타내 보이신다. 이것이 바로 말씀의 방식이다. 말씀은 우리와의 대화에 참여하기를 원하시는 살아 계신 존재의 표현이다. 이 말씀에 대한 반응이 명백하고 구체적일수록 대화는 더욱 쉽게 진행된다.

대화를 이런 식으로 묘사하는 것이 몇몇 독자들에게는 이상하게 들릴 것 같다. 우리는 여기서 "일방적인 수용"에 대해 말하고 있는 것이 아니다. 하느님의 말씀은 대부분의 사람들에게 아주 미묘하고 어렴풋하면서도 매우 구체적으로 다가온다. 예를 들어 어떤 사람이 하느님께 반항하여 몹시 과격하게 분노를 터뜨린 후, 그가 할 말이 더 있는지 궁금해하시면서 여전히 인내롭게 듣고 계신 하느님을 "느끼게" 될 수 있다. 혹은 어떤 사람이 자신의 무가치함을 되풀이하여 고백하고 난 후, "나는 너를 너 자체로 받아들일 수 있다. 너도 그렇게 할 수 있느냐?"라는 생각이 예상치도 않게 일어날 수도 있다. 또 다른 예로서, 성서의 말씀이 자발적으로 마음에 다가오게 되고 하느님의 자기 현시로써 분별될 수 있다. 하느님의 말씀을 받아들이고 또 그 말씀에 정직하게 반응한 사람들은 계속되는 대화를 체험으로 알게 될 것이다.

그렇게 되면 살아 있는 말씀과 그 말씀에 반응을 보이며 듣는 사람과의 사이에 대화가 가능하게 된다. 성서가 이 대화의 기초가 되지만 이 대화는 성서 공부는 아니다. 비록 성서를 미리 공부함으로써 대화가 더 풍성해질 수 있긴 하지만 성서 공부가 대화보다 우선적이 될 경우 말씀과의 대화를 방해할 수 있다.

자신의 모든 반응을 완전하게 조절할 수 있는 창백하고 여윈 전형적인 금욕주의자의 모습은 말씀에 반응을 보이며 듣는 사람의 모습과는 동떨어진다. 그렇게 자신의 모든 반응을 완전히 조절할 수 있게 된 사람은 관계를 초점으로 여기고 있는 영적 지도의 방식에는 적합하지 않다. 영적 지도에 가장 적합한 사람들은 삶을 적극적으로 살아왔고 또 삶의 환희와 고통을 두려워하지 않으며 다른 사람과 밀접한 관계를 맺어온 사람들이다. 그들은 지금 하느님과의 관계에서 더 많은 무엇을 갈망하고 있다. 이 갈망은 직장 일이나 가족 부양을 성공적으로 하고 있음에도 불구하고 공허함을 느끼기 때문에 일어날 수 있다. 공허함은 대개 35세 이후의 사람들에게 찾아오는 뭔가가 부족한 것 같은 느낌이다. 2장에서 이미 언급한 문화적·사회적·종교적인 불안 때문에 이런 갈망이 일어날 수도 있다. 삶의 위기에 처해 평화를 잃게 된 사람들은 하느님과 함께하는 그들의 삶에 대해 질문을 던지게 될 것이다. 예를 들어 부모나 배우자나 친한 친구가 죽거나, 자신이 중병에 걸리거나 혹은 직장을 바꾸거나 이사를 하는 것이 계기가 되어, 하느님과의 관계를 새롭게 바라보게 되고 더 많은 무엇을 갈망하게 된다.

저자들의 경험에 의하면, 여기서 묘사하는 하느님과의 관계나 영적 지도 방식을 잘 받아들이고 또 원하는 사람들은 "영적인" 사람의 전형적인 모습과는 동떨어진, 활동적이고 생기에 차 있으며 솔직하고 지성적인 크리스천들이다. 이들은 비와 안개와 햇빛만큼이나 사실적이다. 이들은 하느님을 그분 자신으로 받아들인다. 이들은 하느님과의 친밀함을 갈망하며 하느님의 좋은 친구와 연인이 될 수 있다. 또한 이들은 반응하는 사람들이므로 말씀에 반응할 수 있다.

그러나 이들도 역시 인간이어서 이 반응들이 일시에 일어나지는 않는다. 이들은 하느님과의 관계에 있어서 또 그분과의 대화하는 능력에 있어서 성장을 필요로 한다. 이들이 계속해서 말씀에 응답함에 따라 처음에는 확실하지 않던 반응이 점차 대화로 옮겨가게 된다. 예를 들어 어떤 남자가 처음에는 하느님의 말씀에 동의하며 장시간 하느님과의 대화를 즐기다가 갑자기 하느님께 분노를 터뜨리는 자신의 모습을 발견하게 된다. 그가 자신이 표현하고 있는 것이 분노라는 것을 인식하는 데도 상당한 시간이 걸릴 수 있다. 혹은 어떤 여자가 처음에는 말씀에 대해 분노하지만, 잠시 후 그녀는 하느님께서 분노하고 있는 그녀를 받아들이신다는 것을 인정하게 되면서 하느님을 받아들일 수 있게 된다.

　이렇게 하느님의 활동에 대해 깊게 반응하며 대화에 명백히 참여하는 것은 더디게 일어날 수 있으며 때로는 상당한 어려움을 겪은 후에 일어날 수도 있다. 이러한 반응 중 어떤 것은 보호색을 띠고 있다. 예를 들어 어떤 남자가 하느님께 분노하고 있다면, 그는 기도중에 하느님의 말씀을 듣지 않고 하느님께 응답하지 않을 것이다. 결국에는 그가 전혀 기도하지 않을 수도 있다. 그럼에도 불구하고 그는 하느님께 분노하고 있기 때문에 기도하지 않는다고 스스로에게 말하는 대신 시간이 없기 때문에 기도하지 않는다고 말할 수 있다. 심지어 그는 기도를 하기 위한 시간표 작성을 도와 달라고 영적 지도자에게 요청할 수 있고, 또 몇 달 동안 규칙적인 기도시간을 할애하기 위하여 헛되게 노력할 수도 있다. 너무 분노하고 있어서 하느님의 말씀을 들으려 하지 않으면서, 그는 스스로 기도하는 데 필요한 훈련이 부족하다고 혹은 너무 바쁘다고 믿고 있다.

그래서 때로 우리가 기도하지 않는 이유로 내세우는 것들은 진정한 이유가 아니다. 그 진정한 이유란 스스로 받아들이기 힘든 우리 내면의 태도일 것이다. 예를 들어 어느 누가 자신이 하느님께 분노하고 있다거나, 결혼생활에 회의를 품고 있다거나, 삶을 진정으로 두려워하고 있다는 것을 알고 싶어하겠는가? 그렇지만 우리가 개인 기도를 자주 하기 위해서는 자신의 참된 태도를 점차 하느님께 전달해야 한다. 우리가 하느님의 말씀을 개방적이고 솔직한 태도로 받아들이며 또 더 완전하게 우리 자신을 하느님께 개방하고 솔직하게 응답해야 한다.

가끔 사람들이 기도중에 분노와 같은 강한 감정을 이미 표출했는데도 불구하고 이런 감정이 하느님과의 관계에서의 한 요인으로 계속 남아 있어서 그것을 되풀이하여 표현할 필요가 있다는 것을 알고 놀란다. 일반적으로 "이미 모든 것을 말씀드렸습니다"는 말로 그들의 좌절을 표현한다. 그러나 이런 감정이 계속해서 일어나기 때문에 기도중에 반복하여 표현할 필요가 있다. 기도할 때 원하지 않는 감정이 되풀이하여 일어나는 것은 하느님께서 우리가 처음 그것을 표현할 때 이해하지 못하셨다거나 우리가 우리 자신을 적절하게 표현하는 데 실패했다는 것을 의미하지는 않는다. 그것은 오히려 하느님과 우리와의 관계가 솔직해지려면 특정한 감정을 반복하여 표현할 필요가 있다는 것을 의미한다. 마치 우리가 친한 친구를 향하여 가질 수 있는 감정이 그 친구와 얘기할 때마다 나타나듯이, 하느님을 향한 이런 감정은 계속되며 우리가 기도할 때마다 반복하여 나타날 수 있다. 우정을 나누는 친구 사이에 분노나 망설임이 다시 나타난다고 해서 우정에 금이 가고 있다는 것을 의미하지는 않는다. 마찬가지로 하느님이나 세상을 향한 부정적인 감정이 기도중에 반복하여 나타난다고 해서 하느님과의 관계가 깨뜨려질 위험에 처해 있는 것은 아니다. 우정을 위협하는 것은 분노나 망설임과 같은 부정적인 감정이 아니라, 쌍방이 자신의 감정을 나누고자 하지 않기 때문에 결과적으로 일어날 수 있는 이질감인 것이다. 많은 사람들이 기도중에 하느님으로부터의 감정적 이질감을 느낀다고 묘사하는 것으로 보아 이런 상태가 보편적인 현상임을 알 수 있다.

그러나 감정적 이질감은 하느님께 대한 죄나 윤리적 과오를 의미하는 것은 전혀 아니다. 다만 그것은 하느님과의 관계에서의 성장에 실패하고 있다는 것을 의미한다. 성장의 실패를 보여주는 예로서 어떤 사람들은 어린애였을 때 기도하는 방식으로 기도한다. 그들은 성인으로서 생각하고 행동하며 성인으로서의 책임감을 가지고 있으나, 기도할 때는 열 살 때 사용한 것과 똑같은 어조를 사용하며 똑같은 수준의 기대로 기도한다. 예를 들어 어떤 어머니는 외아들의 죽음 후에도 감사나 청원 이외의 다른 기도를 생각하지 못할 수 있다. 그녀는 자신의 허탈감과 분노를 기도중에 표현할 수 없을 것이다. 그녀에게 친숙한 기도의 용어로는 그런 감정들을 표현할 수 없다. 왜냐하면 열 살짜리가 하느님처럼 위대하고 경이로운 분에게 화를 낼 수 없기 때문이다. 또 다른 이유가 있을 수 있다. 그녀는 슬픔이나 분노와 같은 강렬한 감정들을 표현하기 힘들어하거나 혹은 스스로 그런 감정들을 인정하는 것을 거부할 수 있다.

하느님이 신뢰할 만한 분이라는 것을 깨닫게 되고 하느님께로 향한 우리 자신의 태도를 더 잘 표현할 수 있게 됨에 따라 더 솔직해지게 된다. 태도를 이렇게 표현하는 것에 대해 설명을 덧붙일 필요가 있다. 이것은 "감사합니다"와 같이 단순하게 말씀드리는 것이 아니라, 하느님께 자신의 기분과 감정과 태도를 솔직하게 말씀드리기 위해 계속해서 노력하는 것이다. 이것은 어떤 사람이 무엇을 말하건 자신을 저버리지 않고 자신으로부터 멀어지지 않을 것이라 믿고 있는 친한 친구에게 자신의 내면을 표현하는 것과 똑같은 상황이다. 예를 들어 어떤 사람이 하느님의 보살핌에 대해 눈물을 흘릴 정도로 감사하며 자신이 그것에 보답할 수 없음을 알기 때문에 죄의식을 느낀다고 말한다. 기분이나 감정 그 자체를 직접 하느님께 전달하려는 노력에 따라, 그는 자신의 깊은 감사의 마음을 울음이나 침묵이나 큰 절로써 표현할 수 있다. 이와 마찬가지로 분노나 두려움도 그가 감정들을 불러일으킨 사건이나 상황을 자세히 되뇌임으로써, 혹은 다른 적절한 수단으로써 표현할 수 있다.

우리가 기도에 대한 체험을 많이 할수록 사고 이외의 것을 기도에 포함시켜 자신을 더 완전하게 표현하는 방법을 찾으려 한다. 말이나 몸동작과 같은 다른 행동을 배제하면서 하느님을 받아들이고 또 하느님과 의사전달을 한다는 것은 피상적이며 사실이 아닌 것 같다. 자신을 더 완전하게 표현하려는 의도에서 단식과 같은 금욕적 실천을 할 수도 있다. 금욕적 실천들은 육체의 조절을 통해 하느님과의 더 완전한 의사전달에 들어갈 수 있게 해준다. 우리가 기도하면서 하느님의 의사전달을 받아들이고 또 하느님께 응답하려고 노력하는 것은 우리 자신의 전존재를 포함하는 것이다. 즉, 감정, 기분, 사고, 바람, 희망, 의지, 몸의 동작과 태도, 삶의 방향과 활동 등 이 모든 것이 포함된다. 기도가 성숙해짐에 따라 기도는 점차 우리의 전존재를 포함하게 되고 이로써 우리의 전존재와 삶의 차원이 넓어지게 된다. 우리의 사회적·경제적 태도, 대인 관계, 친구 선택, 일의 선택 등 모두가 개인적 기도에서 표현되는 하느님과의 관계에 의해 영향을 받기 시작한다.

기도의 내용은 우리의 관심사에 의해 영향을 받는다. 인디언 보호구역의 쑤(Sioux)족 인디언들과 가깝게 지내는 사람은 자신의 기도가 쑤족들의 명상적 태도와 그들이 처한 문화적 난관에 의해 영향을 받고 있음을 알게 될 것이다. 가난한 학생들이 대부분인 학교에서 행정을 보는 어떤 여자는 자신의 기도가 학생들이 처한 상황에 의해 영향을 받고 있음을 알게 될 것이다. 예수님께서 스스로 선택하신 가난과 가난한 사람들에 대한 예수님의 연민의 의미는 그녀에게 있어서 하버드 대학의 교수가 가지는 것과는 다를 것이다. 이런 전달적 기도(Communicative Prayer)의 체험을 통해 그녀의 삶이 영향을 받게 되어 그녀는 더 연민을 가지게 되고, 다른 사람들의 감정에 더 인내로워지며, 자신에게 더 관대해질 것이다. 그녀는 더 넓은 시야를 가지게 되고, 사회와 그녀의 환경 안에서의 변화에 더 개방적이 될 것이다.

기도가 주변의 삶과 분리되고 사회적 필요에 무관심한 사람들이 물론 있다. 우리는 독재 정권의 통치자가 경건하게 교회에 다니는 것에 대해 들은 적이 있다. 이런 모순은 드물지 않다. 그런 경우 "기도"라는 말은 전달적 기도를 지칭하는 것은 아니며 의무의 수행으로서 정해진 기도를 반복해 외우는 것이나, 미사에 수동적으로 참여하는 것일 따름이다. 이런 기도에서 하느님께 전달되는 것은 하느님의 편에 있고자 하는 바람 이상이 아닐 것이다. 반대로 우리가 묘사하는 진정한 전달적 기도는 사람들을 변화시키고 궁극적으로 그들의 삶 전체를 살펴보게끔 한다.

또한 우리는 역사적·사회 문화적 배경을 지니고 있으며 특정한 교리교육을 받은 사람으로서 기도하게 됨을 기억해야 한다. 우리는 뱀이 허물을 벗듯이 우리의 과거를 벗어 버리지는 않는다. 영적 지도자는 피지도자들의 배경에 대하여 알 필요가 있다. 아직도 마치 열 살짜리 아이처럼 기도하는 여자가 외아들을 잃어버리고 나서 하느님께 분노하고 있다는 것을 말씀드릴 수 있는 수준에 도달하기는 쉽지 않을 것이다. 그녀에게는 "시간이 해결할 것입니다"라는 간편한 충고가 필요한 것이 아니라, 하느님과의 관계를 발전시키기 위한 도움이 필요하다. 장기적이고 끈기있는 교육이 피지도자들의 기도에 미치게 되는 영향을 영적 지도자들은 인식할 필요가 있다. 시편(하느님을 향한 분노와 조급함이 표현된 시편 6편처럼)이나, 끈질긴 요청을 하는 성서적 묘사나(마르코 복음 10장의 눈먼 바르티매오의 이야기와 같은), 기도에 관한 도움이 되는 책자를 참고로 하여, 영적 지도자들이 관심과 연민을 가지고 정성스럽게 도와 줌으로써, 피지도자들은 하느님과 세상을 향한 부정적인 감정들을 깨닫게 되고, 하느님께 그들이 발견하게 된 진실을 말할 수 있게 된다. 더욱이 피지도자의 신앙적 사고에 영향을 미치는 사람은 영적 지도자만은 아니다. 예를 들어 외아들을 잃어버린 여자는 하느님의 활동에 의문을 제기하거나 하느님께 화를 내는 것은 죄가 된다는 주일미사 강론을 듣고 있을 수도 있다. 이런 영향이 하찮은 것이라고 간과해 버릴 수는 없다. 그녀는 자신의 갈등과 그녀가 받고 있는 모순된 "도움"에 따른 혼란을 극복하여 자신의 길을 찾아나가는 데 도움이 필요하다. 달리 말해, 그녀는 자신의 갈등과 혼란을 하느님 앞에 내놓기 위해 도움을 필요로 한다.

　마지막으로 영적 지도가 교회 내에서의 수많은 사목활동 중의 하나라는 것을 상기할 필요가 있다. 영적 지도자들이 영적 지도 활동을 통해 하느님과 사람들에 대하여 많은 것을 배우게 됨으로써 그들이 하는 다른 사목활동에도 도움을 주게 될 것이다. 사목자들은 하느님께서 개개인을 대하는 방식에 대하여 더 많이 알게 될수록, 더 잘 가르치고 설교하며 아픈 사람을 방문하고 전례 음악을 준비하며 다른 사목활동들을 하게 될 것이다. 궁극적으로 이런 사목활동들은 사람들로 하여금 살아 계신 하느님을 만나도록 도와 주게 될 것이다. 그러나 영적 지도자의 주요 역할은 피지도자와 하느님과의 관계가 발전하도록 도와 주는 것이다. 가르치고 설교하며 윤리적으로 인도하는 것은 영적 지도자들의 적절한 역할이 아니며 그들의 역할은 사람들이 하느님의 활동을 체험하도록, 또 그분께 응답하도록 도와 주는 것이다. 교리를 가르치기보다는 피지도자 스스로 자신의 내면을 발견하도록 도와 주는 것이 영적 지도자들의 주요 역할이다.

일반적으로 사목자들은 스스로를 다른 사람을 가르치고 교육하는 신분으로 인식하는 경향이 있기 때문에 이 점을 강조하는 것이 필요하다고 생각된다. 이런 경향 때문에 초보 영적 지도자들은 피지도자들의 체험을 제대로 듣지 않아서 그들의 체험의 의미를 파악하지 못한다. 그러나 그들의 역할이 피지도자들이 내면을 발견하도록 도와주는 것임을 인식한 후에는 신학적 명료함과 성찰을 적절하게 도입할 수 있게 된다.

일반적으로 하느님을 영적으로 진실하게 예배하도록 도와 주는 것을 목적으로 하는 영적 지도가 많은 사목활동들 중의 하나로만 인식되고 있다. 그러나 영적 지도는 오히려 교회의 다른 사목활동이 파생되어 나가는 중심이 되어야 할 것이다. 왜냐하면 영적 지도는 사람들이 하느님의 사랑과 창조와 구원활동에 대한 응답으로서 그들의 삶을 인식하고 초점을 맞추도록 도와 주는 것이기 때문이다. 이런 인식과 초점에 대한 체험이 전혀 없는 사람들은 다른 사람들이 내면적 태도에 대해 묘사할 때 그것을 자기와는 무관한 객관적 사건으로써 처리할 뿐이다. 조직신학과 윤리신학, 영성과 전례에 대한 연구는 그들에게 객관적 지식을 제공할 수 있으나, 삶의 가치와 중심과는 아무런 관련이 없을 수 있다. 이러한 공부가 그 자체로는 매혹적이지만, 사람들이 체험하는 성장과 시련, 불안과 기쁨과 우울과는 동떨어져서 그들에게 아무런 감동도 주지 못하고 남아 있을 수 있다.

크리스천 전통의 중심을 차지하는 영적 지도는 이론을 설파하기 위한 것도 아니며 나의 관심사를 상대방에게 강요하기 위한 것도 아니니다. 영적 지도의 일차적 관심은 자신을 사람들에게 전달하고자 하시며 또 사람들을 더 자유롭게 해주실 하느님 앞에 사람들이 자신을 자유롭게 내놓는 것을 도와 주는 데 있다. 영적 지도의 초점은 추상적인 개념이 아니며 하느님께서 개인과 관계하시는 방법과 하느님 자신에게 맞추어져야 한다.

저자들의 경험에 따르면 성숙하고 활동적인 크리스천이 원하는 것은 이런 방식의 영적 지도임이 확실하다. 그들은 영성의 특수 용어들인 "위안과 절망", "두 가지 기준" 같은 단어를 미심쩍어하며, 개인적 책임이나 권위에 대한 영적 지도자의 편견을 불안해하는 것 같다. 그들은 광신주의와 감상주의를 피하고 환시를 거부하며, 크리스천의 영적 전통에 따라 하느님을 알고 만나기를 갈망한다.

교회를 향한 태도와 교회가 제공하는 사목적 배려를 향한 태도가 매우 유동적인 상황에서 이런 방식의 영적 지도로부터 도움을 받으며 성장하는 사람들은 하느님과 크리스천의 삶에 대한 가르침을 얻고자 한다. 그들은 그것이 자신들의 체험과 관련되는 가르침이기를 바란다. 또한 그들은 점차 다른 형태의 사목적 배려를 쾌히 받아들이게 된다. 그들이 그것을 받아들이라는 훈계를 받았거나 제안되었기 때문이 아니라 그들 스스로 활발한 관심을 가지게 되었기 때문이다. 아울러 그들은 교회 사목의 무사안일과 세속주의에 분노하며 그 분노에 대해 뭔가를 하게 된다. 예수님께서 항상 편한 동료가 아니었듯이 하느님에 의해 자유롭게 된 사람들이 항상 편한 동료는 아니다.

④

관상적 태도

 영적 지도자의 역할은 무엇인가라는 질문에 대한 답변은 다양할 것이고 각자가 영성생활에 필요하다고 보는 방식과 각자의 능력에 따라 결정될 것이다. 몇 가지 중요한 역할을 열거해 본다면 ① 피지도자의 얘기를 명확하게 듣고, ② 피지도자에게 주의를 기울이며, ③ 확신을 심어주고, ④ 피지도자로 하여금 명료화하는 것을 도와 주고, ⑤ 피지도자가 원할 때 질문을 던져주고, ⑥ 하느님을 향한 피지도자의 태도에 영향을 미치는 감정적 태도들을 피지도자가 인식하도록 도와 주는 것 등이다. 그 역할의 목록을 열거하다 보면 끝이 없겠지만, 명심해야 할 점은 이 역할들을 제대로 수행하는 것을 너무 염려한 나머지 사람들이 영적 지도를 바라고 찾아온 근본 이유를 간과하게 될 수도 있다는 것을 염두에 두어야 한다.

 영적 지도자의 가장 근본적인 역할은 무엇인가? 하느님과의 의식적 관계가 모든 크리스천의 삶과 관상적 기도의 중심이라는 점을 감안하여, 영적 지도자의 두 가지 근본적인 역할을 들 수 있다.

 첫째, 스스로를 나타내 보이시는 하느님께 피지도자가 주의를 기울이도록 도와 주는 것이다.

 둘째, 피지도자가 스스로 하느님께 대한 자신의 반응을 인식하여 어떻게 응답할 것인지를 결정하도록 도와 주는 것이다.

 이 두 역할을 따로 검토하고자 한다. 그렇다고 해서 이 두 역할이 분리되어 행해진다거나, 두번째 역할이 시작되기 전에 첫번째 역할이 완성되어야 한다는 것은 아니다. 하느님께서 스스로를 나타내 보이시는 것과 피지도자가 반응하고 응답하는 것이 거의 동시에 일어나며, 영적 지도자는 대개 피지도자와의 면담중에 두 역할을 동시에 수행할 것이다. 그러나 두 역할을 더 명료하고 철저하게 다루기 위하여 따로 검토하고자 한다.

하느님께서는 피지도자와의 관계에 참여하시며, 그에게 주의를 기울이시고, 그를 지켜보시며, 그의 애기를 들어주신다. 그러나 그 관계가 발전하려면 피지도자도 역시 하느님께 주의를 기울여야만 한다. 이것은 너무나 간단하고 당연한 것 같지만 꼭 쉬운 것만은 아니다. 우리 인간들은 타인에게 주의를 기울이기도 힘이 드는데, 게다가 보이지도 않고 신비로우며 전능하신 하느님께 주의를 기울이기란 더욱더 힘들기 때문이다.

영적 지도를 요청하는 사람들은 대부분 신앙생활이나 기도생활을 지금 막 시작한 사람들이 아니라 오랫동안 신앙생활을 해오며 기도하던 사람들로서 더 많은 무엇을 찾고 있다. 이들에게 익숙한 기도는 "주의기도"를 드리고, 묵주기도와 청원의 기도를 바치며, 기도서와 시편 및 관상을 위한 책에 있는 정해진 기도문을 이용하여 문제나 질문들에 대해 성찰하는 것이다. 이러한 실천을 하고 있는 많은 사람들이 하느님과의 깊은 체험을 하기도 한다. 75세의 어떤 할머니는 때때로 정해진 기도문을 바치는 동안 "깊이 들어가게" 되어, 자신이 진정으로 하느님께 말씀드리고, 또 하느님께서 듣고 계심을 깨닫는다고 말한다. 그렇기 때문에 사람들에게 익숙한 기도 방식의 깊이를 과소평기해서는 안된다. 그러나 대개 이런 기도는 관상적이 아니며, 관계 안에서의 의식적 성장에 큰 도움이 되지 않는다.

관상이란 무엇인가? 한마디로 관상은 하느님께서 자신의 실재를 취하실 수 있는 공간을 넓혀 드리는 것이다. 여기서 저자들이 사용하는 관상이란 용어는 신비적 의미에서가 아니라, 이냐시오 성인이 『영성수련』에서 제안한 의미에 더 가까운 것이다. 곧, 복음의 사건들

안에 나타난 예수님의 모습을 통해, 예수님께서 좋아하시는 것과 예수님께서 보살펴주시는 것과 예수님께서 행하시고 있는 것들에 자신을 참여시킨다는 의미로서의 관상을 말한다. 이런 의미에서의 관상은 우리가 자신에게 몰두하기보다는 다른 사람이나 사건 및 사물에 자신의 주의를 기울일 때 시작된다. 관상하고 있는 대상이 사람일 때, 나름의 개성과 관심사와 활동을 가진 상대방에게 주의를 기울여 한동안 상대방에게 자신의 관심을 쏟는다. 여기서 언급하는 관상적 기도란 예수님과 하느님, 성서의 인물들과 뛰어난 크리스천들에게 주의를 기울여 관심을 쏟는 것을 의미한다. 이런 기도로부터 발전할 수 있는 관상적 태도를 통해 단순히 삶의 뒷배경으로서 하느님을 보는 대신, 성서와 창조와 자신의 삶과 세상의 삶 안에서 스스로를 드러내시는 분으로서 하느님을 보게 된다. 이때 하느님께 주의를 기울이는 것이 쉽고도 자발적임을 알게 될 것이다.

그러나 이런 방식의 관상에 익숙해지자면 극복해야 할 두 가지 어려움이 있다. 첫째, 어떤 "새로운" 것을 기존의 부류에 포함시키기 때문에 그 자체로 보고 듣기가 거의 불가능하다는 점이다. 즉, 이미 어떤 부류에 소속시켜 버렸기 때문에 개별적인 것으로 보지 않게 된다. "또 다른 유칼립투스 나무", "또 다른 석양", "또 다른 독일 사람" 등. 둘째 어려움은 다른 사람보다는 자신의 관심사에 몰두하는 경향을 들 수 있다. 일반적으로 기도중에는 듣고 보기를 멈추거나, 적어도 덜 듣고 덜 보아야 하며 내면을 바라보는 것이 기도라고 생각하고 있다. "기도합시다"라는 말을 들을 때 우리는 자동적으로 고개를 숙이고 눈을 감는다. 또 기도를 청원이나, 어떤 것을 철저하게 생각하는 것, 혹은 영감을 받는 것으로 생각하는 경향이 있다. 이런 모든 것이 그 자체로는 훌륭하지만, 바라보거나 듣는 것을 가로막을 수 있다. 영적 지도자들은 피지도자들이 관상을 체험하고 자신을 관상하는 사람으로 간주하도록 하기 위해 끈기있게 도와 주어야 한다.

만약 당신이 운동 경기를 지켜보거나 책을 읽거나 음악을 듣는 데에 심취되어 있었다면 시간이 얼마나 흘렀는지, 얼마나 추웠는지 더웠는지도 모르고, 옆에서 누가 무슨 말을 하고 있는지도 모를 것이다. 이처럼 어떤 것에 사로잡힌다는 것이 얼마나 강력한지를 우리는 체험적으로 알고 있다. 화재나 사고중에 자녀들을 염려하던 부모들은 급한 상황이 지난 후에야 자신들이 다쳤다는 것을 깨닫게 되듯이 전쟁중의 군인들도 전투가 끝난 후에야 부상당한 것을 깨닫게 된다.

이처럼 자신 이외의 어떤 것에 깊이 주의를 기울일 때 자신과 주변 환경을 잊어버리는 경향이 있다. 관상은 초월로 유도되거나 또는 초월을 체험하게 하여 관상하는 대상을 제외한 주변의 사람이나 사물과 자신을 잊어버리게 한다.

반대로 자기에게 몰두한다면 어떤 사물이나 사람에 대한 관상은 거의 불가능할 것이다. 배고픈 사람은 석양을 즐길 수 없을 것이며, 시험 공부를 하는 학생은 주변에서 일어나는 대화를 의식하지 못할 것이다. 그래서 영적 지도자들은 피지도자들이 자기 몰두를 극복할 때까지 오랫동안 인내롭게 도와 주어야 한다. 간혹 자기 몰두가 미덕으로 간주되기도 한다. 예를 들어 자신의 실패와 죄에 몰두하고 있는 사람은 자신이 정직하고 또 자신에 대해 안다고 간주하고 또 그렇게 간주되기도 한다. 그럼에도 그는 결코 자신의 행동을 변화시키지 않는다. 그가 성서를 읽을 때 저주의 말씀을 듣고 그것을 자신에게 적용하지만, 용서와 자유의 말씀은 듣지 못하며, 하느님께서 죄인들에게 넌시시는 애정의 표정도 보지 못한다. 이 사람의 경우 "겸손"과 "자신을 아는 것"은 자기 몰두를 합리화시키는 것이다.

영적 지도자는 이런 사람이 자신과 자신의 문제를 초월하여 하느님을 바라보도록 도와 주어야 한다. 초기 단계에 그가 자신 이외의 어떤 것, 즉 음악이나 자연의 아름다움, 예술적 건축물 등 그를 매료시킬 수 있는 다른 어떤 것을 바라보고 듣는 것에서부터 시작할 수 있다. 자기 몰두는 연약함에 집중하는 것이다. 영적 지도자가 중시해야 할 역할은 피지도자가 자신을 초월하여 바라보게끔 도와 주도록 노력하는 것이다.[1]

관상의 다른 측면에 주의를 돌려보자. 관상에 따른 환희, 기쁨, 고통, 동정, 사랑과 감사의 반응들은 우리가 보고 듣고 이해하는 것에 따라 자발적으로 일어난다. 이런 반응들은 비록 우리의 과거 체험으로부터 영향을 받지만 근본적으로 우리 주변의 사람과 사물에 대한 자발적 반응으로서 영적 지도에서 고려해야 할 중요한 요소이다. 분명한 예로, 우리가 사랑하는 사람을 바라볼 때의 반응을 들 수 있다. 그것은 선물인 것 같다. 사랑하고자 하거나 사랑에 빠지고자 하는 자신의 결정 때문이 아니라, 상대방 때문에 일어나게 되는 반응이다. 영적 지도자는 피지도자들이 하느님께서 행하신 것, 행하고 계신 것, 말씀하신 것, 말씀하고 계시는 것을 바라보고 주의를 기울일 수는 있으나, 자신들의 반응을 조절할 수 없음을 인식하도록 도와주어야 한다. 예를 들어 어떤 여자가 "오, 주여! 당신은 저를 찾으셨고, 저를 알고 계십니다"[2]라는 말씀에 기대했던 기쁨 대신 분노를 느끼게 된다. 이런 경우 영적 지도자는 그녀로 하여금 기대하지 않았던 분노의 반응 그 자체를 하느님께 표현하도록 하고 분노하고 있는 자신을 도와 주시기를 하느님께 요청하도록 도와 줄 수 있다.

석양이 더 선명해지기를 강요할 수 없듯이 관상하는 사람은 그 대상을 조절할 수 없다. 우리가 할 수 있는 것이라고는 그렇게 되기를 기대하며 지켜보는 것이 고작이다. 관상의 대상은 우리로 하여금 경이와 존경을 불러일으킨다. 만약 그 대상이 사람이라면 우리가 할 수 있는 것이라고는 그에게 자신을 나타내 보이라고 요청하고 그렇

---

1. William J. Connolly, "Appealing to Strength in Spiritual Direction", *Review for Religious* 32 (1973), 1060-1063.
2. 시편 139,1.

게 되기를 기다리는 것이 고작이다. 이 점을 간파했기 때문에 이냐시오 성인은 『영성수련』에서 각 수련의 시작 부분에 우리가 바라는 것을 위해 기도하라고 제안한다. 어떤 경우 피지도자는 하느님께서 자신의 죄스러움을 나타내 보여, 그가 부끄러움을 느끼도록 해달라는 기도를 드린다. 또 어떤 경우는 하느님께서 스스로를 그에게 알려주셔서 그가 하느님을 사랑하고 따를 수 있게 되도록 기도한다.[3]

여기서 관상과 초월과의 관계는 더욱더 분명하게 나타난다. 우리가 다른 사람을 대하는 것은 사물을 대하는 것과는 다른 상황이다. 쌩 뗵쥐베리의 "어린 왕자"는 그의 별 위에서 또 다른 석양을 보기 위해 걸상을 조금만 움직여도 되었다. 그러나 꽃이 스스로를 작은 왕자에게 나타내 보이기로 마음먹을 때까지, 그 꽃의 실재와 유일함을 보는 데에는 무력하였다.[4]

영적 지도자들은 피지도자들이 하느님께 바라는 것을 요청하기를 권고한다. 처음에 피지도자들의 바람은 너무나 광범위할 것이다. 예를 들어 하느님의 존재를 체험하며 하느님을 더 잘 알기를 바랄 것이다. 이런 요청이 그들의 진정한 바람을 반영하는 것이라면 영적 지도자들은 피지도자들이 참으로 원하는 것을 말하고 분명히하도록 도와 주어야 한다. 그렇게 되면, 피지도자는 관상을 시작할 때 먼저 자신이 원하는 것을 요청한 후, 관상중에 일어나는 것을 바라보고 듣게 된다. 달리 말해 그는 하느님께 스스로를 나타내 보이시도록 요청함으로써 하느님과의 관계를 형성하고, 나타내 보이시는 그분의 존재에 주의를 기울이게 된다.

하느님께 스스로를 나타내시라고 요청하는 기도를 통해 그분의 신비가 우리에게 개방된다. 이런 개방은 우리의 평소 활동과는 매우

---

3. William A. Barry, "On Asking God to Reveal Himself in the Spiritual Exercises", *Review for Religious* 37 (1978), 171-6.
4. Antoine de Saint-Exupéry, *Le Petit Prince* (New York: Harcourt, Brace, and World, 1943).

대조적이다. 일반적으로 우리는 인식을 조절하려고 노력하며 새로운 것과 이상한 것에 위압감을 느낌으로써, 그 결과 우리가 보기를 원하는 것이나 인식과 지능 구조가 보게 하는 것만을 보게 된다. 관상적이 되도록 노력하는 것은 대상이 그 자체이게 하며, 놀라움과 새로움에 개방적이 되도록 하고, 우리의 반응이 상대방의 실재에 의해 유도되게 하는 것을 의미한다. 그래서 하느님을 관상할 때, 하느님을 향한 우리의 투영(projection)이 아니라 하느님을 있는 그대로 받아들이며, 또한 우리 자신이 그분 앞에 진실하도록 노력해야 한다.

초월의 실질적 체험은 완전한 자기 몰두와 대상에의 완전한 몰두 그 중간에 있다. 어떤 인간 체험에서나 자기 의식과 외부 세계에 대한 인식이 뒤섞이게 된다. 영적 지도자는 하느님께 대한 관상이 이 점에 있어서 다른 사람에 대해 관상하는 것과 다를 것이 없다는 것을 피지도자가 인식하도록 도와 줄 수 있다. 예를 들어 매우 가까운 친구와 친밀하게 같이 있으면서도 여전히 발의 통증을 느끼고, 차의 헤드라이트를 껐는지 염려할 수 있으며, 내일 수업을 위해 해야 할 공부에 대해 생각할 수 있다. 다르게 말하자면 "분심"이 가장 친밀한 관계 안에서도 일어나기 때문에, 기도중에도 역시 분심이 일어난다고 예상해야 한다.

마지막으로 친밀한 대화중에 무엇이 일어나는가에 대해 또 자신이 얼마나 잘 관상하고 있는지에 대해 생각하는 것은 자기 몰두로서 의사전달을 방해할 수 있다. 영적 지도자는 피지도자로 하여금 기도가 끝난 후 이런 생각들을 하도록 제안함으로써 이런 방해를 피하도록 도와 줄 수 있다.

영적 지도의 초기 단계에 영적 지도자는 피지도자들이 하느님께 대해 관상하도록 도와 주어야 한다. 피지도자는 어떤 형태의 도움을 필요로 하는가? 피지도자들이 하느님을 바라보고 하느님의 말씀을 듣고자 하는 노력이나 열의 그 자체는 이 단계에서 거의 도움이 되지 않는다. 이것들은 대개 자기 몰두로 끝이 난다. 처음에는 피지도자들이 즐기는 활동 중에서 관상적인 면이 있는 것을 관상하며 시간을 보내는 것이 도움이 될 수 있다. 예를 들어 새를 관찰하거나, 도시 건축물을 관람하거나, 파도 소리를 듣거나, 바하의 음악을 감상하는 것 등. 피지도자가 자기 자신을 잊어버리고 다른 어떤 것에 몰두할 수 있도록 도와 주는 수용적 체험이라면 어떤 활동이라도 괜찮다. 피지도자는 이런 체험을 가까운 친구와 함께 나누기를 원하는 것과 마찬가지로 하느님과 함께 나누기를 원할 것이다. 초기 단계에서 영적 지도자는 피지도자들에게 하느님께 자신의 존재를 알려주시기를, 즉 스스로를 나타내 보이시기를 요청하라고 제안한다. 그리고 이런 시간을 보낸 후 그때마다 일어난 체험에 대해 성찰해 보도록 제안한다. 무슨 일이 일어났는가? 그들이 체험한 것은 무엇인가? 하느님께서 자신을 알려주셨는가?

이와같이 하기 시작할 때 피지도자들에게 일어나는 것을 관찰해 보면 놀랍다. 처음에 그들은 이런 비신앙적 활동이 기도가 될 수 없다고 반대할 것이다. 더구나 피지도자들에게 기도란 대개 성찰과 결심을 의미해 왔기 때문에, 그들에게 영적 지도자가 제안하는 이런 새로운 기도 방식에 익숙해지는 데는 시간과 인내가 필요하다. 그러나 차츰 피지도자들은 이런 기도시간이 즐겁고 평화롭다고 느끼기 시작한다. 그들을 사랑하시고 염려해 주시는 하느님이 존재하신다고 느끼고, 환희와 감사의 정을 아울러 느끼게 된다. 항상 쳐다보기를 두려워하고 부끄러워했다는 것을 그들 스스로 인정하게 되며, 점차 자유로워지고 치유되기 시작한다.

이런 성찰이 다음 질문을 유도한다. 하느님의 방식에 우리 자신을 더 분명히 맡길 수 있는 특별한 장소나 사건이 있는가? 전통적으로 말해 성사 — 특히 성체성사 — 와, 교회의 가르침과, 성서와 하느님의 피조물인 자연이 그것이다. 자연과 성서는 영적 지도자들이 자주 추천하는 특별한 장소이므로 특히 주목할 필요가 있다.

전통적으로 사람들은 자연의 아름다움 안에서 평화와 신선함을 발견해 왔다. 대부분의 피정의 집이나 기도의 집과 수도원이 자연 경관이 아름다운 곳에 위치해 있다는 사실은 일반적으로 도시 환경에서보다는 그런 장소에서 더 쉽게 하느님을 발견할 수 있다는 믿음을 증명해 준다.[5] 더구나 크리스천 전통은 하느님께서 피조물들 안에서 자신을 드러내 보이신다고 끊임없이 말해 왔다. 시골이나 해변만이 하느님을 만날 수 있는 장소라고 말하려는 의도는 아니지만 — 하느님은 도시에도 역시 존재하시고, 때로는 기막힌 자연 경관이 기도를 방해하기도 하기 때문이다 — 영적 지도자는 피지도자들이 자연의 아름다움을 먼저 바라보도록 격려함으로써 하느님을 만나 뵙고 또 그분의 말씀을 들을 수 있도록 도와 주고자 한다.

영적 지도자는 피지도자들이 자연 안에 계시는 하느님을 관상하도록 도와 주고자 노력할 때, 그들이 단지 보고 듣도록 해야지 창조를 계속한다든지, 성령이 머무신다든지 하는 개념에 대해 깊이 생각하지 않도록 제안해야 한다. 우리는 독서와 교회의 가르침과 신학과 철학 강의를 통해 하느님께서 모든 것 안에 존재하신다는 진리를 잘 알고 있지만, 한 송이의 꽃을 오랫동안 바라보면서 하느님께서 그 꽃의 창조주로서 스스로를 나타내 보이신다고 느낀 사람은 몇 명 되지 않는다. 나무를 구체적인 하느님 활동의 한 모습으로 볼 수 있기에 앞서 먼저 나무를 보고, 만지고, 냄새를 맡아야 한다. 그래서 영적 지도자들은 먼저 피지도자들이 그들 주변에 있는 것을 바라보고 그것의 소리를 듣도록 제안한다.

---

5. 4세기 중동의 사막에서 지낸 수도자들 또한 자연의 아름다움을 볼 줄 알았던 것 같다. Derwas J. Chitty, *The Desert a City: An Introduction to the Study of Egyptian and Palestinian Monasticism under the Christian Empire* (London & Oxford: Mowbrays, 1977), p.xvi 참조.

자연에 대한 관상의 두번째 제안은 자연의 아름다움을 바라보는 것 자체가 하느님과 관계를 맺는 하나의 방법이 될 수 있다는 것이다. 말이 필요없다. 마치 어떤 예술가가 만든 작품에 관심을 보이며 그것을 바라봄으로써 그 예술가와 관계를 맺는 것과 마찬가지로, 하느님께서 만드신 것을 관상함으로써 하느님과 관계를 맺을 수 있다. 예술가들은 사람들이 그들이 만든 작품에 관심 가지기를 바라며, 그들의 작품을 바라보는 것을 즐기고, 그 작품 앞에서 웃거나 한숨짓거나 기쁨을 표현하면서 흥미를 보이는 것을 즐긴다. 이런 반응들은 우리가 관상하는 것에 의해 유도되는 것이지 우리의 의지로 일어나는 것은 아니며, 그것들은 예술가에게로 향한 의사전달이다. 그 예술가가 하느님이실 때 그 의사전달은 찬미의 기도라 불리어지며 찬미의 기도는 "기도 용어"로 가다듬어질 필요가 없다. 종종 실제로 말이 형성되기 이전에 기도가 터져나온다. 피지도자가 자연의 아름다움에 반응하기 시작할 때 영적 지도자는 이런 반응들은 시편 104편의 저자가 표현한 반응과 유사한 것임을 지적해 줄 수 있다. 모두가 시인이 될 수는 없으나 거의 모든 사람이 가을 단풍잎에 내리쬐는 햇살에 황홀해하고 석양이나 일출에 깊은 경이를 느낄 수 있다.

그러나 관상하는 사람들은 자연의 아름다움을 바라보고 하느님의 작품을 감탄하는 것으로 만족하지 않을 수 있다. 하느님께 자신을 알려주실 것을 요청하며 관상을 시작한 사람들은 하느님께서 스스로를 나타내 보이시고 또 그들에게 개인적으로 말씀해 주시기를 원한다. 하느님께서 반응하시는가? 그렇다면 어떻게 그들이 알 수 있는가? 여기에서의 질문은 하느님께서 자신을 나타내 보이시는 평범한 방법에 관한 것이지 신비적 체험에 관한 것은 아니다.

어떤 여자가 밤에 해변을 따라 산책하면서 달빛이 파도의 가장자리를 어루만지는 것을 바라보며 즐기다가 갑자기 평화를 느끼고, 또 그 광경을 즐기시는 어떤 분의 존재를 느끼게 된다. 비록 그녀가 알

④ 관상적 태도　69

코올 중독자거나, 가족들과 한바탕 싸움을 벌였거나, 혹은 오늘 직장에서 해고되었다 하더라도 그녀는 이상하게 자신이 아직도 하느님으로부터 사랑받고 있다고 느끼면서 자기 연민에서 벗어나 솔직하게 자기 자신을 바라보며 자유로워졌다고 느낀다. 혹은 어떤 청년이 밤하늘의 무수한 별들을 바라보며 자신이 보잘것없다고 느끼면서도, 세상에서 자신이 여전히 중요한 존재임을 깨달을 수 있다. 혹은 구름에 감싸인 산꼭대기를 바라보던 어떤 사람이 자신의 생활방식을 바꾸라는 깊은 내면의 부르심을 들을 수 있다. 이 모든 예들에서 사람들은 하느님께서 스스로를 나타내 보이시는 것을 느끼거나 그분의 음성을 듣는다. 이런 강한 체험이 그들에게 평화와 즐거움을 느끼게 해줄 뿐 아니라 도전을 던질 때 하느님께서 새로운 실재로 다가오기 시작한다.

성서에 대한 관상을 같은 방식으로 바라볼 수 있다. 성서도 하느님을 만날 수 있는 특별한 장소가 된다. 자연을 관상할 때 나무나 석양이나 산에 주의를 기울여야 하는 것과 마찬가지로 성서에 대해 관상할 때 성서에 주의를 기울여야 한다. 성서를 향해 관상적 태도를 가져야 하고, 성서가 그 자체이게 하여, 성서의 말씀을 우리가 듣고 있는 동안 하느님께서 스스로를 나타내시도록 요청해야 한다.

다른 종교의 경전이 또한 하느님을 만나는 특별한 장소가 될 수 있는지에 대해 영적 지도자가 논쟁해야 할 이유는 하나도 없으며 역사와 관상적 체험을 통해 볼 때 수많은 다른 종교의 경전들이 특별한 장소가 되어왔음을 알 수 있다. 그렇지만 성서가 하느님 말씀으로서 크리스천에게 최상의 장소가 된다는 사실을 받아들여야 한다.

성서는 그 자체로 듣는 것이 바람직하다. 다른 사람과 마찬가지로 영적 지도자도 현대 성서학의 영향을 받아왔다. 현대인들은 실제 예수님의 행적에 대해 많은 의문점을 제시하기 때문에, 영적 지도자들은 피지도자들의 관상적 기도를 돕기 위해 어떻게 성서를 이용할 수 있는지 궁금해한다. 만약 역사적인 예수님께 대한 연구가 현대 성서학자들에게 그렇게 문제시되고 있다면, 예수님을 알기 위해 복음이 여전히 사용될 수 있겠는가?

첫째, 기도나 크리스천 삶은 환상에 바탕을 두는 것이 결코 도움이 되지 않기 때문에 복음을 그 자체로 보는 것이 중요하다. 네 복음은 예수님의 전기가 아니고, 초대교회의 네 가지 다른 믿음의 표현이며, 예수님의 삶을 믿음으로 기억해 낸 것이다. 각 복음은 그 자체의 관점과 신학적 초점, 또한 그 자체의 삶의 상황을 가지고 있다. 예를 들어, 마르코 복음에 대한 관상은 저자의 작품 자체를 받아들이고, 그가 들려주고자 한 복음을 듣도록 노력하는 것을 의미한다.

둘째, 기도를 위해 복음을 사용하는 데 성서학자가 될 필요는 없다. 베들레헴에서 천사들이 "하늘 높은 곳에는 천주께 영광"이라고 노래했다고 믿는 사람은 살아 계시는 하느님께서 스스로를 드러내 보이시려고만 한다면 그렇게 하시리라는 것을 믿는다. 그러나 복음에 대해 더 많이 알고 있다면, 자신의 문화적·개인적 투영이 아니라, 복음을 더 잘 바라보고 그 말씀을 더 잘 들을 수 있게 된다. 그래서 성서 연구가 관상에 도움이 될 수 있다. 마르코 복음의 예수님을 관상하면서 자신이 관상하고 있는 분은 마르코의 예수님이지, 역사 안에 실재하셨던 예수님이 아닐 수도 있다는 것을 이해해야 한다. 그렇게 된다면 우리는 성서학의 새로운 해석에 매번 당황하지 않게 될 것이다. 더 중요한 것은 우리가 만나기를 원하는 분이 과거의 예수님이 아니라, 믿음 안에서 우리가 믿고 체험하는 현재 살아 계시는 나자렛 예수님임을 명확하게 깨달아야 한다.[6]

---

6. 우리가 복음을 통해 또 복음 안에 계시는 예수님께 대해 관상함으로써, 신적인 그리스도를 만날 뿐만 아니라, 우리가 "나의 주님, 나의 하느님"이라 부를 수 있는 인간적인 그리스도의 신비를 만나게 된다. Karl Rahner에 이어 Sudbrack은 이런 영성이 오히려 그리스도의 신성을 강조한다고 지적한다. *Beten Ist Menschlich*, op. cit., pp.245ff. 참조.

이것이 영적 지도의 핵심이다. 복음을 관상하는 목적은 살아 계신 주 예수님을 알게 되는 것이다. 영적 지도자로서의 이냐시오 성인의 지혜가 다시 한번 분명해진다. 그는 복음의 사건들에 대해 관상하기에 앞서 "하느님을 더 친밀히 알게 되어, 하느님을 더 사랑하고, 하느님을 더 가까이서 따를 수 있도록"[7] 기도하라고 권한다. 그렇게 되면 복음의 말씀을 듣고 복음을 그 자체로 다루게 된다. 문학은 상상력을 자극하고 또 씌어진 대로 그것에 대한 믿음을 불러일으키게 하는 방법을 가르치고자 한다. 복음에 대한 관상은 성서 구절을 더 잘 알려는 것이 아니라 오히려 예수님을 더 잘 알려는 것이다.

가끔 영적 지도중에 다음과 같은 대화가 있을 수 있다(메리는 피지도자이고 존은 영적 지도자이다).

메리: 성전을 정화하시는 예수님의 모습이 마음에 크게 와닿았습니다.
존: 예수님이 어떠하신 것 같았습니까?
메리: 몹시 분노하고 계신 것 같았습니다.
존: 분노하고 계시다구요?
메리: 그래요. 예수님께서는 하느님이 당연히 받으셔야 할 것과, 실제로 사람들이 하고 있던 것과의 대립에 깊은 관심을 가지신 것 같았습니다.
존: 예수님께서 깊은 관심을 가지신 것 같았다구요. 그게 당신에게 매우 중요한 것 같은데 거기에 대해 좀더 얘기할 수 있겠습니까?
메리: 제가 그렇게 보는 방식에 대해서요?
존: 그래요. 예수님이 어떠하셨는가에 대해서요.

이런 대화에서 영적 지도자는 피지도자가 예수님이 기도중에 어떠하신 분인가에 대해 주목하도록 도와 준다. 영적 지도자의 답변이 진

---

7. Ignatius of Loyola, *The Spiritual Excercises of St. Ignatius*, trans. Louis J. Puhl, S.J. (Chicago: Loyola University Press, 1951), no.49, p.26.

부한 것 같지만, 피지도자가 예수님께 대해 받는 인상을 계속해서 바라보도록 도와 주는 것이 그 주된 목적이다. 이 시점에서 영적 지도자는 예수님의 행동이 피지도자 자신의 삶에 미치는 영향에 대해 살펴보라고 권하지는 않으며, 예수님께 대한 그녀의 느낌을 물어보고 그녀가 계속 예수님과 예수님의 활동을 주목하도록 도와 준다.

피지도자는 예수님과 그분의 활동에 주목할 때 피지도자 자신이 인식하는 것 이상으로 그 체험이 그녀에게 중요한 의미를 가지게 됨을 알게 된다. 대화를 계속해 보자.

메리: 내가 말했다시피, 예수님께서 분노하고 계셨습니다. 예수님께서는 성전의 장사치들에게 몹시 화를 내셨습니다.

존: 이제 잠깐 되돌아가 그 장면에서 당신이 느꼈던 방식에 대해 살펴보지 않겠습니까? 그것이 당신을 사로잡고 있는 것 같은데요.

메리: (머뭇거리다가) 예수님께서 정말 하느님께 대해 많은 것을 느끼신 것 같습니다. 예수님께서는 하느님께서 모욕을 당하고 계시다고 느끼셨고 그것 때문에 마음이 편치 않으셨던 것 같습니다.

존: 예수님 마음이 편치 않으셨다고요?

메리: 그게 예수님을 괴롭혔습니다. 당신도 알다시피, 사랑하는 가족 중에서 누가 모욕을 받으면 우리가 화가 나듯이, 예수님께서도 분노하셨던 것 같습니다. 정말 그런 것 같습니다.

존: 그래서 그 대목이 당신의 마음을 움직이는 것 같습니까?

메리: 그렇습니다. 저에게 매우 소중한 사람을 모욕하는 말을 들었을 때의 체험에 비추어 예수님께서 어떻게 느끼셨는지 공감할 수 있습니다. 그 때문에 제가 예수님께 좀더 친밀해짐을 느낍니다.

이 두번째 대화중에 존이 의도적으로 메리로 하여금 기도중에 일어난 인상에 대해 관찰하도록 도와 줌으로써, 그녀는 자신에게 일어난 중요한 체험을 더 분명하게 바라보고 표현할 수 있게 되었다. 만약 영적 지도자가 계속해서 관찰할 기회를 제공하지 않았더라면 그녀는 이런 발전에 대해 말하지 않았을 것이고 아마 이 점을 보지 못했을 것이다. 이것을 봄으로써 그녀는 자발적으로 예수님께로 향한 자신의 감정의 반응을 말하기 시작했다. 이제 관상적 대화는 이런 깊이에서 계속될 수 있다.

경험 많은 영적 지도자들은 사람들로 하여금 기도중에 끈기있게 하느님을 바라보며 또 그들이 본 것을 표현하도록 도와 주는 것이 쉽지 않다는 것을 알고 있을 것이다. 영적 지도자는 "당신이 기도할 때 하느님께서 어떠하셨습니까?"라는 질문에 대개는 "모르겠습니다"라는 답변을 듣게 되기 때문에, 이것이 헛된 노력이라고 가끔 느낄 것이다. 실상 많은 사람들은 기도할 때 이런 의미로 생각하지는 않는다. 그렇지만 영적 지도를 요청하는 사람이 하느님께 더 가까이 있기를 원한다면, 하느님께서 자신에게 비추어 주시는 방식에 대해 계속해서 바라보도록 도와 주는 것이 중요하다. 그 사람이 어떤 사람인지 알지 못한다면 어느 누구도 그에게 가까이 갈 수 없다. 사람들이 계속해서 기도한다는 사실은 하느님이 매력적이고, 하느님께서 계속해서 부르고 계시다는 인상을 가지고 있기 때문인 것 같다. 그렇지만 그들이 이것을 표현하기는 매우 어렵다. 이런 노력이 가치있는 것인가?

영적 지도자가 이런 질문에 답변하는 방식은 그들이 하고 있는 영적 지도의 방식에 큰 영향을 미친다. 메리가 기도할 때 하느님이 어떠하신지 바라보도록 되풀이함으로써 그녀 자신이 기도를 대화로 볼 수 있는 능력을 키워줄 수 있다. 그로 인해 기도중에 일어나는 하느님께 대한 그녀의 인식은 점차 예민해질 것이고 그 결과로 그녀는 더 완전하게 하느님께 응답하게 될 것이다. 그래서 기도가 그 자체의 생명을 지니게 된다.

이 단계에서 기도에 대해서 얘기할 때 "이것이 당신 삶에 어떤 의미가 있습니까?"와 같은 질문은 적합하지 않다. 중요한 것은 오히려, 메리가 내포된 의미를 바라보기 이전에, 기도중에 하느님께서 그녀에게 어떠하신지를 바라보도록 도와 주는 것이다. 다르게 말해서 영적 지도자는 피지도자로 하여금 관상의 본질에 대해 몰두하도록 도와 주는 데 노력해야지, 의미를 찾으려는 시도 때문에 그 노력을 희생해서는 안된다.

어떤 영적 지도자는 피지도자들이 신앙 체험에 대해 얘기할 수 없다고 또 기도중의 신앙 체험이 중요하지 않다고 느낄지도 모른다. 아마 이런 영적 지도자들은 "하느님이 어떻게 하셨습니까?"라는 질문을 꾸준히 던지지 않았을 것이다. 그 결과, 피지도자들이 예수님이 어떠하신지에 대해 진정으로 살펴보지 않았을 수 있다. 이것은 하느님께서 그들을 다른 방향으로 인도하신다는 문제가 아니라, 그들이 하느님께 주의를 기울일 때 일어날 수 있는 것을 인식하도록 영적 지도자가 제대로 도와 주지 않았다는 문제인 것 같다.

만약 영적 지도자가 피지도자로 하여금 하느님께 주의를 기울이도록 도와 준다면 성서적 사건이나 다른 어떤 사건이나 상황 안에서 하느님을 바라보는 단순한 행동이 그 자체로 유익한 기도임을 알게 된다. 이런 관상은 그 자체로 사랑과 애정과 바람이 솟아나도록 하고 또 하느님을 더 가까이에서 지켜보도록 해준다. 더 가까이에서 지켜보는 것 때문에 하느님께 대한 새로운 신뢰가 형성되고 친교가 이루어지게 된다. 의미를 위한 추구는 그 자체로 가치가 있기는 하지만 관상의 영역에서 본다면 이런 과정에 방해가 될 수 있다. 이 두 가지 중 어느 것이 자신이 최종적으로 바라는 관계인지를 판단해야 한다.

사람들은 관상적 기도를 통해 그들 삶의 원천에 깊이 관련된 선택을 내리게 된다. "피지도자와 함께하는 것"이 영적 지도자가 해줄 수 있는 중요한 봉사 중의 하나이다. 그러나 이 봉사가 영적 지도자의 성취욕을 충족시키려는 것이어서는 안된다. 영적 지도자는 다만 피지도자의 기도중에 일어나는 관상에 대해 도움을 줄 뿐이다. 이렇게 영적 지도자는 관상에 함께 머물면서 피지도자가 하느님을 보는 방식에 초점을 맞추고 영적 지도자 자신이나 피지도자의 관상에 방해되는 것을 제거함에 그 목적을 두어야 한다.

많은 사람들에게 관상의 특별한 장소가 되어 온 자연과 성서에 덧붙여 또 다른 특별한 장소가 떠오를 수도 있으며 어떤 사람들은 한 장소를 다른 장소보다 더 선호할 수 있다. 특히 현대에 자연보다는 인간이 만든 작품에 더 많은 접촉을 하는 경우, 이들이 또 다른 특별한 장소가 될 수 있다. 독일 영성신학자인 죠셉 서드브렉은 이 점을 지적하고 영적 지도자들에게 기도의 출발점이 되는 인간의 살아가는 모습을 지켜보도록 권고한다.[8] 모오톤 켈시는 많은 교부들이 영적 지도에 꿈을 사용했던 사실을 지적하면서 꿈에 주의를 기울일 것을 강조한다.[9] 영적 지도자는 피지도자들이 하느님께서 자신을 드러내시기를 기다리는 최상의 장소를 발견하도록 도와 주기 위해 가능한 한 넓은 범위의 특별한 장소들을 염두에 둘 필요가 있다.

하느님께서 메리와 같은 사람에게 구체화되고 또 그녀 자신이 하느님을 구체적으로 만날 때 기도는 변화되며 하느님께서는 더 이상 멀리 계시거나 추상적이지 않게 된다. 하느님께서는 피지도자의 삶 안에 더 밀접히 계시고 기도중에 현존하시며 자신의 가치와 의지를 가지신다. 하느님께서는 불완전한 피지도자를 받아들이시고 사랑하시며 격려하신다. 피지도자는 기도와 삶 안에서 일어나는 모든 사건들

---

8. Josef Sudbrack, *Beten Ist Menschlich: Aus der Erfahrung Unseres Lebens mit Gott Sprechen* (Freiburg im Breisgau: Herder, 1973), p.129.
9. Morton T. Kelsey, *God, Dreams and Revelation* (Minneapolis, Minn.: Augsburg Publishing House, 1975).

을 하느님께 말씀드리게 됨으로써 삶이 변화하고 그리스도의 성숙에 이르게 된다. 그래서 메리가 성서의 모습을 통해 하느님을 바라볼 때 그녀는 하느님께서 그녀 자신의 선호나 필요에 의해 조정되시는 분이 아니라 가끔 미지의 길을 걸어가시고 예상하지 않은 것을 말씀하시는 분으로 보게 된다. 달리 말해, 바라보는 그분께서 자신의 삶을 명백히 지니시게 되는 것이다. 비록 그분의 자율성은 아직 피지도자의 잠재의식적 개념으로 제한되어 있기는 하지만, 피지도자가 기도중에 하느님의 삶 자체를 더 분명하게 보게 될 때 영적 지도자가 해야 할 일은 일어나고 있는 대화에 간섭하지 않으며 대화의 발전을 도와 주는 것, 즉 메리 같은 사람이 그녀의 마음으로 듣고 응답하도록 격려하는 것이다.

이와같이 관상적 태도가 충분히 발전되었다고 인식될 때, 방해하지 않고 성장시키는 것이 영적 지도자의 일차적 역할임을 쉽게 이해할 수 있다. 그러나 이것은 관상적 태도가 발전된 이후로 한정되는 것은 아니다. 영적 지도자는 전체 지도 과정에 걸쳐 그 의미를 분명하게 파악하고 있어야 한다. 피지도자가 기도중에 분노와 두려움, 죄의식만을 체험할 때조차도 영적 지도자는 자신의 일차적 역할이 무엇인가를 기억하고 피지도자가 바람직한 관상에 나아갈 수 있도록 도와 주어야 한다. 그렇게 되면 영적 지도자는 기도중에 관상의 발전을 가로막는 접근 방식을 사용하지 않고, 분명히 드러나는 관상적 태도를 혼란시키거나 왜곡시키는 어떤 요소도 도입하지 않을 것이다.[10]

실천적 의미에서 영적 지도는 두 가지 주요 양상 내지 방식으로

---

10. 비록 피지도자가 아직은 주님이 자신에게 어떠한 분이신지, 또 주님께서 자신에게 무슨 말씀을 하시는지에 대해 많은 주의를 기울이지 않지만, 주님께 대한 관상은 하느님을 처음으로 개인적 실재로서 인식함으로써 시작된다고 말할 수 있다. 이런 태도가 분명하게 발전하는 것은 새로운 실재가 나타난 것이 아니라 성장의 새로운 단계에 들어간 것이다.

구분될 수 있다. 그 둘을 구분하는 경계는 비록 그 체험이 희미하다 할지라도 하느님의 현존에 대한 체험이다. 그러나 여기서 신비주의적 기도를 말하려는 것이 아님을 분명히해 둔다. 관상적 체험은 개개인마다 다른 형태로 일어나며 같은 사람에게라도 다른 순간에는 다른 형태로 일어날 수 있지만, 그 모든 형태는 하느님의 현존에 대한 체험이다. 하느님이 경이롭고 엄위로우시며, 인간을 사랑하시고 초대하시며, 수수께끼 같아 당혹한 분으로 보일 수도 있다. 또는 하느님이 치유자로서 완전하게 하시는 분으로 보일 수도 있다. 또 가끔은 하느님께서 현존하시면서 어떤 사람이 자유롭게 되기 위해 한 발짝 내딛기를 기다리시기도 할 것이다. 우리가 근심과 분노와 다른 집착으로부터 자유롭게 되어 하느님의 사랑에 관심을 두게 될 때, 예수님께서는 우리를 초대하여 자신의 사명을 나누어 주시고 자신이 하신 것처럼 사람들을 보살핌으로 빛과 어둠을 나누면서 자신의 여정을 따르도록 하신다.

하느님께서 자신을 보여주시는 이런 모든 방식을 통해 공통되는 요소는 그분의 실재이다. 그분은 생각해 봐야 할 관념이나, 고려해야 할 일련의 가치나, 추상적인 모습이 아니다. 기도하는 사람은 하느님께서 조종되는 분이 아니라 오히려 그 관계의 방향과 내용을 결정하시는 분임을 깨닫게 된다. 기도하는 사람은 도움이 될 만한 생각을 찾거나, 감정을 조작하거나, 환상을 만들어 내지 않는다. 그는 단지 성서나 체험 안에서 나타나시는 그대로의 하느님을 바라보고 또 그분 앞에 자신을 내어놓음으로써 일어날 것이 일어나도록 내버려 둔다.

관상을 통해 하느님과 하느님의 백성과 피지도자 자신에 대한 태도와 삶이 변화하게 되고, 또 그런 것들이 관상적 기도의 체험에서부터 점차 발전하게 된다. 가끔 이런 태도가 발전하고 있는 사람도 하느님께 바람직하지 못한 태도들을 노출시킬 필요가 있을 때 망설이며 그것에 대해 생각하고 근심하며 움츠러들 수 있다. 그러나 만약 관상적 태도가 잘 발전되어 있다면, 그는 자신이 언제 대화로부터 후퇴하는지를 알며 쉽게 그것을 인식할 것이다.

그 사람은 또한 기도가 쉽지 않다는 것도 잘 알게 될 것이다. "관상"은 대개 평안을 의미하지만, 관상적 기도가 결전장이 될 수도 있다. 결전을 회피하려 할 때 그는 하느님께서 멀리 계시고 희미하시다고 느낄 것이다. 중요한 것은 들어가고자만 한다면 대화가 가능하다는 것을 체험을 통해 그가 안다는 것이다.

여기서 말하는 관상적 체험이 초현실적이거나 "신비적"이 아님을 다시 강조한다. 이는 진흙 묻은 장화처럼 현실적이고 너무도 삶에 깊숙히 관련되어 있다. 현실적이고 일상의 삶과 관련되어 있다는 점이 이 체험의 권위를 나타내 준다. 그러나 미국에서는 반관상적 편견이 너무 강하여 관상이 언급될 때, 많은 독자들은 필연적으로 "사람들에게 있어 실제 삶이 너무도 복잡하고 어려워서, 단순한 마음의 세계로 후퇴하라고 격려하는구나"라고 생각하게 된다. 이것은 분명히 우리가 묘사하는 관상과는 거리가 멀다. 관상하는 사람은 인간에 대한 하느님의 관심을 보게 되고, 사람들의 필요에 더욱 적극적인 관심을 보일 것이다. 관상을 통한 활동적 삶을 통해 인간은 자기 중심주의를 벗어날 수 있다.

관상적 체험이 영적 지도의 전환점이 되는 것은 피지도자의 관상적 기도가 시작되면 영적 지도가 더 쉬워지기 때문이 아니라 그것이 다른 모습을 띠기 때문이다. 이런 경우 피지도자는 영적 지도에 더 많은 요청을 할 수 있다. 메리와 같은 사람이 그녀가 원하는 방향으로 실재를 조작하려 하지 않고 있는 그대로의 실재를 대면하게 되면, 하느님의 성령만이 아니라 악령 또한 그런 새롭고 자유로운 환경에 영향을 미치기 때문에, 그녀는 선과 악을 분별하기 위해 영적 지도자에게 도움을 요청하게 된다. 그녀는 자기 중심주의에서 벗어나게 되고 참된 삶을 살고자 하는 바람으로 계속 봉사하게 된다.

만약 영적 지도자가 처음부터 자신의 역할이 피지도자의 관상을 도와 주는 것임을 알았다면, 아마 그의 역할이 목적의 혼란이나 의존의 문제 등으로 과도하게 복잡해지지는 않을 것이다. 이런 문제들은 초기에 영적 지도자의 일차적 역할이 교육하는 것이 아니라 도와 주는 것임을 피지도자에게 분명히할 때 다루어진다. "왜 좀더 주도권을 쥐지 않습니까?" "왜 내가 뭘 해야 할지 말해 주지 않습니까?" "왜 내가 의존할 수 있는 구조를 주지 않습니까?" "왜 더 말을 하지 않습니까?" 이런 질문들은 아마 영적 지도자가 초기 면담에서 들었을 것이다. 말로 표현되었건 되지 않았건, 이런 질문들을 기회로 삼아, 영적 지도자는 피지도자와 하느님과의 대화의 책임이 자신이 아닌 하느님과 피지도자에게 있음을 지적해 줄 수 있다. 영적 지도자가 이런 기회를 포착하여, 피지도자가 하느님의 말씀에 주의를 기울이고 또 하느님께서 행동하시기를 기다리는 새로운 시점에서는 영적 지도를 통해 무엇이 하느님께로부터 오는 것인지 무엇이 영적 지도자로부터 오는 것인지에 대한 불확실함이나, 혹은 피지도자가 체험하는 것과 단지 체험해야 한다고 생각하는 것과를 구별하는 어려움 때문에 곤란을 겪게 되지는 않을 것이다. 그러나 영적 지도 과정의 초기에 영적 지도자가 피지도자에게 하느님과의 특정한 방식의 관계를 가진 사람이 되기를 기대한다고 분명하게 또는 암시적으로 말했고 이런 기대가 중단되거나 변화되지 않았다면, 관상의 시기 동안 일어나는 피지도자의 체험은 혼동될 것이며, 최악의 경우 잘못된 방향으로 유도될 것이다. 만약 이런 혼동이 시작되면 영적 지도자는 피지도자와 새로운 관계를 형성하도록 노력하거나, 다른 영적 지도자를 추천하는 것 외에는 별다른 방도가 없을 것이다.

⑤ 주요 내적 문제의 인식과 하느님과의 나눔

관계가 성장하기 위해서 우리는 상대방에게 주의를 기울일 필요가 있고, 또 상대방과 함께 있을 때 우리 안에서 일어나는 것에 주의를 기울이며 그 반응을 함께 나눌 필요가 있다. 하느님께 대한 관상이 우리에게 어떤 영향을 미치는가? 우리는 하느님께 주의를 기울이기 시작할 때 일어나는 반응을 깨닫고 그분께 자유롭게 응답하게 된다. 피지도자가 영성생활의 성장에 근본이 되는 이런 반응들을 깨닫도록 하여 하느님과의 의사전달을 도와 주는 것이 영적 지도의 근본 역할 중의 하나이다.

먼저 영적 지도의 초기 단계, 즉 피지도자가 자신의 영적 주체를 인식하기 시작하는 단계에 대해서만 논하고자 한다. 이렇게 하는 것은 후에 다루게 될 내면에서 일어나는 것에 주의를 기울이는 것이 중요하지 않기 때문이 아니라, 초기 단계에서 이런 주의를 따로 분리해서 토론하기가 쉽기 때문이고, 또 이런 주의가 대개 초기 단계에서 확실하게 발전되어야 하기 때문이다. 예를 들어, 깨닫는 것에 대한 저항이 초기 단계에서 더 분명하게 나타나기 때문에 좀더 자세히 설명하고 토론할 필요가 있다. 또한 초기 단계에서 영적 지도자와 피지도자가 취하게 되는 영적 지도 과정의 접근 방식이 기본적으로 가르치는 식이 될지, 진지하게 대화를 나누는 것이 될지, 잘못을 지적하는 훈계식이 될지를 결정하게 된다. 그렇기 때문에 접근 방식에 대한 선택은 이 단계에서 특별히 중요하다. 왜냐하면 이것이 앞으로 발전하게 될 영적 지도 관계의 방식과 영적 지도자가 도와 줄 수 있는 방식을 결정하기 때문이다.

피지도자의 희망과 태도에서부터 영적 성장의 과정과 영적 지도 과정이 발전하게 된다. 그렇다면 영적 지도를 받기 시작하는 단계를 무엇이라 할 수 있을까? 아래의 비유가 도움이 될 것 같다. 영적 지도를 받기 시작하는 사람은 이미 오래 전에 여행을 떠난 여행자와 같다. 그는 여행을 출발한 지점으로부터 상당히 멀리 와 있어서 준비에 대한 걱정이나 떠나면서의 수선스러움으로부터는 회복되었으나, 아직 목적지는 멀리 떨어져 있어서 도착하는 것 이외에 다른 것을 생각할 수가 없다. 그는 여행 그 자체에 대해 또 도상에서 자신에게 일어나는 것이 무엇인가에 대해 성찰해 보기 시작한다. 그는 도상에서 일어나는 일들이 그 자체로 중요하다는 것을 느끼고 그것들을 무시하는 것은 여행의 중요 지점들을 지나치는 것이며 목적지를 제대로 대비하지 못하는 것이라고 느끼기 시작한다.

영적 지도를 받기 시작하는 사람은 이 여행자와 같은 위치에 있다. 그의 삶과 기도가 영적 지도 때문에 시작되는 것이 아니라, 실제로 그의 삶이 믿음의 차원에 있고 또 그가 삶에 대해 성찰해 보았기 때문에 영적 지도를 받기로 결정한 것이다. 그것은 삶을 시작하려는 결정이 아니라 삶을 좀더 완전하게 살려는 결정이다. 영적 지도자와의 첫번째 면담에서 피지도자는 할 말이 상당히 많을 것이며 그것들을 표현하는 것이 중요하다. 왜냐하면 영적 지도는 영적 지도자가 마음먹은 어떤 계획으로써 시작되는 것이 아니라, 하느님께서 피지도자를 대하는 방식으로써 시작되어야 하기 때문이다. 그래서 피지도자는 자신의 삶이 어디에 있는지, 무엇을 추구해 왔는지, 그가 염려하는 사람과 일이 무엇인지, 자신의 삶에 대해 어떻게 느끼는지, 자신이 가기를 원하는 곳이 어디인지에 대해 설명한다. 그는 또 어떤 동기로 영적 지도를 받게 되었는지 설명한다. 이런 전체적인 체험을 설명함으로써 그는 그것을 좀더 명확히 깨닫게 된다. 이런 설명을 통해 영적 지도자도 역시 이런 체험에 대해 깨닫게 되어 영적 지도의 기초가 될 공동 기반이 발달하기 시작한다. 만약 피지도자가 기도중의 하느님께 대한 체험을 표현하고, 하느님의 활동에 대해 깨닫고자 하며, 이 기도에 대한 체험을 영적 지도자와 토론하고자 한다면 영적 지도 과정은 순조롭게 시작될 것이다.

  그러나 이런 깨달음과 공동 기반의 조성이 쉽게 이루어지는 것은 아니다. 영적 지도를 시작하는 데 다른 요소들도 또한 중요하다. 특히 "두 사람이 진지하게 대화하는 식"의 분위기 조성을 빼놓을 수 없다. 만약 영적 지도자가 감독관이나 형사처럼 행세한다면 피지도자와 대화의 분위기를 조성하기는 힘들 것이다. 감독관이나 형사와의 대담은 "두 사람이 진지하게 대화하는 식"의 분위기가 아닐 것이다. 이런 진지한 대화의 분위기는 깨달음의 성장과 공동 기반과 함께 조성되어야 할 것이다.

  또한 대부분의 사람들이 처음으로 자신들의 깊은 감정과 태도를 설명하려 할 때에는 말로 잘 표현하지 못한다. 특히 하느님과의 관계를 설명할 때 더욱 그렇다. "기도중에 하느님을 바라볼 때 그분이 어떠하셨습니까?"라는 질문을 처음 받으면 항상 주춤하게 된다. 자신들 삶의 다른 어떤 관계를 구체적이고 주관적인 의미로써 잘 설명할 수 있는 사람도 이 질문에는 당황하게 된다. 그들은 대개 "하느님은 훌륭하시고 거룩하신 창조주이십니다"라는 순전히 객관적인 묘사에 의존하거나, 만약 그들이 신학적으로 약간 세련되어 있다면 "하느님은 원인 자체이시고 존재의 근원이십니다"라고 말한다. 이렇게 말로 잘 표현하지 못하는 것이 장애 요인이 되지만 그것은 점차 사라질 것이며 강요하여 없어지게 할 수는 없다. 왜냐하면 이런 양상의 삶에 대해 얘기하기 위해서는 상응하는 새로운 용어가 필요하기 때문이다. 즉, 내면 체험을 말로 표현할 수 있는 능력이 필요하다.

이렇게 깨달은 것을 표현하고자 하는 능력의 발전은 그 사람이 처음으로 자신의 삶의 체험과 영적 지도를 받으려고 결정한 이유들에 대하여 설명함으로써 시작될 수 있으며, 또한 자신의 최근 기도중에 일어난 것에 대하여 토론함으로써도 발전은 계속된다. 먼저 그는 일주일이나 이 주일 전의 기도에 대하여 말할지 모른다. "참 좋았습니다. 혼자만의 시간을 가진 것이 좋았습니다. 사무실 일이 그동안 무척 바빴었습니다." 또는 "그것으로부터 많은 것을 얻어내지 못했습니다. 그 구절들이 매우 흥미롭기는 했지만 내 마음을 그것에 집중시키기가 매우 힘들었습니다. 다른 것들을 좀 추천해 줄 수 없습니까?" 그가 기도의 체험을 설명하기 위해 새로운 용어를 발전시키는데 영적 지도자의 도움이 필요하다. 영적 지도자가 "무엇이 일어났는가에 대해 좀더 얘기해 봅시다. 그 구절들 중 어느 것이 당신에게 많은 의미를 던져 주었습니까? 그것에 대하여 당신이 받은 인상은 무엇입니까? 그럴 때 당신은 어떻게 느꼈습니까?"라고 말해야 할 것이다. 비록 피지도자가 때로 "'느낀다는' 말이 무엇입니까?"라고 물을지도 모르지만, 이런 질문은 대개 피지도자로 하여금 자신의 체험을 좀더 구체적으로 바라보도록 도와 주고 그것을 표현하도록 격려한다. 처음에 피지도자는 자신의 주의력이 흩어지고 표현이 머뭇거림을 알지만 계속해서 격려를 받게 되면 곧 유창하게 표현하게 될 것이다. 그가 자신의 체험이 얘기할 가치가 있는 것이라고 확신하게 됨에 따라 체험을 더 쉽게 깨닫게 되고 덜 망설이며 더 분명하게 표현하게 된다.

삶이 우리에게 영향을 미치듯이 하느님께서 우리에게 영향을 미치시고 우리가 삶에 반응하듯이 하느님께서 반응하신다. 그 반응은 일반적으로 감사와 즐거움과 행복한 환희와 환경의 변화 및 변천을 받아들이려는 기쁜 의지 등 긍정적일 수 있지만 또한 삶이 우리에게 말하고자 하는 것과 행하는 것을 꺼려하고 두려워하며 싫어하는 것처럼 부정적일 수도 있다. 또는 우리는 삶의 어떤 것들 때문에 싫증을 내고 우울해하며 상처받을 수도 있다. 이런 부정적 반응들은 개인의 의식적 사고보다 더 심층으로 흐르고 있으며 매우 강력한 영향을 미칠 수 있다. 개인의 삶의 이면에 관여하시는 하느님과의 대화는 이런 심층의 반응에 의존해야만 한다. 왜냐하면 이런 것들이 그가 원하든 원치 않든 기도에 영향을 미칠 것이기 때문이다.

그러자면 피지도자는 삶에 대한 이런 반응들을 깨달아야만 하고 그것들을 기도에서 다루어야만 한다. 영적 지도자는 하느님과의 대화를 시도하는 기도에서 일어나는 감정들을 지적해 줌으로써 피지도자가 깨닫는 것을 도와 줄 수 있고, 도움이 된다는 보장이 있을 때 그것에 대해 토론할 수 있다. 영적 지도자가 주는 도움은 토론중에 분명히 드러나는 피지도자의 감정들을 지적해 주고 그것들을 하느님께 표현하도록 제안하는 것이다.

깨닫는 것이 어려워지고 또 가장 필요하다고 느낄 때는 바로 기도가 처음으로 건조하게 되는 때이다. 왜냐하면 그가 노력한다고 해서 그가 기대하던 위안을 얻거나 극적인 결과가 나타나지 않기 때문에 그는 기도를 "아무것도 일어나지 않았다"라는 말로 설명하게 될 것이다. 그는 아마 처음으로 자신이 한 시간 동안 그 "아무것도 아닌 것"에 대해 설명하고 토론하는 것에 놀라게 될 것이다. 그러나 그가 기도를 이해하기 위해서는 이런 시간을 갖는 것이 매우 중요하다. 이런 기도의 건조함에 대해 토론함으로써만 영적 지도자와 피지도자는 하느님이 피지도자에게 누구시며 피지도자기 하느님께 어떻게 반응하는지를 표현해 주는 구체적 사실에 접근할 수 있다. 왜냐하면 영적 지도의 이런 단계에서 기도가 건조해질 때는 대개 기도가 이루어지던 대화의 수준이 무너졌고 그 사람이 다른 수준으로 옮겨 갈 것을 초대받았기 때문이다. 새로운 수준은 항상 덜 일반적이고 덜 추상적이며 더 개인적이다. 일반화와 추상이 없어지면서 피지도자와 하느님과의 관계의 골격이 나타나기 시작한다. 이때 영적 지도자는 "그 성서 구절이 당신에게 의미한 것이 무엇이었습니까? 당신은 그것을 어떻게 느꼈습니까? 좋았습니까? 나빴습니까? 행복했습니까? 슬펐습니까? 무감동했습니까? 희망적이었습니까? 실망했습니까? 당신은 하느님께 뭐라고 말씀드렸습니까?"라는 질문을 던질 수 있다. 이와같이 영적 지도자는 피지도자로 하여금 기도중에 나타나는 하느님께 대한 인상과 자기 자신의 하느님께 대한 반응을 깨닫도록 도와줄 수 있다.

이때 영적 지도자는 자신의 기본 역할을 명심해야 한다. 그는 정보를 찾고 있는 것이 아니라 피지도자가 내면 사실들을 깨닫도록 격려하는 것이다. 결과적으로 이런 대화는 대개 토론보다 느리게 진행되고 훨씬 좁은 영역을 다루게 될 것이다. 왜 그것이 일어났는가가 아니라 무엇이 일어났는가에 초점이 맞춰진다. 그래서 영적 지도자는 질문하거나 의견을 말하지 않고 감정적 사실들이 제시되는 대로 단순히 그것들을 재삼 강조하기만 할 것이다. "절망적이었습니다"에 대해 "당신이 매우 절망적으로 느끼셨군요"라고. 또는 "그것에 대해 당신이 어떻게 느꼈는지를 깨달았습니까?"라고 말하는 것 외에는 피지도자에게 아무 의견도 제시하지 않을 것이다. "하루 종일 힘이 하나도 없었습니다"라는 피지도자의 말에 영적 지도자는 "매우 우울하셨군요"라고 대답할 것이다. 너무나 진부한 것처럼 들리지만 이렇게 강조해 줌으로써 피지도자는 점차 감정적 사실들을 깨달을 수 있게 되고 그 결과 이런 사실들을 더 상세하게 설명할 수 있게 된다.

그렇지만 단순한 반복이나 최소한의 해석이 충분하지 못한 경우도 있다. 깊은 두려움과 분노와 슬픔과 죄의식이 건조함으로서 나타날 때, 피지도자가 스스로 이것들을 인식하여 하느님께 표현하고 받아들일 수 있게 되기까지 기도의 건조함에 대해 한동안 토론해야만 할 것이다.

영적 지도자가 이런 대화에서 이바지하는 것은 다음의 두 가지 중요한 질문으로 요약될 수 있다. "당신은 기도할 때 하느님의 말씀을 듣습니까?"와 "하느님의 말씀을 들을 때 당신이 어떻게 느낀다고 하느님께 말씀드립니까?" 첫째 질문은 피지도자로 하여금 대화중 하느님의 실재와 비실재에 주의를 기울이게 하고, 두번째 질문은 피지도자 자신의 실재와 비실재에 주의를 기울이게 한다. 사실 영적 지도자가 던지는 다른 질문들은 위의 두 가지 질문 중 하나를 유도하거나 강조하려는 의도이다.

이런 단계에서 기도가 건조해지는 것은 대화에 깊이 참여하려는 의식이 결여되어 있기 때문이다. 피지도자가 듣지 않거나 듣더라도 반응하지 않는다. 피지도자가 듣는다고 말할지도 모르지만 그는 아무것도 듣지 않고 있다. 피지도자가 아무것도 듣지 않는 것에 대해 어떻게 느끼고 있는지 하느님께 말씀드리는가? 혹은 피지도자는 하느님께서 그가 느끼는 것을 알고 계시기 때문에 굳이 하느님께 말씀드릴 이유가 없다고 말할지 모른다. 그렇지만 하느님께 말씀드리는 것은 하느님께 정보를 제공하려는 것 때문이 아니고 피지도자 자신의 개방을 위해, 즉 피지도자 자신이 하느님과의 대화에 직접 참여하려는 것이다.

피지도자가 느낀 것을 하느님께 표현하려고 노력할 때 아래와 같은 영적 지도자와의 대화가 있을 수 있다.

"당신이 어떻게 느끼는지에 대해 하느님께 말씀드렸습니까?"

"혼동과 좌절 이외에는 아무것도 느끼지 못했습니다."

"그렇다면, 그 혼동과 좌절을 하느님께 말씀드렸습니까?"

영적 지도자는 종종 피지도자가 기도중에 이런 감정들을 쉽게 표현하지 않는 것을 알게 될 것이다. 피지도자는 이런 것들이 가치없는 것이라고 믿고 있다. 피지도자는 이런 것들은 비사실적이고 극복해야 할 장애일 뿐이라고 생각하며 궁극적으로 가치있다고 생각하는 감정들만을 하느님 앞에 내놓을 수 있게 되기를 원한다. 그래서 피지도자는 이런 것들을 무시하려 하고 깨닫지 않으려고 한다. 그 결과 피지도자는 하느님께 말씀드릴 것이 하나도 없게 된다.

혼동과 좌절 이면에는 대개 피지도자가 받아들이기 힘든 다른 것들이 숨어 있다. 그의 삶에 영향을 미친 중요한 사람들에 대한 분노와 하느님께 대한 원망과 자신에 대한 실망과 가치없다고 느끼는 감정들이 그의 의식 밑바닥에 깔려 있을 수 있다. 하느님께 "전체적 진실"을 말씀드리라는 부름을 받음에 따라 이런 감정들이 의식으로 떠오르기 위해 위협할지도 모른다. 그렇지만 피지도자가 이런 감정들을 받아들일 수가 없기 때문에 깨닫지 못하고 그 결과 혼동을 체험하게 된다.

또한 받아들이지 못하는 감정들이 완곡하게 의식에 대두될 수 있다. "내가 그것에 대해 매우 슬퍼하고 실망할 수 있겠지만 그렇게 하는 것은 어리석은 것 같습니다." 피지도자 스스로 슬픔을 적절하지 않은 것이라고 느끼기 때문에 자신이 슬퍼한다는 사실을 깨닫지 않으려고 한다. 그 대신 그는 슬퍼한다는 것이 타당하지 않다는 것에 대해서만 성찰한다. 그렇게 되면 슬픔을 깨닫지 못하고 지나치기 때문에 피지도자가 하느님의 말씀을 듣고 하느님께 반응하는 것을 가로막게 된다. 영적 지도자는 반복해서 단순히 "당신 스스로 어떻게 느껴야 한다고 생각하는 것에 대해서만 말하는데, 당신은 진정으로 어떻게 느낍니까?"라고 말함으로써 피지도자를 도와 줄 수 있다. 피지도자가 자신이 실제로 어떻게 느끼는지 깨닫기 시작하면 자신의 슬픔의 원인과 타당성에 대해 생각해 볼 수 있을 것이다. 일단 피지도자가 스스로에게 깨닫는 것을 허용하면, 그는 자신의 감정에 대해 분명히 성찰해 보는 것이 가능하며 또 도움이 됨을 알게 될 것이다.

이런 감정들이 매우 강할 때 피지도자가 하느님 앞에 이 감정들을 드러내놓고 하느님께서 받아주시도록 할 수 있을 때 감정적인 기도가 가능하다. 그렇지 않다면 깨닫지 못한 부정적인 감정들이 피지도자와 거룩하신 분 사이를 산처럼 가로막아 서 있게 될 것이다.

이제까지 피지도자가 내면 사실들을 깨닫게 하는 방법들을 설명해 보았다. 이제는 기도의 어려운 점에 대해 고려해 보기로 하자.
어떤 사람들은 영적 지도를 받기 시작할 때 가벼운 상태의 우울증을 겪고 있다. 이들은 삶 속에서 아무런 색깔도 아무런 생기도 깨닫지 못한다. 존재한다는 것 자체가 견디기 힘든 부담인데도 여러 가지 역할을 더불어 수행해야만 한다. 그들이 기도하려고 노력할 때 기도도 역시 색깔 없는 의무가 된다. 하느님의 사랑과 선물이 약간 지겨운 것 같다. 이런 내면의 불안정은 단순히 일의 과중한 부담 때문만은 아니다. 일에 짓눌려 허덕이는 사람도 일의 일면을 즐길 수 있고 죽어가는 여자도 거실 양탄자에 비쳐드는 햇살의 움직임을 즐길 수 있다. 피지도자가 자신의 삶 속에서의 어떤 선물들을 좋아하고 즐기기 시작하며 자신이 그것을 깨달을 때에만, 기도가 자신을 사랑하시는 창조주와의 감사의 대화가 될 수 있다. 이렇게 될 때까지 그는 영적 지도를 자주 받는 것이 필요한 것이 아니라 더 넓고 다양한 삶의 체험이 필요하거나 다른 형태의 사목적 배려나 상담이 필요하다.
영적 지도를 받으러 오는 다른 어떤 사람들은 삶을 통해 느끼는 우울함이나 갈등을 계속 무시해 온 사람들이다. 그들은 주변에서 우울하고 갈등을 일으키는 사건과 상황을 보지만 이런 것들이 유발하는 감정을 무시해 왔다. 그들은 철저하게 즐거워할 필요가 있는 것 같고 또 항상 기도중에 하느님은 편안한 존재이시다라고 느낄 필요가 있는 것 같다. 만약 하느님께서 그들을 질책하시며 고통이나 갈등을 불러일으키신다면 그들은 스스로 감당할 수 없다고 느끼기 때문에 이런 것들을 깨닫지 못할 것이다. 하느님의 활동과 기도는 확신을 심어주어야만 한다고 생각한다. 영적 지도자가 피지도자의 기도중에 실제로 일어나는 것을 깨닫도록 도와 주려고 시도할 때 그들이 피하고 있는 감정들과 갈등들을 지적해 주어야 할 것이다. 그렇지 않다면 기도는 삶과 동떨어져 존재하게 될 것이며 이런 비현실성 때문에 기도가 결국은 그들에게 정나미 떨어지는 것이 될 것이다.

영성생활이 성장하고 영적 지도가 도움이 되기 위해서는 이런 끊임없는 불안정이나 즐거움만을 추구하는 태도는 기도와 실제적인 삶에 의해 없어져야만 한다. 영적 지도자가 할 수 있는 가장 중요한 도움은 기도중에 들리는 불협화음을 계속해서 지적해 주는 것이다. 그러나 때때로 피지도자의 방어가 너무나 강력하여 정면 대처를 통해서만 그의 주의를 끌 수 있을 것이다. 이런 정면 대처는 주요 문제에 초점이 맞추어져 있어야만 한다. 피지도자가 자신의 삶과 기도중에 일어나는 것을 깨닫고자 하는가 아니면 그가 바람직하다고 생각하는 감정과 그 반대되는 감정들을 구분하고 있는가?

가장 강력한 내면 사실들 중의 하나는 분노이다. 기도가 단조로워지거나 장벽을 대하는 것처럼 보일 때 영적 지도자는 항상 표현되지 않은 분노가 존재함을 의심해야만 한다. 그렇지만 분노는 흔히 사회적으로 용납되지 않기 때문에 감추어졌던 분노를 끄집어 내는 것을 몹시 꺼려하는 경향이 있다. 원한이나 앙심이나 억눌린 과격함이 나타날 때 이 모두가 상처나 무관심이나 이성적 분석과 같은 다른 이름으로 불려지는 것 같다.

물론 모든 분노가 영적 주체의 인식을 방해하는 것은 아니다. 하느님의 백성들을 위한 정의에 굶주리고 목말라할 때 분노가 없다고 생각하기 어렵거니와, 사랑에서 우러나는 분노는 하느님과의 대화를 가로막는 것이 아니라 대화를 이끌어 나갈 것이다. 그렇지만 우리에게 일어난 것에 대한 분노와 우리의 삶 속에서 받아왔던 상처에 대한 분노는 삶의 원천을 향한 것이거나 삶의 원천과 감정적으로 연관되어 있는 사람이나 조직을 향한 것일 것이다. 이런 상황이 벌어질 때 분노는 다른 감정의 표현을 가로막고 또 그 분노가 하느님께 표현될 때까지 기도는 이성적 성찰로만 머물게 될 것이다.

이런 일이 어떻게 일어나는지 이해하기 위하여 한 가지 비유를 들어보자. 나에게 상처를 입혔고, 나를 실망시켰고, 나의 신뢰를 저버린 사람과 내가 의무적으로 연관을 맺고 있어야만 한다. 나는 분노를 표현하고 싶지 않다. 아마 내가 그 사람을 두려워하기 때문이거나 혹은 분노는 비이성적이고 가치없는 반응이라고 느껴 왔기 때문일 것이다. 그 사람을 만나게 되었을 때 어떻게 행동할 것인가? 내가 비록 사무적이며 친절하거나 농담을 나눌지 모르지만 또 다른 상처를 받고 싶지 않기 때문에 감정적 거리를 유지하게 될 것이다. 의식적 분노의 경우를 회상해 보면 쉽게 이런 반응을 인식할 수 있을 것이다. 또 무의식적 분노의 경우를 회상해 볼 때, 비록 우리가 그 당시에는 이유를 이해하지 못했을지라도, 감정적 거리감이 일어났던 것을 인식할 수 있을 것이다. 비슷한 현상이 하느님과의 관계에서도 일어난다. 왜냐하면 다른 인간과 하느님과 관계를 맺고 있는 자는 똑같은 "나"이기 때문이다. 하느님께서는 인간이 나를 다루듯이 나를 다루시지는 않으실 것이다. "하느님의 사랑은 영원합니다." 그렇지만 나의 삶에 영향을 미치신다고 느끼는 하느님께 대한 나의 감정적인 반응은 나의 삶에 영향을 미치는 인간에 대해 가지는 감정과 기본적으로 똑같은 것이다. 만약 내가 삶으로부터 상처를 받고 있다고 느낀다면 나에게 상처를 입힌 어떤 사람의 제안에 무감각한 것과 마찬가지로 하느님의 제안에도 또한 무감각할 것이다. 또한 내가 다시 상처를 받을지 모르기 때문에 두려워하고 꺼림칙해할 것이다. 만약 의미심장한 힘이 나를 위협하고 화나게 한다면 예수님께서 나의 삶에 개입하기 시작할 때 그분의 의미심장한 힘 때문에 불안해질 것이다.

피지도자가 하느님을 이성적으로 받아들여야 할 일련의 명제라고 생각하는 한, 그의 기도는 이런 반응들 때문에 특별한 어려움을 겪지 않을 것이다. 그러나 만약 영적 지도를 통해 그가 관상적 태도를 지니게 되어 살아 계신 하느님께서 자신에게 말씀하고 계심을 인식하고 반응하기 시작할 때, 그의 초기 반응은 다른 사람이 시도했던 것과 같은 유형을 따르게 될 것이다. 이런 유형은 대개 무의식적이기 때문에 피지도자가 계속해서 기도하려고 노력하고 또 그가 기도할 때 일어나는 것을 깨달을 때에만 감지될 수 있을 것이다.

피지도자가 기도하려고 노력하면서 일어나는 반응을 깨닫기 시작할 때 그는 또 다른 선택을 해야 한다. 이 선택이 대개 너무나 자발적으로 일어나서 피지도자는 그것을 선택으로 인식하지 못한다. 그렇지만 그 결과는 하느님과의 관계에서 매우 중요하다. 이것은 하느님께 그의 반응을 표현할 것인가 혹은 표현하지 않을 것인가에 대한 선택이다.

표현한다는 것은 기본적으로 자신을 나누는 것이다. 즉, 표현하려고 결정함으로써 자신의 감정적인 삶을 하느님으로부터 분리시키지 않으며 하느님과 나누고자 한다.

이런 나눔은 피지도자가 기도하기 시작할 때 깨닫게 되는 첫번째 반응으로서 매우 단순하게 시작된다. "나는 하느님께서 나에게 관심이 없다고 느껴 왔습니다." "내 마음 속에 있는 모든 것들이 너무나 가치없는 것들이어서 그럴 때는 전혀 기도를 드리고 싶지 않았습니다. 그렇지만 나는 내가 느낀 것을 하느님께 말씀드리기로 마음먹고, '저는 제 자신이 너무나 가치없다고 느낍니다. 너무나 중요치 않은 자신이라 당신께서는 제게 주의를 기울일 가치도 없습니다. 심지어 제 스스로 저 자신에게 주의를 기울이고 싶지 않을 정도입니다' 하고 말씀드렸습니다"라며 피지도자가 말할지 모른다.

자신의 감정을 나누는 것은 감정을 보고하는 것과는 다르다. "괜찮습니다", "그저 그렇습니다", "좋습니다" 등이 나눔의 시초는 될 수 있지만 그 자체로써 다른 사람에게 전해 주는 것은 거의 없다. 그렇지만 피지도자가 자신의 감정을 나누고자 한다면 그것을 더 자세히 표현하게 될 것이다. "괜찮습니다"가 "오늘 조금 행복하게 느꼈습니다. 반짝이는 햇빛을 즐겼습니다"로 바뀌고 "그저 그렇습니다"가 "오늘 오후로 예정된 종합진단에 대해 두려움을 느낍니다"로 바뀔 수 있다.

단순하게 시작해서 자신의 감정들을 나누고자 하는 피지도자는 점차적으로 자신이 나누고 싶어하는 깊은 감정들을 알게 될 것이다. 감정을 노출시키려는 바람과 의지만 있다면 대부분의 사람들은 기도 중에 자신들의 감정을 나눌 수 있다.

그렇지만 이것은 자기 관찰이며 단순히 자기 자신의 내면 활동을 연구하는 것이 아닌가? 그렇지 않다. 이것은 친한 친구에게 자신이 어떻게 느끼는지 정확하게 알려주는 것과 똑같다. 피지도자들이 자신들의 감정이 어떤 것인가를 알기 위해 관찰하는 것과 다른 사람들로 하여금 그들을 더 잘 알게 하기 위해 또 그들의 삶을 좀더 분명하게 나누기 위해 표현하는 것과는 다르다.

피지도자들이 감정을 단순히 보고하는지 진정으로 나누는지를 어떻게 알 수 있는가? 사람들은 대개 기본적으로 비교할 수 있는 능력을 가지고 있다. 그들은 다른 사람과 감정을 나눈 경우를 기억하면서 감정을 보고하는 것과 체험을 나누는 것의 차이점을 알 수 있다. 사람들이 하느님과의 반응을 나누는 것에 점차 익숙해짐에 따라 그들의 깊은 감정적인 태도, 즉 좀더 기본적인 바람과 희망과 사랑과 두려움과 분노와 죄의식 등이 기도를 통해 의식 수준으로 떠오르기 시작한다. 만약 이런 감정들이 나타나기 시작할 때 이것들을 변화시키려거나 억누르려고 시도하는 대신 이것들을 나누는 데 만족할 수 있다면 하느님과의 관계가 견고해질 것이다. 그들은 하느님을 그들 내면 삶의 수동적인 관찰자로서 보지 않을 것이며 그 관계는 더 이상 피상적이지 않을 것이다.

영적 지도자가 피지도자의 내면 삶을 깨닫도록 도와 주는 방식을 구체적으로 나타내는 예를 들겠다. 아래의 대화에서 영적 지도자들인 딕과 루스는 피지도자가 자신의 반응을 깨닫고 그것을 하느님과 나누기 시작할 때 일어나는 과정을 묘사하는 데 있어서 각각 다른 접근 방식으로 면담을 전개한다.

죠는 37세의 사제로서 두 달 동안 이 주에 한 번씩 영적 지도자를 만나왔다. 면담중 그가 최근에 일어난 사건에 대해 설명하고 있다.

죠: 얼마 전 30대 초반에 암으로 죽은 내 친구의 여동생 장례식에 다녀왔습니다. 그녀는 지방 신문사 기자로서 일을 잘하고 있었는데 더 큰 신문사에서 일하라는 제의를 받았었습니다. 작년에는 저널리즘 표창도 받았습니다. 그러나 암이 급속도로 진전되어 진단이 내려진 후 두 달만에 죽었습니다. 장례식을 마치고 나는 약간 우울해지는 것을 느꼈습니다. 그녀의 오빠이며 내 친구인 프랭크가 너무나 심란해하는 것이 분명했습니다. 그는 그것을 억누르고 있었지만 가슴 아파하는 것이 뚜렷했습니다. 나는 집에 돌아와서 기도하기 위해 성경을 들고 시편 139편을 폈습니다. 나는 자주 이 시편을 이용해 왔습니다. 그런데 이번에는 하느님께서 나를 자극하시고 내 여정을 이끄시며 내 쉴 곳을 마련하시며 내 삶의 형태를 갖추어 주신다는 것을 읽으면서 점점 더 우울해지는 것을 느꼈습니다. 몇 가지 분심이 일어났는데 그것이 내가 정말 흥미를 느끼는 것에 관한 것이 아니었기 때문에 무엇이 일어나는지에 대해 약간 궁금해지게 되었습니다. 나의 느낌을 하느님께 말씀드리는 것을 피하려 하는지도 모른다고 인식하고 나서 하느님께 직접 말씀드렸습니다. 나는 하느님께 아주 훌륭하고 가치있는 일을 하면서 행

복한 삶을 살아가는 그녀와 8,9개월 전에 내 여동생 아녜스를 데려가
셨다고 말씀드렸습니다. 많은 사람들이 불행하고 비생산적인 삶을 살
아가지만 아녜스는 그렇지 않았습니다. 그애는 많은 사람들에게 행복
을 가져다 주는 여자였습니다. 그런데도 하느님께서는 그애를 데리고
가셨습니다. 그렇게 아직 내 감정이 강하고 생생한 줄은 몰랐습니다.

딕: 그녀의 장례식 때문에 당신 여동생의 죽음에 대해 다시 생각해 보게
되었습니까?

죠: 그랬습니다.

딕: 상실감을 아직도 느끼고 있는 것 같군요. 그건 매우 정상적입니다. 내
개인적으로도 아버지의 죽음을 극복하는 데 1년이나 걸렸습니다. 당신
은 아직도 애도의 과정중에 있는 것 같습니다.

죠: 그런가 봅니다. 내가 인식하지 못했지만요.

딕: 당신도 잘 알다시피 상(喪)을 당하는 것은 질병을 앓는 것과 같습니
다. 회복하는 데 시간을 보내는 것 외에는 별 뾰족한 수가 없습니다.

죠: 그래요. 나는 특히 침울한 것을 좋아하지 않습니다. 침울해 있고 싶지
도 않구요. 특히 아녜스의 죽음에 대해 침울해 있고 싶지 않습니다.

루스는 다른 방식으로 죠에게 대답한다. 기도에 대한 묘사가 끝난
후 루스가 말한다.

루스: 그녀의 장례식 때문에 당신 여동생의 죽음에 대해 다시 생각해 보게
되었습니까?

죠: 그랬습니다.

루스: 그것에 대해 하느님께 말씀드렸습니까? 하느님께서 당신 여동생을 데
려가신 것에 대해 당신이 어떻게 느낀다고 하느님께 말씀드렸습니까?

죠: 예. 내가 아직도 그애 때문에 마음이 심란하다고 말씀드렸습니다. 수
개월이 흘렀는데 아직도 심란합니다. 내가 그애를 그리워하고 있으며

그애는 내 삶에 많은 것을 가져다 주었다고 말씀드렸습니다. 하느님께서는 그애뿐만 아니라 나에게도 상처를 입히셨다고 말씀드렸습니다. 그렇게 말씀드리는 것이 약간 이기적이라고 느끼긴 했지만 어쨌든 그렇게 말씀드렸습니다.

루스: 하느님께서 어떠하셨습니까?

죠: 무슨 말씀이신지요?

루스: 하느님께서 거기 계셨습니까? 아니면 당신 스스로 혼잣말을 하고 있다고 느꼈습니까?

죠: 아닙니다. 스스로 혼잣말을 한다는 것이 어떻다는 것을 압니다. 하느님께서 거기 계셨다고 느꼈습니다.

루스: 하느님께서 어떠하셨는지 아무런 느낌이 없었습니까?

죠: 없었던 것 같은데요. 하느님께서 어떠하셨는지 굳이 말한다면 그분께서 듣고 계셨습니다. 그런 것 같습니다. 하느님께서 듣고 계셨습니다. (잠깐 멈춘 후) 하느님께서는 관심이 없으신 것도, 친절하지 않으신 것도 아닌 것 같았습니다. 하느님께서 그저 듣고 계신 것 같았습니다.

루스: 멀리에서요?

죠: 거리에 대한 감각은 가지지 못했습니다. 굳이 가깝다는 느낌도 가지지 못했구요. 하느님께서 거기 계셨고 주의를 기울여서 제 얘기를 들어주셨습니다.

루스: 당신이 어떻게 느꼈는지에 대해 계속해서 말씀드렸습니까?

죠: 예. 상당히 많은 것을요. 계속해서 말씀드림에 따라 제 마음이 쓸쓸해짐을 느끼기 시작했습니다. 그런 식의 쓸쓸함은 평소에 제게 없던 것이라서 당황했습니다. 그렇지만 쓸쓸함이 거기 있었습니다. 저는 삶에 대해 그렇게 느꼈고 결국 삶을 주관하고 계시는 하느님께 대해 그렇게 느꼈습니다. 많은 것을 말씀드렸습니다. 계속해서 말씀드린 건 아니고 많이 멈췄더랬습니다. 그러나 몇 분마다 내가 말씀드리고자 하는 것을 생각해 냈습니다.

루스: 하느님께 계속 말씀드림에 따라 당신은 계속해서 하느님께 말씀드리고 싶은 것을 더 많이 알게 되었습니까?

죠: 예. 때때로 하느님은 삶에서 가장 좋은 것을 가져가신다고 말씀드렸고, 아녜스는 밝은 처녀였다고, 결코 흐릿하거나 침울하지 않고 선명함이 반짝이는 처녀였다고 말씀드렸습니다. 빛을 발하는 애였습니다. 그애와 얘기를 나눈 후에 나는 항상 생동감을 느꼈습니다. 하느님이 그애를 데려가신 것이 촛불을 꺼버린 것과 같다고 말씀드렸습니다. 왜 하느님께서 그런 일이 내게 일어나도록 하셨는지 물었습니다.

루스: 하느님께서 당신에게 아무런 말씀도 하시지 않았습니까?

죠: 아무런 말씀도 없었습니다.

루스: 하느님께서 아직도 주의를 기울이고 계셨습니까?

죠: 예. 하느님께서 떠나가시는 것 같지 않았는데 하지만 아무런 대답도 하시지 않으셨습니다.

루스: 그래서 당신은 어떻게 느꼈습니까?

죠: 괜찮았습니다. 아뇨, 화가 났었습니다. 하느님께서 대답하지 않으신 것 때문에 화가 났습니다. 아녜스 같은 똑똑한 애를 데려가셨고 또 나에게 대답하시지 않는 것에 화가 났습니다.

루스: 하느님께서는 여전히 침묵을 지키셨습니까?

죠: 저만 계속해서 하느님께 말씀드렸습니다. 하느님께 지금 내 삶이 얼마나 단조로운지 말씀드렸고 제가 하고 있는 일들이 나를 실망시키고 불안하게 만든다고 말씀드렸습니다. 내년에 내가 무엇을 하기를 원하는지 모르겠다고 말씀드렸습니다. 내가 본당시목을 계속해야 할지 그만두어야 할지 모르겠습니다.

루스: 그래서 당신 삶의 다른 양상에 대해 느끼는 바에 대해서도 좀더 하느님께 말씀드렸습니까?

죠: 예. 하느님께 저의 모든 감정을 쏟아내었습니다. 저도 깜짝 놀랐습니다. 보통 저는 그런 식으로 하느님께 말씀드리지 않습니다. 내가 그런

많은 감정들을 가지고 있다는 데 또한 놀랐습니다.

루스: 많은 감정들이 있었군요.

죠: 예. 많은 감정이 쏟아져 나왔습니다.

루스: 씁쓸한 것이 여전히 남아 있었습니까?

죠: 이상하더군요. 씁쓸한 것이 없어진 때를 기억하지 못하겠습니다. 얼마 지난 후 나는 그것을 의식하지 못했습니다. 상당히 오랜 동안 그것을 의식하고 있었는데 얼마 지난 후 나는 그것을 더 이상 깨닫지 못했습니다. 나는 하느님께서 듣고 계신 것과 내 삶이 단조롭다고 느끼는 것은 깨닫고 있었지만 씁쓸함은 깨닫지 못했습니다.

루스: 기도중에 일어난 것으로 기억할 수 있는 또 다른 것은 없습니까?

죠: 아뇨. 특별한 것은 없습니다. 그 기도가 좋았다는 것을 나중에 느꼈습니다.

루스: 그것이 뭐라고 생각합니까?

죠: 깨끗해진 것 같고 말해지지 않았던 것을 말했다는 것이겠지요. 내친김에 모두 다 말씀드렸고 또한 내가 드리고 싶은 말씀을 중단하지 않았습니다. 나처럼 무절제하게 말하는 사람을 내가 좋아할 수 있을지 모르겠지만. 하느님께서는 계속해서 주의를 기울여 주셨습니다.

루스: 그것이 당신에게 중요한 의미가 있었습니까?

죠: 그렇습니다. 그것은 하느님께서 나를 심각하게 받아들이셨다는 것을 의미합니다.

두 영적 지도자들은 모두 죠를 도와 주고자 하며 죠의 여동생의 죽음에 대해 얘기하는 것을 피하려 하지 않는다. 그렇지만 그들이 도와 준 영적 지도의 방식은 다르고 대화 그 자체에 따라 다른 결과가 나타난다. 여기서 중요한 것은 죠가 두 명의 영적 지도자에게 말한 것 때문에 그가 다음에 기도할 때 하느님께 접근하는 방식이 달라지게 된다는 것이다. 두 영적 지도자가 모두 도움을 주었지만 그들의 영적 지도의 방식은 죠의 기도에 다른 영향을 미치게 된다.

위의 예에서 영적 지도자가 중요한 사실들을 깨닫지 못하고 지나칠 수 있다는 것과 아울러 이런 사실들에 주의를 기울이는 것이 중요하다는 것을 지적했다. 그렇지만 모든 깨달음은 피지도자가 자유로 선택한 것임을 강조해야 한다. 피지도자가 깨닫고자 하지 않은 것은 깨달을 수 없다. 피지도자 자신이 깨달으려는 의지에 바탕을 둔 영적 지도를 통해 피지도자는 자유롭게 선택하고 추구하며 현실에 점차 개방되어 간다.

6

관계의 발전과 저항

토마스 머튼은 그의 영적 자서전인 『칠층산』에서 미사에 참석하라는 하느님의 부르심을 듣고 나서 방대한 가톨릭 문헌들을 읽기 시작한 여름을 회상하며 다음과 같이 적고 있다.

> 그런데 이상한 일이다. 이제껏 나는 제임스 조이스의 『율리시스』를 두세 번 읽은 적이 있고 6년 전 스트라스부르에서 지낸 겨울방학 때에는 『예술가의 자화상』을 끝까지 읽으려고 했었다. 그런데 그의 영적 위기에 관한 대목에서 나는 수렁으로 빠지는 기분이었다. 뭔지 모르게 나를 실망과 실의에 빠지게 하는 느낌이 들어 싫증이 났다. 결국 읽다가 "사명"의 중간쯤에서 책을 놓고 말았다. 예술가의 자화상을 다시 읽기 시작했을 때 바로 그 "사명"이라는 대목에서, 즉 지옥에 관한 사제의 강론 부분에서 나는 매혹되고 말았다.[1]

머튼이 『예술가의 자화상』을 처음 읽으려고 했을 때 끝까지 읽지 못했던 것은 그가 하느님과의 관계의 발전에 대해 저항하고 있었기 때문이다. 그는 "실망과 실의에 빠지게 하는 느낌이 들어 싫증이 났고", 이런 감정들을 불러일으킨 독서를 포기한다. 만약 그가 이 감정들을 6년 전에 직면했더라면 그는 자신의 저항을 극복하고 그의 생활방식을 변화시켜 주신 하느님의 활동을 그 당시 느낄 수 있었을

---

1. Thomas Merton, *The Seven Storey Mountain* (New York: Harcourt, Brace, 1948), p.211. 번역은 성 바오로 출판사의 『칠층산』(정진석 옮김, 1976)에서 인용.

것이다. 그렇지만 당시의 그는 준비가 되어 있지 않았기 때문에 그 책을 옆으로 밀쳐 놓았다.

일반적으로 관계는 한결같이 발전하지 않는다. 우리는 한편으로 관계의 변화와 발전에 저항하며 오늘의 아내나 남편, 친구가 내일도 똑같기를 원하는 반면 또 다른 한편으로는 상대방에게서 새로운 것을 보기를 원하며 똑같은 것에 대해 싫증을 낸다. 이 두 바람이 우리의 내면에서 충돌하면서 갈등과 저항을 불러일으키게 된다. 저항(resistance)은 모든 대인 관계의 발전에서와 마찬가지로 하느님과의 관계의 발전에서도 매우 중요한 요소이다.

영성생활에 대한 전통적 크리스천의 가르침은 영의 움직임에 대해 언급해 왔다.[2] 『영의 분별에 관한 규칙』[3]에서 이냐시오 성인은 "좋은 영"과 "나쁜 영"의 특성에 대해 묘사하며 "나쁜 영"의 목표는 하느님을 향한 "좋은 영"의 움직임을 가로막는 것이라고 말한다. 앞으로 관계의 발전과 저항에 대해 언급하면서 몇 가지 현상을 살펴보자.

위에서 머튼이 『예술가의 자화상』을 처음 읽었을 때 실망과 지루함과 우울함을 느꼈던 것은 그에게 저항이 있었다는 표시이다. 일반적으로 기도에 한동안 매료되어 심취하던 사람이 어느 한 순간 갑자기 기도가 흐릿하고 건조하다고 느끼게 된다. 그는 이런 건조함에 실망하게 되어 하느님과 친밀했던 이전의 체험이 자신의 바람과 환상에 의해 만들어진 허구적인 것이 아니었는지 의심하게 된다. 그래서 그는 아예 기도를 포기하거나 혹은 자기 자신과 자신의 문제에만 초점을 맞추어 기도하려 한다.

---

2. Jacques Guillet et al., "Discernment des Esprits", *Dictionnaire de Spiritualité* (Paris: Beauchesne, 1957) 3, cols.1222-1291; translation of the article by Sr. Innocentia Richards, *Discernment of Spirits* (Collegeville, Minn.: Liturgical Press, 1970).

3. Ignatius of Loyola, *The Spiritual Exercises of St. Ignatius*, trans. Louis J. Puhl, S. J. (Chicago: Loyola University Press, 1951), no.313-336, pp.141-50.

관계는 결코 한결같을 수 없기 때문에 기도의 체험이 항상 즐겁고 감정적으로 변화가 없는 것 또한 저항의 표시가 될 수 있다. 삶의 어떤 모습이나 성서 구절의 명백한 의미에 대해 무지한 것도 저항을 나타내 보여준다. 예를 들어, 실천주의자인 어떤 크리스천이 마르코 복음 10장까지를 읽으면서 마르코 복음에서 두 번씩이나 예수님께서 한적한 곳으로 가서 기도하셨다고 언급한 것을 처음으로 인식하고 나서, 그 성서 구절로 되돌아가 예수님께서 기도하시는 모습을 재확인한 후, 자신이 예수님의 그런 모습에 무지했던 것은 스스로 기도 생활의 발전에 저항하고 있었기 때문임을 알게 된다.

저항은 또한 똑같은 형태의 반응을 반복함으로써 나타나기도 한다. 예를 들어, 어떤 여자가 복음의 여러 치유 기적을 택하여 기도하면서 자신은 믿음이 부족하고 겸손하지 못하다고 반복해서 자신을 꾸짖었다. 그녀는 여러 주 동안 치유와 성장을 위해 기도했지만 아무 소용이 없었다. 이때문에 그녀는 병들고 고통받는 사람들과 만나시는 예수님, 곧 그녀를 위한 예수님의 사랑을 깨닫지 못하고 있다.

기도중에 잠이 드는 것은 몹시 피곤하다는 표시가 되기도 하지만 거룩하신 분을 만나기를 피하려는 엄청난 저항의 경우로도 볼 수 있다. 예를 들어 어떤 여자가 예수님과의 친밀한 관계를 바라면서도 기도중에 자주 잠에 빠져들게 되었다. 그후 그녀는 영적 지도자와의 면담을 통해 예수님과의 대화가 그녀에게 있어 삶의 전폭적인 변화를 요구한다는 것을 분명히 알게 되었다. 이런 인식이 일어나기 전의 유일한 해결책은 잠에 빠져들어 그 변화를 회피하는 것이었다.

실제적 기도에 대해 의심하고 하느님과의 체험을 미심쩍어 하는 것이 저항의 표시가 될 수 있다. 기도하기를 피하고, 영적 지도자와의 면담을 피하며, 면담시간에 계속 늦거나, 영적 지도자와 기도의 체험에 대해 토론하지 않으려 하고, 영적 지도 받기를 포기하려는 것 등이 하느님께 대한 저항이 존재한다는 표시가 될 수 있다.

저항은 각 사람마다 다양한 형태로 나타난다. 하느님과의 관계는 동적(動的)이기 때문에 기도와 영적 지도에서의 저항은 흔히 있는 일이며, 만약 영적 지도자가 이런 경향에 대한 준비가 되어 있지 않다면, 영적 지도자 스스로 실망하고 분노하게 될 것이다. 따라서 영적 지도자는 관계가 일반적으로 어떻게 발전하며 저항이 어떻게 그 과정의 일부분이 되는가를 이해할 필요가 있다.

우리는 우리의 내면 깊은 곳을 통해서 순수한 관계를 형성하고 발전시킬 수 있다. 그러나 두 사람이 서로 바라보며 관계를 맺을 때조차 서로를 정확하게 인식하기는 어렵다. 하물며 하느님이라 부르는 신비스러운 대상과의 관계가 쉽게 이루어지는 것은 아니다. 상대방과 자신에 대해 어떻게 알 수 있을까? 우리는 우리의 차원과 감정에 따라 상대방에 대한 우리의 체험을 구성할 뿐만 아니라, 우리 자신을 상대방에게 제시하는 방식을 구성하기도 한다. 이런 구성이 어떻게 관계에 영향을 미치는가?

대인과의 체험이 구성되는 것은 모든 체험이 구성되는 일반 법칙을 따른다. 사람은 결코 백지 상태로, 즉 과거 체험의 구조 없이 새로운 것을 체험할 수 없다. 현대의 의사전달 이론과 정보 이론은 수용자가 받을 준비가 되어 있을 때라야만 의사전달이 가능하다는 가정을 바탕으로 한다. 우리는 의사전달을 통해 받을 것이라고 기대하는 것에 대해서만 이해할 수 있으며 우리가 이해하지 못하는 용어로 전달되는 것은 이해할 수 없다. 왜냐하면 우리에게 그 체험을 구성할 수 있는 배경이 없기 때문이다. 스콜라 철학자들의 "받아들여지는 것은 수용자의 태도와 성격에 따라 받아들여진다"란 명제는 의사전달 이론으로써 현대화되어 광범위한 영역에 적용된다.

모든 체험의 구조는 과거의 체험과 또 그 체험으로부터 배운 것에 기초한다. 그렇기 때문에 우리의 인식은 우리의 기대에 의해 조직적으로 왜곡될 수 있다. 예를 들어 유럽에서 코페르니쿠스의 지동설이

나오기 훨씬 전에 중국 천문학자들은 유럽의 천문학자들이 비슷한 장치를 가지고도 보지 못한 새로운 별들을 관찰했다. 중국의 천체론은 별자리의 변동의 가능성을 두었기 때문에 새로운 별을 발견할 것을 기대하고 있었던 반면 유럽의 프톨레미우스의 천동설에 따른 천체론은 그런 변동의 가능성을 제외시켰다. 그들이 새로운 별을 보리라고 기대하지 않았기에 새로운 별을 하나도 발견하지 못했다.[4]

더구나 우리 기대에 어긋나는 결과는 저항을 받고 불안감을 조성한다. 과학의 역사에 따르면 예상치 않은 실험 결과들은 측정의 실수로써, 실험의 부족으로 인한 문제로써 무시된 경우를 볼 수 있다. 심리학적 실험에서도 우리가 예상치 않은 결과는 무시하려 하며 또 이 현상이 반복될 때는 불안해한다.[5] 우리의 기대에 들어맞지 않는 새로운 것은 처음에는 설명할 수 없기 때문에 그것을 우리가 잘 아는 특정한 영역에 포함시켜 처리하려고 한다. "우리는 설명되지 않은 것을 용납할 수 있지만 설명할 수 없는 것은 용납하지 않는다."[6]

일반적으로 우리는 체험을 구성하는 데 사용되는 구조(structure)를 인식하지 못하고 있다. 우리가 보는 것은 인식하지만 우리가 보는 것을 어떻게 구성하고 해석하는지는 인식하지 못하고 있다. 더구나 우리는 체험의 구조화에 대해 인식하기를 거부하고 있다. 왜냐하면 우리가 실재를 구조화하여 골격을 만든다고 인식하게 됨으로써 실재와 사실적 접근을 하고 있는지 아닌지 의문이 제기되기 때문이다. 대부분의 경우 우리의 예상과 결과가 맞아떨어지기 때문에 구조화 자체를 인식할 필요가 없다. 그러나 우리의 예상에 어긋나는 것

---

4. Thomas S. Kuhn, *The Structure of Scientific Revolutions* (Chicago: The University of Chicago Press, 1962), p.115.
5. Ibid., p.64. "카드 놀이의 경험처럼, 과학 분야에서도 새로운 것이 나타나게 되면, 예상을 거스르기 때문에 저항을 겪게 된다."
6. Erving Goffman, *Frame Analysis: An Essay on the Organization of Experience* (Cambridge, Mass.: Harvard University Press, 1974), p.30.

이 반복될 때, 우리가 어떤 실재에 대한 인식을 무시하는 방식으로 체험을 구성해 왔다는 것을 알게 된다. 이런 상황하에서 우리는 구조화의 일반적 경향을 깨달을 수 있게 된다. 새삼 구조화가 필요하다거나 구조화 없이 살아갈 수 없다고 말할 필요는 없겠다.

대인과의 체험에 있어서 기대는 중요한 역할을 한다. 우리는 대인 관계에서 자신의 체험에 기초한 각자의 기대에 따라 우리가 다른 사람을 어떻게 대할 것이며 또 다른 사람들이 우리를 어떻게 대할 것인가도 결정된다. 전문용어로 구조(schemata)라 불리는[7] 이런 기대에 따라 우리 각자 독특한 유형으로 대인 관계의 체험을 구성한다. 이 구조 역시 일반적으로 깨달을 수 없고 무의식적으로 작용한다. 우리가 만나는 새로운 사람은 모두 이런 자아-타인 구조(self-other schemata)에 의해 이해되고, 그중 어느 것이 활성화되는가에 따라 우리 자신과 새로운 사람을 향해 긍정적이거나 부정적인, 혹은 불확실하거나 중립적인 초기 반응을 보이게 된다. 과거의 다양한 사람들과의 긍정적인 체험을 통해 형성된 우리의 자아-타인 구조가 처음 만나는 사람의 새로움과 개성을 수용할 수 있기를 희망한다.

이 부분을 이해하는 데 간단한 예가 도움이 될 것 같다. 어릴 때 어머니의 이중적 모습, 즉 사랑스럽고 순종하는 모습과 밉살스럽게 요구만 하는 모습을 보며 자라온 어떤 남자는 성인이 된 후 자신이 만나는 여성들을 단지 이 두 가지 유형으로만 볼 것이다. 만약 그 여성이 사랑스럽고 순종적이면 매력을 느낄 것이고 그 반대라면 꺼려할 것이다. 그러나 여성들은 비록 사랑스럽다 하더라도 이보다 더

---

7. "여기서 말하는 구조(schema)는 체험을 구성하는 구조(structure)를 의미하며, 사건들이 의미를 가지게 되는 것은 이 구조 때문이다." Harold L. Raush, William A. Barry, Richard K. Hertel, and Mary Ann Swain, *Communication, Conflict and Marriage* (San Francisco: Jossey-Bass, 1974), p.42. 위의 책은 제3장("Interpersonal Communication")과 제5장("Schemata")에서 의사전달 이론과 대상 관련 이론을 좀더 상세히 다루며, 그 분야에 관한 참고문헌을 제시한다. 저자들의 주장은 위의 책에서 발표된 연구를 바탕으로 하고 있다.

복잡하기 때문에 더 이상 그를 만나려 하지 않을 것이다. 그래서 이 남자는 여성들과 광범위한 관계를 맺지 못하고 다른 유형의 여성들이 있다는 것조차 알지 못한다. 그가 생각하는 여성의 모습은 결코 바뀌지 않고 자신의 모습도 물론 결코 바뀌지 않는다.

기대하지 않았던 사건과 행동을 대하거나 낯선 사람을 만나게 되면 모두 약간의 불안과 동요를 느낀다. 만약 그 불안이 대수롭지 않다면 적응할 필요가 없으며 자신과 상대방의 새로운 면에 대해 개방될 필요가 없다. 그러나 불안이 극심하다면 유년기의 성숙치 못한 방식으로 후퇴하거나 — 예를 들어 군인이 전투에서 겁에 질렸을 때 엄마를 찾으며 울기 시작하는 경우 — 유년기에 고정되게 된다(순종하거나 요구하는 식으로만 여자를 보는 남자의 경우처럼). 따라서 적당한 불안은 성장과 발전에 필요한 자극이 되는 것 같다. 우리가 새로움을 체험한 적이 없다면 결코 변화하지 않을 것이다.[8] 관계가 발전하기 위해서는 상대방의 새로움과 신비가 선체험으로부터 발전한 관계의 유형을 변화시키도록 서로가 개방적이어야 한다. 그러므로 각자는 불안을 체험하는 데 개방적이어야 한다.

그러나 모든 체험은 또한 변화에 저항하는 타성(inertia)의 경향이 있다. 타성의 면에서 볼 때 변화란 체험의 혼란을 의미한다. 우리는 혼란을 두려워한다. 자아-타인 구조(self-other schema)는 우리의 대인 관계 체험을 구성하고 우리 자신과 타인의 모습에 대한 지속감을

---

8. "비록 불안이라는 증세 때문에 우리가 때론 무력해지기도 하지만 그럼에도 불구하고 인생의 여러 단계에서의 바람직한 성장과 성숙을 위해 없어서는 안될 증세이다. 요약해서 말한다면 모든 불안이 해를 미치는 것은 아니다." Elizabeth R. Zetzel and William W. Meissner, *Basic Concepts of Psychoanalytic Psychiatry* (New York: Basic Books, 1973), p.201. 과학의 역사에서 모형의 변천에 관한 Kuhn의 비슷한 관점에 의하면 "위기는 새로운 모형이 고려되기도 전에 일어난다." 예로서 기원전 3세기 그리스의 천문학자인 아리스타쿠스가 지동설을 제안했던 경우를 들 수 있다. 그 이후 프톨레미우스가 주장한 천동설이 훨씬 합리적인 것으로 받아들여졌기 때문에 위기를 겪는 것 같지 않았지만, 1,800년이 경과한 후 천문학자들은 코페르니쿠스가 주장한 지동설을 받아들이는 위기를 겪게 된다.

제공한다. 자기 자신이나 절친한 사람 또는 중요한 사람의 모습이 변화한다는 것은 심각한 위협이 될 수 있다. 또한 이런 모습들은 질서와 혼란과의 차이가 거의 없었던 유년기의 체험에 근거를 두고 있다. 성숙한 사람에게도 이런 혼란은 연약했던 유년기 감정들이 되살아나게 할 수 있다. 그래서 새로움이 단지 희미하게 인식되었을 때조차 불안해하며 변화에 대해 저항하는 것을 이해할 수 있다.

다른 사람과 우리 자신에 대한 체험이 이런 유형이나 모습에 의해 구성됨을 염두에 두어야 한다. 또한 다른 사람과의 관계 안에서 우리 자신을 보는 방식도 중요하며 친밀한 관계가 발전하기 위해서는 자신의 모습에 대한 변화가 일어나야 한다. 내가 상대방을 나의 기대와 다를 수 있는 존재로 받아들이는 것과 마찬가지로 나 자신도 "이상적인 자신"과 다르다는 것을 받아들일 때 자신에게 더 솔직하게 된다. 관계가 발전함에 따라 나 자신과 상대방에게 더 많은 것을 개방하여 서로의 개성의 유형에 영향을 미치고 변화시킬 수 있게 된다. 따라서 각자는 상대방의 기대와는 달리 독립적인 삶과 개성을 지니게 되고, 그런 과정에서 스스로의 제한된 모습으로부터 자유로운 삶과 개성을 지니게 된다.

신뢰하고 사랑하는 관계 안에서 이런 유형의 변화는 자연스럽게 일어난다. 그 관계의 기초가 비교적 확고하다면 기대하지 않았던 것이 더 쉽게 받아들여지고 수용된다.[9] 이런 사실에 자극받아 영적 지도자는 피지도자가 가능한 한 빨리 하느님께 대한 깊고 지속적인 신뢰를 형성하도록 도와 주는 데 선력을 기울여야 한다. 많은 사람들에게 있어 이런 신뢰를 형성하는 것은 쉽지 않다. 과거 대인 관계가 원만했으며 포용력있는 개성의 유형이 발달되었을 때조차. 많은 사람들은 자신과 하느님의 모습을 발전시킬 기회를 가지지 못했다. 달

---

9. 이 주장에 대한 증거는 Raush, Barry et al.이 요약하고 있다.

리 말해 많은 사람들은 유년기나 청소년기의 하느님의 모습을 가지고 살아가고 있다. 그것은 그들이 과거에 큰 상처를 받았기 때문이 아니라, 그들이 신체적으로는 성숙했지만 하느님과의 관계를 성숙시킬 기회를 가지지 못했기 때문이다. 자아-하느님(self-God)의 모습이 고정된 자녀-부모(child-parent)의 모습으로 가려져 있다면 신뢰의 형성은 더욱더 어려울 것이다.

미성숙한 피지도자는 처음 하느님과 관계를 맺는 데 많은 도움을 필요로 한다. 초기 단계에 피지도자가 보고 듣도록, 또 하느님과의 더 성숙한 신뢰의 관계를 형성하기 위해 그의 바람과 분노와 실망을 개방하도록 격려할 필요가 있다. 하지만 이런 초기 단계에서 죄에 초점을 맞추어서는 안된다. 왜냐하면 이런 죄에 대한 초점은 자기 몰두와 지속적인 고정으로 유도되기 때문이다. 이 단계에서 저항 또한 있게 마련이다. 피지도자가 자신의 자아-하느님(self-God)의 모습을 대체하는 것이 마치 자아-혼자(self-alone)의 모습으로 느껴지고 하느님을 잃어버릴 것이라고 느낄 수 있기 때문에 저항이 꽤 강력할 수 있다. 이런 사람이 알고 있는 유일한 하느님은 유년기나 청소년기의 모습이기 때문에 그것을 포기한다는 것은 무신론이나 불가지론을 대하는 것 같을 것이다. 그렇게 예상함으로써 심각한 불안을 불러일으키고 그 과정에서 강력한 저항을 유발할 수 있다.

여기서는 자아-하느님의 모습의 변천과 그 발달의 역사를 다루지 않을 것이다. 그것은 발달 종교 심리학의 과제이다.[10] 하느님과의 관

---

10. 영적 지도자들은 피지도자들의 하느님과의 체험을 바탕으로 발달 종교 심리학 분야에 수많은 공헌을 할 수 있다. W. A. Barry, "The Experience of the First and Second Weeks of the Spiritual Exercises", *Review for Religious* 32 (1973), 102-109 and W. J. Connolly, "Experiences of Darkness in Directed Retreats", *Review for Religious* 33 (1974), 609-615. 저자들이 이미 이 분야에 헌신하고 있다. Ana-Maria Rizzuto는 *Birth of the Living God: A Psychoanalytic Study* (Chicago: University of Chicago Press, 1979)에 정신분석학적 관점에서 하느님 모습의 발전한 역사를 언급하고 있다.

계는 다른 모든 관계처럼 구조에 의해 제한을 받게 된다. 그래서 우리는 하느님과 "올바른 방식"이라고 생각하는 것에 따라 자신을 하느님께 제시하며, 또 우리가 그분을 체험해야 한다고 기대하는 방식에 따라 하느님을 체험하는 경향이 있다. 자아의 모습이나 하느님 모습의 새로움은 불안과 저항을 유발하고, 때로는 기대하지 않았기 때문에 처음에는 깨닫지 못한 채 지나칠 수도 있다. 결국 하느님과의 계속적인 접촉과 관계에 대한 결심, 또한 개방하려는 결심만이 하느님과의 관계와 자신의 모습을 변화시킬 것이다.

위대하신 하느님과 관계를 맺는다는 것은 계속되는 새로움과 계속되는 변화를 의미한다고 할 수 있다. 자신이 지금 가지고 있는 하느님 모습 이외의 하느님을 받아들이지 않으려는 의지를 영적 우상숭배로 볼 수 있다. 예를 들어 어떤 사람이 폭군적인 하느님의 모습을 유지하며 하느님의 다른 모습을 받아들이지 않음으로써 자유롭게 될 수 없다. 믿음이 우리를 움직이게 하여 하느님의 다른 모습을 받아들이고, 우리의 변화에 대한 저항을 극복하도록 노력함으로써, 우리가 하느님이라 부르는 신비와 함께 살게 된다. 하느님은 설명할 수 없는 분이시라기보다는 다만 설명되지 않는 분이시라는 의미에서, 궁극적으로 그분께 대한 체험을 구체화할 수 없다는 불안감을 여전히 가지고서. 위대하신 하느님께 개방되는 것은 하느님과의 즐거움을 통해서만 이루어질 수 있는 기본적 신뢰감에 확고한 기초를 두어야 한다.

하느님과의 즐거움은 영성의 최고 목적이 되어야 한다. 하느님과의 즐거움 안에서만 우리는 복음적 의미에서 구원되었다고 느낄 뿐 아니라 안전하다고 느낀다. 하느님께서 항상 우리와 함께 계심을 인식하고 결코 혼자가 아니라고 느낀다. 그런 관계 안에서 자연은 친밀하고 편안하게 다가온다. 자연의 무한한 공간이 공포감을 조성하는 대신 무한한 사랑을 말해 준다. 가까이에 있는 아름다운 것들은 전능하신 분 자신이 입고 있는 의복이 된다.[11]

이와 같은 체험은 관계가 발전하는 기초로써 필요하다.

그렇다면 저항의 근본 원천은 개성의 구조 자체이다. 모든 구조는 본질적으로 보수적이다. 구조는 우리에게 필요하며 구조가 없다면 체험은 무의미하며 혼란스러운 것이 될 것이다. 이런 혼란의 위험 때문에 구조는 본질적으로 변화에 저항하는 경향이 있는 것 같다. 아니면 사람들이 변화에 저항하는 경향이 있다고 우리가 구조화했을 수도 있다. 위대하신 하느님과의 관계의 발전을 목적으로 하는 영적 지도는 이런 보수적 경향에 반대하기 때문에 저항을 유발할 것을 예상할 수 있다. 실제로 기도와 영적 지도에서 저항의 결여는 기도와 영적 지도가 잘못되고 있음을 경고해 주는 표시가 될 수 있다. 기도 중에 나타나는 저항을 거부하거나 동정할 것이 아니라 하느님과의 관계가 확대되고 깊어지는 표시로써 환영해야 한다. 저항의 몇 가지 특수한 원천을 살펴보자.

하느님과의 관계를 잃을지도 모른다는 두려움이 저항의 주요 원천임을 이미 언급했다. 하느님과의 관계를 잃어버린다는 두려움의 이면에는 내가 하느님의 거대함에 휩쓸려버려 나 자신을 잃어버릴지도 모른다는 두려움이 있다. 하느님의 경이로움에 대한 두려움이든지 아니면 현재의 자아-하느님의 모습이 근본적으로 자아-타인의 경계가 빈약한 유년기의 자아-타인의 구조를 유지하고 있다는 사실에 대한 성찰이든간에, 저항은 하느님께서 자신의 체험에 새로운 방식으

---

11. J. S. MacKenzie, *Nervous Disorders and Character* (1946), pp.36-7. Quoted in Henry Guntrip, *Psychology and Religion* (New York: Harper & Row, Publishers, 1957), p.200.

로 들어오시게 된다면 자신을 잃을지도 모른다는 두려움에서 유래하는 것 같다. 예를 들어 내성적이긴 하지만 활동적인 어떤 여자가 하느님께서 그녀에게 매우 가까이 계시다고 느끼면서 여러 주 동안 무척 위안이 되는 기도를 한 후, 스스로에게 "이건 너무 고차원적인 것 같다"고 말하기 시작하며, 어떻게 하면 하느님과 가족들에게 더 잘 봉사할 것인가를 계획하며 단조로운 방식의 기도로 되돌아간다. 이런 단순한 기도가 그녀를 더욱 혼란시키고 자기 몰두로 향하게 할 때 그녀가 저항하고 있다는 것이 분명하다. 이런 상황에서 관상적 태도는 몹시 두려운 것이 될 수 있다. 왜냐하면 이것이 자신의 조절 능력을 포기하도록 하는 것 같기 때문이다. 그래서 자신이 너무 주제넘다는 생각을 하며 관상으로부터 멀어지게 된다.

저항의 또 다른 원천은 사람들이 가지고 있는 특수한 자아-하느님의 모습이다. 많은 사람들은 하느님을 향해 분노와 질투와 원망과 성적인 감정을 표현하지 말아야 한다고 알고 있기 때문에 기도중에 이런 감정들이 일어날 때 저항할 것이다. 관상적 태도로 기도하는 사람은 자신이 인식하는 것에 따라 일어나는 모든 반응을 허용하기 때문에, 때로 "나쁜" 감정이 유발되는 것을 느낄 수 있다. 예를 들어 어떤 사람이 예수님께서 마리아와 마르타의 집을 방문했을 때 마르타가 일만 하는 장면을 관상하던 중,[12] 다른 사람에게 이용당했을 때 느끼는 감정들인 질투심과 적대감을 느낄 수 있다. 그는 이런 감정들에 대한 저항으로서 이 장면을 애써 피하려 하거나 관상 그 자체를 반복적인 기도나 기도서를 사용하는 것으로 대치하려 할 것이다.

많은 사람들은 마치 하느님께서 그들이 만족하고 행복한 삶을 살아가는 것을 원치 않으신다고 생각한다. 그래서 만약 그들이 관상적 기도의 과정을 받아들인다면 하느님께서 그들에게 철저한 극기를 요

---

12. 루가 10,32-42(역자 주 — 『공동번역 성서』).

구하실 것이라고 두려워하기 때문에 있는 힘을 다해서 저항하기도 한다.

하느님께 대한 저항의 또 다른 원천은 전능하시고 영원 무궁하시며 변함없고 냉정한 분으로서의 하느님의 모습이다. "내가 그런 하느님께 어떻게 따뜻하게 대할 수 있겠습니까?" "하느님께서 이미 모든 것을 알고 계시는데 내가 굳이 하느님께 말씀드릴 필요가 있습니까?" 이런 태도는 관계의 발전을 가로막을 수 있으며 이런 자세를 가지고 있는 피지도자는 관상적 기도를 통해 하느님께서 변화하신다고 느끼기 때문에 기도가 이단이나 우상숭배로 빠져든다고 두려워할 수도 있다.

영적 지도의 중간 단계에서 예수님을 따르는 데 대한 질문이 더 구체화될 때 사실적인 두려움 때문에 저항이 일어날 수 있다. 마르코 복음에 나오는 부자 청년이 그 하나의 예이며[13] 또 다른 예를 마르코 복음에서 살펴보기로 하자. 예수님께서 앞으로 다가올 자신의 수난에 대해 세 번씩이나 상세하게 말씀하시지만[14] 오로지 누가 가장 위대한가에 대해서만 관심이 있었던 사도들은 예수님의 말씀의 의미를 깨달을 수 없었다. 마치 사도들의 저항을 강조하려는 것처럼 마르코 복음은 첫번째 예고[15]의 앞부분과 세번째 예고[16]의 뒷부분에 맹인의 치유를 안배하고 있다. 예수님을 가까이에서 따르고자 원하는 사람들도 사도들처럼 그 바람의 결과를 매우 두려워할 수 있다. 이 때 저항은 매우 교묘하게 빛의 천사와 같은 가면을 쓰거나, 고정된 자아-하느님의 모습으로 나타나게 될 것이다. 이런 경우 "하느님께서는 사람에게 불가능한 것을 요구하실 수 없으시다"라는 말로 저항을 합리화하게 된다. 이 말은 사실이지만 자기 희생적 사랑을 요구하시는 하느님께 대한 저항을 감출 수 있다. 이냐시오 성인은 "그릇

---

13. 마르 10,17-22.
14. 마르 8,31; 9,31; 10,33-34.
15. 마르 8,22-26.
16. 마르 10,46-52.

된 합리화"를 나쁜 영의 움직임의 하나로 말하고 있다. 나쁜 영의 유일한 목적은 사도직을 향한 움직임을 가로막는 것이다.[17]

영적 지도의 주 목적이 하느님과 피지도자의 관계의 발전을 도와주는 것이니만큼 저항의 원천과 초점이 그 관계에 집중될 것을 희망하지만 영적 지도자와 피지도자의 관계 또한 저항의 원천이 됨을 예상해야 한다. 이 관계 역시 자아-타인의 모습에 의해 제한되므로 서로에 의해 왜곡될 수 있는 가능성이 있다.[18]

영적 지도중 저항이 일어날 때 염두에 두어야 할 점은 피지도자 자신이 원했기 때문에 영적 지도를 받게 되었다는 것이다. 달리 말해 피지도자 안의 어떤 것이 하느님과의 관계에서 성장을 향해 추진해 간다. 더 완전한 삶을 위한 바람이나 완전한 의미를 위한 바람이라 불러도 좋으나 초월을 향한 추진력은 항상 존재한다. 피지도자의 가슴에 머무시는 성령께서 영적 여정이 힘들고 저항이 강할 때라도 그들이 그 과정에 머물도록 용기를 주신다. 영적 지도자는 성령께서 주시는 이 추진력에 의존할 수 있다. 영적 지도에서 저항과 더불어 초월을 향한 바람 또한 항상 존재한다. 바울로 사도의 말씀을 조금 달리 표현한다면 "저항이 증가하는 곳에 은총이 더욱 충만하다."[19]

앞에서 언급한 대로 우리는 대개 체험을 구조화하는 방식을 깨닫지 못하고 지나친다. 그래서 깨닫지 못한 저항은 훨씬 더 강력하다. 물론 사람들이 의식적으로 그 과정에 저항할 수 있으나 여기서 말하는 저항은 대개 무의식적으로 일어난다. 만약 영적 지도자가 피지도자가 저항을 극복하는 것을 도와 주고자 한다면 먼저 저항의 존재를 인식해야 한다. 달리 말해 영적 지도자는 피지도자에게 일어나고 있는 것에 주의를 기울여 저항의 표시가 무엇인지 알아야 한다.

---

17. Ignatius of Loyola, Spiritual Exercises, op. cit., no.329, p.147.
18. 10장에서 좀더 자세히 다룰 것임. 19. 로마 5,20.

이때 영적 지도자가 피지도자를 향해 관상적 태도를 가지고 있는 것이 큰 도움이 될 것이다. 왜냐하면 영적 지도자의 첫째 관심사는 자기 자신에게 몰두하는 것이 아니라 피지도자를 바라보고 그의 얘기를 듣고 반응하는 것이어야 하기 때문이다. 피지도자를 대할 때 관상적 태도를 취하는 영적 지도자는 면담중 상대방에게 초점을 맞추려 하고, 자신의 선호나 편견으로부터 자유로운 견해를 가지고자 하며 자신의 감정적 반응을 깨닫고자 한다.

영적 지도자는 이미 언급한 저항의 표시를 깨닫는 것에 덧붙여 자신의 반응을 살펴봄으로써 피지도자에게 저항이 존재함을 나타내 주는 표시로 볼 수도 있다. 만약 영적 지도자가 스스로 지루해지고 짜증나는 것을 느낀다면 실제로 지루해하고 짜증스러워하는 저항적인 피지도자에게 반응하고 있는 것일 수 있다. 물론 영적 지도자가 자신의 문제를 피지도자에게 투영하고 있지 않다는 것을 알 필요가 있다. 영적 지도자는 또 다음 장에서 다루게 될 신앙체험을 평가하는 일반적 기준들을 사용할 수 있다. 그렇지만 영적 지도자는 자신을 범죄의 실마리를 찾고 있는 형사로 보아서는 안된다. 저항은 범죄자가 아니라 성장을 위한 노력에 필요한 공범자이다. 영적 지도자는 자신의 체험에 비추어 피지도자 스스로 저항을 깨달을 수 있도록 도와 주는 협력자이다.

영적 지도자가 피지도자에게서 저항을 인식할 때 어떻게 할 것인가? 먼저 유머 감각을 유지하고 스스로도 완벽하지 못함을 깨닫고 있어야 한다. 저항의 표시는 단지 표시이지 증거는 아니다.

저항을 정면으로 대처하여 노출시키기 이전에 영적 지도자와 피지도자간에 원만한 협력 관계(working alliance)[20]가 형성되어 있어야만 한다. 그렇지 않다면 저항을 정면으로 대처함으로써 저항이 극복

---

20. 이 개념에 대해 토론하고 있는 9장 참조.

되는 것이 아니라 저항이 더 견고하게 된다. 왜냐하면 피지도자는 정면 대처를 공격받는 것으로 심지어 무안당하는 것으로 생각할 것이기 때문이다. 그렇게 되면 적대 관계가 발생할 위험이 있으므로 적절한 시기가 중요하다. 피지도자는 한 번 일어난 저항을 쉽게 변명해 버릴 수 있다. 따라서 저항을 정면 대처하기 이전에 저항이 발달하도록 허용한 후 몇 번의 경우를 종합하여 저항의 유형을 지적하는 것이 현명하다.

아래에서 영적 지도자가 피지도자로 하여금 관계에서의 발전과 저항의 유형을 깨닫도록 도와 주는 예를 볼 수 있다. 피지도자 진은 기혼녀로서 교회 봉사자이며 여러 달 동안 영적 지도를 받아 왔다. 영적 지도자 죠는 면담중 스스로 지루해지고 짜증이 나는 것을 깨닫고 이런 감정들 때문에 영적 지도의 과정 자체를 성찰해 보는 기회를 가졌다. 그는 피지도자가 여러 차례 주님과의 강렬하고 친밀한 체험 이후 오랫동안 기도가 산만해지고 일에 대해서만 염려하던 것을 기억했다. 그는 적당하다면 이번 면담에서 피지도자를 정면으로 대처하리라 마음먹는다. 대화는 대충 아래와 같이 진행된다.

진: 기도가 분심으로 가득 차 있습니다. 또 요즘 집안 일과 직장 일과 교회 일들 때문에 너무 바빠서 정말 기도할 시간조차 없습니다.
죠: 지난 몇 달 동안 함께해 온 우리의 면담을 전체적으로 검토해 보는 것이 어떻겠습니까?
진: 좋은 생각인 것 같습니다.
죠: 당신이 우리의 면담을 좋아하는 것을 압니다만, 뭔가 다른 게 있는 것 같은데요? 이 점에 대해 어떻게 생각하십니까?
진: 나는 하느님과 깊고 친밀한 관계를 바라고 있고 또 내가 속한 가정과 교회와 직장에서 하느님을 경험하려 한다고 생각하고 있습니다.
죠: 나는 좀더 다르게 보는데요. 몇 달 전에 하느님께서 당신에게 "내 딸아

라고 부르신 체험을 말씀해 주었을 때 큰 감동을 받았습니다. 기억하시는지요? (진이 고개를 끄덕이며 표정이 밝아진다.) 당신은 그것으로 되돌아가려 했고 또 하느님께 당신 부친과의 관계에 대해 말씀드리려고 했는데 그 의도가 흐려진 것 같습니다. 또 당신이 예수님을 친구로서 매우 강렬하게 체험한 적이 있었지만 그 이후 하느님과 함께하는 시간이 분심으로 가득 차 버렸던 것 같습니다. 또 하느님과의 관계로 인해 풍요해진 당신의 삶과 하느님을 따르는 가능성에 대해 말했으며 당신이 직면하고 있다고 느끼는 선택을 두고 기도할 것이라 말했습니다. 그러나 이런 것들이 당신에게 매우 중요한 문제인데도 한 가지도 제대로 진행되지 않은 것 같습니다.

진: 그건 사실입니다.

죠: 무엇이 당신을 멈추게 했습니까?

진: 정말로 두렵습니다. 내가 원하던 모습이 아닌 나의 참 모습을 보고 나서 실망하게 될까봐 두렵습니다. 정말 두렵습니다.

죠: 만약 그렇게 된다면 최악의 상태는 무엇이겠습니까?

진: 내가 하잘것없고 무능한 존재임을 알고는 도망치려 하겠죠.

죠: 그렇게 한다면 당신은 어떻게 느낄 것 같습니까?

진: 모르겠는데요. 아마 창피해지리라 생각합니다.

죠: 하느님께서는 어떻게 느끼시리라 생각하십니까?

진: 오! 나는 그저 하느님께서 "내 딸아, 네 죄는 용서받았다"라고 말씀하시는 것을 듣기만 하면 됩니다.

이 대화는 여기서 말하고자 하는 것을 잘 묘사해 준다. 영적 지도자는 피지도자에게 주의를 기울이고 있었고 그녀와 원만한 협력 관계를 유지하고 있었으며 또 그는 자기 내면에서 일어나는 느낌에 주의를 기울인 결과 지난 몇 달 동안의 면담에 대해 성찰해 볼 기회를 가졌다. 그가 주목하게 된 하나의 반복되는 유형을 진에게 제시함으로써 그녀가 문제를 직시하고 성찰할 수 있게 했으며 자신의 무가치함에 대한 두려움 때문에 유발된 저항을 인식하도록 해주었다. 무엇보다도 저항의 유형을 지적해 주는 영적 지도자의 태도가 중요하다. 영적 지도자는 비난하기보다는 오히려 무엇이 일어나고 있는가를 피지도자가 관찰하도록 초대한다. "당신은 오늘 기도에 관해 얘기하기가 힘든 것 같습니다"가 "기도에 관해 말하기를 피하고 있습니다"보다는 나은 접근방식이다. 전자는 피지도자에게 어려움이 있을 수 있다는 것과 오늘이 평소와는 다르다는 것을 지적해 주지만, 후자는 피지도자가 강력한 방어 자세를 취하게끔 단언하는 것이 된다.

영적 지도자는 피지도자로 하여금 자신에게 일어난 어려움에 대해 성찰해 보도록 하고 또 피지도자에게 자신은 협력자임을 분명히 나타내야 한다. 만약 피지도자가 어떤 표시 때문에 자신이 어려움을 겪고 있다는 인상을 가지게 되었는지 묻는다면 그가 깨달은 점들을 이야기해 줄 수 있다. 이때 피지도자가 그의 결론을 거부한다면 논쟁하려고 할 것이 아니라 "그런 가능성을 당신과 함께 살펴보면 좋겠다고 생각했을 뿐입니다"와 같이 말해 줄 수 있다. 만약 피지도자가 저항하고 있다면 더 많은 저항의 표시가 있게 될 것이고, 결국 두 사람 모두에게 그 저항의 표시들이 매우 분명해질 것이다. 영적 지도자는 자신의 관점에 초점을 맞추는 것이 아니라 피지도자의 기도와 또 피지도자의 기도중의 체험에 초점을 맞추어야 한다. 관상적 기도의 과정과 피지도자와의 협력 관계에는 신뢰와 인내가 필요하다. 만약 저항이 존재한다면 기도중에 하느님께서 피지도자로부터 멀리 계시는 것으로 저항 그 자체가 나타나 보이게 될 것이다. 영적 지도자가 끈기있게 이 점과 다른 증거들을 지적하면 결국 피지도자 자신이 뭔가 잘못되었다는 것을 느끼게 될 것이다.[21]

---

21. William J. Connolly는 "Experiences of Darkness in Directed Retreats", op. cit.에서 어둠의 체험을 직시하는 데 관한 이 견해를 전개하고 있다.

앞의 예에서 진이 놀랄 만한 말을 했다. 그녀가 "하느님과 좀더 가깝고 깊은 관계"를 바란다고 말했다. 많은 피지도자들이 똑같은 말을 한다. 대부분의 사람들이 이 말을 할 때 진정으로 그들이 "하늘과 땅의 하느님"과 더 가까운 관계를 맺기를 바라는 것을 의미하는가? 이런 말을 들은 어떤 노인의 한 마디가 훨씬 실감이 가는 것 같다. "우리는 하느님의 오른편에 있기를 원했지만, 어떤 때는 너무 가까이 있는 것을 원치 않았다." 유머스런 이 말은 우리 안에 이런 태도가 깊이 뿌리박혀 있다는 사실을 보여준다. 그 뿌리는 아마도 친밀함에 대한 바람만큼이나 깊이 박혀 있을 것이다.

피지도자의 자유를 강조하는 영적 지도에서 이런 뿌리의 깊이와 완강함을 존중하는 것은 중요하다. 이런 깊은 뿌리는 진과 같은 사람이 하느님과의 관계에서 더 이상의 진보를 막는 강력한 움직임으로 나타나게 된다. 이런 뿌리들은 그녀가 하느님의 활동에 자신을 더 개방하려 하고 자신을 더 솔직하게 나타내려 함에 따라 특히 완강하게 나타난다. 이렇게 저항이 매우 강력한 경우 몇 달 혹은 몇 년이 지나도 하느님과의 관계는 똑같은 수준에 머물러 있게 된다. 이 기간 동안에도 하느님과의 관계는 유지되지만 성숙을 향한 하느님의 계속되는 초청에도 불구하고 그 자리에 머물러 있게 된다.

발전이 멈추고 머물러 있는 단계는 피지도자가 하느님께 자신의 대부분의 활동과 동기에 대해 자유롭게 말씀드릴 수 있으나 자신의 더 깊숙히 간직된 감정을 표현할 수 없는 단계일 것이다. 예를 들어 자신의 삶의 가치에 대한 확신이 결여된 혼란과 사목활동을 계속하려는 사목자들의 바람에 대한 의심과 또 자신에게 소중한 사람을 향한 유년기부터의 뿌리깊은 분노를 들 수 있다.

피지도자가 하느님의 활동을 바라볼 수 있으나 표면적인 느낌 이상으로 그 활동에 대해 반응할 수 없을 때 역시 또 다른 수준의 고정이 일어난다. 예를 들어 어떤 여자가 예수님께서 그녀를 매우 친한 친구처럼 대하신다는 것을 느끼고 또 예수님께서 그녀를 위해 자신을 희생하셨음을 깨달은 그녀는 단순히 감사하는 마음으로 반응할 수 있으나 가슴 속 깊은 곳에서 우러나오는 반응은 할 수가 없다. 예를 들어 예수님의 심오한 보살핌에 보답하지 못하는 자신의 부족함, 예수님의 사명을 나누는 데 있어서의 자신의 미적지근한 태도에 대한 괴로운 심정, 예수님을 향해 느끼는 깊은 충성심, 사람들의 처지에 대한 슬픔 등.

어떤 것도 자신의 고정된 수준 이상으로 나아가도록 강요할 수 없다. 영적 지도자는 할 수 있는 한 최선을 다해 이 시점에서 피지도자 자신이 처해 있는 수준을 직시하고 인식하며 체험하도록 도와 주어야 한다. 이런 방식으로 피지도자는 자신의 삶의 실재를 바라보고 또 자신의 바람에 대항하는 실재, 특히 깊이 들어가라는 초대에 저항하는 실재를 인식할 수 있는 기회를 가진다. 예를 들어 예수님의 희생과 자신을 향한 수많은 관대한 행동에 대해 감사를 느끼고 있으나 그 감사하는 차원을 좀더 깊은 차원으로 끌어들일 수 없는 여자에게, 영적 지도자는 예수님의 활동과, 그것에 감사해하는 마음의 실재, 그리고 그 감사하는 마음이 그녀를 감동시키지 않는 순간을 계속해서 바라보도록 격려할 수 있다. 그러나 그녀로 하여금 좀더 깊이 들어가도록 강요하는 것은 그녀에게 도움이 되지 않으며 오히려 깊이 들어가지 못하는 데 대한 죄의식을 강하게 할 수 있다. 이런 죄의식에 집중하도록 유도하는 것은 하느님의 초대에 대한 그녀의 주의를 딴 데로 돌리게 할 수 있으며 또 그녀에게 개방된 반응의 가능성으로부터 멀어지게 할 수 있다.

이런 고정 상태에 있는 피지도자에게는 대부분의 전통적인 영성 용어가 도움이 되지 않는다. 그는 "하느님께 나의 모든 것을 드려야만 한다"라고 말할 수 있다. 혹은 기도서에 있는 완전한 봉헌을 자기 자신의 기도로 만들려고 계속 노력할 것이다. 그는 완전한 봉헌에 관한 기도 용어를 사용함으로써 자신의 현재 상황과 태도를 솔직하게 표현하는 것이 아니라 하느님을 향해 자신이 가져야 한다고 생각하는 태도를 표현할 뿐이다. 만약 그가 자신이 도달해야 한다고 느끼는 목적지와의 엄청난 거리감에만 주의를 고정시키고 있다면, 자신이 다시 움직일 수 있다는 가능성을 인식하지 못하거나, 그 가능성을 인식하더라도 그것을 심각하게 받아들이지 않을 것이다. 피지도자의 자유와 하느님의 자유를 존중하는 영적 지도자는 피지도자가 일시적 평화를 느끼게 되는 시점에서 한동안 하느님께 대한 개방을 더 이상 발전시키지 않고 멈추는 것을 기꺼이 허용할 것이다. 영적 지도자는 지금 현재 피지도자에게 더 이상 깊이 들어가고자 하는 바람이 존재하지 않지만 발전의 휴식기가 끝난 후 나타나게 될 것임을 알기 때문에 그를 연약한 사람이라고 생각하지 않을 것이다. 하느님께서는 언제라도 새로운 방식으로 활동하실 수 있기 때문에 더 큰 바람의 촉매 역할을 하는 상황이 나타나게 될 것이다. 이런 사실을 존중하는 것은 피지도자의 바람 자체의 선과 필요성에 대한 순수한 존중이 된다. 그러므로 영적 지도자는 피지도자로 하여금 자신의 바람이 표현되는 실재와 비실재를 보도록 도와 주는 반면 그런 바람의 강도와 형태에 대해 어떤 판단도 하지 않아야 한다.

  영적 지도자와 피지도자가 저항을 발견하게 될 때 할 수 있는 것은 무엇인가? 하나의 극단적인 방법은 고전적인 형태로써 정신분석적 방법을 동원해 이 특정한 저항 이면의 모든 동기와 역사를 캐내려 노력하는 것이다. 또 다른 극단적인 방법은 더 이상의 토론 없이 "하느님께 가지고 가십시오"라고 피지도자에게 충고해 주는 것이다. 이 두 방법의 중간을 취하는 것이 피지도자에게 더 도움이 되고 또 영적 지도자에게도 가능한 방법인 것 같다. 피지도자가 저항을 성찰해 봄으로써 자신의 바람의 애매모호함에 대해 아는 것은 도움이 된다. 그래서 그가 두 바람의 갈등에 사로잡혀 있음을 인식하고, 애매모호함을 극복하여 하느님을 더 잘 알고자 하는 자신의 바람이 이루어지도록 도와 달라고 하느님께 탄원할 수 있다. 다른 말로 그 자신의 바람의 초점을 예리하게 하도록 도와 줄 수 있다. 피지도자 스스로 이전에는 하느님과의 친밀함을 체험하기를 요청했는데 지금은 그 친밀함의 두려움을 극복하는 도움을 요청하고 있다고 알게 된다.

또한 피지도자가 저항을 자신의 삶과 기도의 하나의 유형으로 본다면 도움이 될 것이다. 예를 들어 방금 언급한 애매모호함은 피지도자의 수많은 관계들과 사목을 향한 자신의 태도에서 분명히 드러나게 될 것이고, 그는 이런 모든 영역에서 하느님의 도움을 요청하게 됨으로써 기도와 삶이 일치하게 된다. 달리 말해 영적 지도자는 피지도자가 저항을 자신의 삶의 일부분으로 볼 수 있게 도와 주고, 하느님 앞에 도움을 청하면서 그 자신을 내놓을 수 있도록 도와 줄 수 있다. 저항이 드러남으로써 피지도자는 하느님께 말씀드릴 새로운 것을 가지게 되고, 하느님을 좀더 솔직하게 받아들이고 그 자신에게도 좀더 솔직해지게 된다.

또 한 가지 특정한 형태의 저항에 대해 설명할 필요가 있다. 저항은 대개 어떤 방식으로든 비밀을 감싸고 있게 마련이다. 하느님이나 영적 지도자나 심지어 나 자신 스스로도 알기를 원하지 않는 비밀이 있다. "비밀"이 의식의 표면에 가까워짐에 따라 저항이 일어나기 시작하지만 이 어려움을 피해 갈 방도는 없다. 결국에는 그 비밀을 하느님께 말씀드려야만 한다. 영적 지도가 순탄하게 진행되고 저항을 극복하기 위해 영적 지도자에게 말할 필요가 있느냐는 것이 때때로 의문시된다. 피지도자가 하느님께 비밀을 말씀드리기 전에 먼저 영적 지도자에게 말하게 되는 경우와 또 비밀이 하느님께는 말씀드렸지만 영적 지도자에게는 말하지 않은 경우를 예상할 수 있다. 이런 경우에 영적 지도자는 "비밀"이 기도의 발전을 가로막고 있음을 피지도자가 인식하도록 도와 주고 또 진실을 하느님께 말씀드리도록 도와 줄 필요가 있다. 영적 지도자에게 비밀을 감춘다고 해서 영적 지도가 곤란을 겪는 것 같지는 않다. 심지어 영적 지도자에게 감추는 것 자체가 하느님과 피지도자의 관계가 우선된다는 것을 강조하는 것 같다. 대개 피지도자가 비밀을 말할 수 있게 될 경우는 하느님과 영적 지도자에게 동시에 공개하게 된다. 이냐시오 성인은 "인간의 적(敵)은 이 간계와 유혹이 비밀스럽게 받아들여지고 비밀이 간직되기를 진정으로 바란다"라고 말하고, 고백신부나 "영적 사람"에게 표현하도록 촉구했다.[22]

몇 가지 다른 설명이 영적 지도자에게 도움이 될 것 같다. 저항이나 반움직임이 일어날 때 그것에 대한 이유와 동기를 찾기 이전에 먼저 그 움직임을 깨닫고 성찰할 필요가 있다. 진은 먼저 접근-도피(approach-avoidance)의 유형이 존재한다는 것을 인식한 후에야 그것에 대한 이유를 찾을 수 있었다. 자신이 체험한 심오하고 위안이 되는 기도는 자신에게 너무 고차원적이라고 생각한 여자는 먼저 자신이 저항하고 있을 수 있다는 가능성을 보고 난 후에야 영적 지도자와 함께 그녀의 두려움에 대한 이유를 찾아볼 수 있게 되었다. 만약 영적 지도자가 그녀에게 자신을 잃는 것을 두려워하고 자신을 무가치하게 평가하는 것처럼 들린다고 성급하게 말했다면, 그녀는 말로는 동의했을지 모르지만 아마 그것을 알면서도 어쩔 수 없이 자기 몰두에 더욱 빠져들게 되었을 것이다. 영적 지도자와 피지도자는 그 내용과 의미를 캐내려 하기 이전에 저항이나 반움직임을 먼저 의식하고 성찰할 필요가 있다.

또 다른 충고는 표면으로부터 시작하라는 것이다. 영적 지도자는 피지도자가 지금 현재 가장 어려움을 겪는 곳에서부터 시작한다. 영적 지도자는 다른 사람의 영적 체험에 대한 심오한 해석을 제공하지

---

22. Ignatius of Loyola, *Spiritual Exercises*, op. cit., no.326, pp.145-6.

않도록 조심해야 한다. 영적 지도자의 일차적 역할은 상대방이 처한 곳에서 시작하는 것이고 그가 더 성장하도록 도와 주는 것이다.

다른 사람과 마찬가지로 영적 지도자도 자신의 걱정과 두려움과 자아-타인의 관계에 대한 자신의 유형을 가지고 있다. 전문직을 배우기 원하는 모든 사람들처럼 그들이 영적 지도를 시작할 때 "올바른" 행동, "올바른" 질문, "올바른" 말을 하게 되기를 너무 염려한 나머지 피지도자에게 충분한 주의를 기울이지 않을 수 있다. 따라서 용어의 사용과 피지도자를 쉽게 판단하려는 경향에 주의해야 한다. "저항", "구조", "자아-타인의 모습", "초기 단계", "위안", "은총" 같은 것은 전문용어이다. 영적 지도자는 사람들에게 직접적이고 비전문적인 용어를 사용하여 "당신이 뭔가를 피하고 있는 것 같습니다", "당신이 슬퍼하고 화가 나 있고 우울해하는 것 같습니다", "당신은 예수님의 그런 말씀에 대하여 어떻게 느꼈습니까?"라고 표현하는 것이 더 낫다. 또 하나 조심해야 할 점은 영적 지도자가 어떤 새로운 영감을 접하게 된 경우 피지도자를 위한 방향제시로서 "어떤 것을 분명히"해 주려 할 것이다. 그 결과 영적 지도자는 피지도자로 하여금 면담이 진행되는 방향을 결정하도록 허용하지 않을 뿐 아니라 피지도자의 얘기도 제대로 들을 수 없게 될 것이다. 영적 지도자는 자신의 방향 제시가 피지도자의 관상적 태도를 가로막지 않도록 항상 조심해야 한다.

7

신앙 체험을 평가하는 기준

고대 이스라엘에는 참된 예언자와 거짓 예언자가 있었으며 신약성서 시대 때부터 예수 그리스도께 대한 권위있는 교리를 가르친다고 주장한 이단들이 있었다. 역사를 통해서 하느님의 계시를 받았다고 주장한 많은 사람들이 결국 잘못된 것으로 증명되었으며, 이에 따라 교회는 전통적으로 사적 계시에 대해 신중을 기한다. 그렇다면 우리의 신앙 체험이 하느님의 말씀인지 환상인지를 어떻게 알 수 있겠는가? 어떻게 하느님과의 올바른 관계를 분별할 수 있을까?

앞서 여러번 기도중에 어떤 것을 깨닫게 되고 그 깨달은 것을 바탕으로 결정을 내리는 사람들의 예를 들어 왔다. 한 예로서, 어떤 남자가 자신의 분노의 씁쓸함이 사라지는 것을 깨닫고 하느님께서 그의 기도를 들어주셨다고 확신했다. 또 다른 예에서, 어떤 여자는 자신의 기도에서 접근과 도피의 유형을 인식하고 그녀가 하느님으로부터 멀어지게 된 것은 두려움 때문이라고 판단했다. 기도와 영적 지도에서 사람들은 자주 이런 판단을 내리게 된다. 어떻게 그들이 이런 판단을 내릴 수 있는가? 판단을 내릴 때 어떤 기준을 사용하는가? 이런 사람들은 영혼을 분별하는 데 어떻게 그렇게 하는가?

분별에 관한 많은 문헌들은, 특히 이냐시오 성인의 전통은, 하느님의 뜻을 분별하는 방식에 대해 말하고 있다. 대부분의 사람들은 분별의 습관은 이런 순간적인 선택이 있기 훨씬 전에 시작되어야 하며, 또한 분별이 단순한 과정이면서도 항상 쉬운 것만은 아니라고 알고 있다. 크리스천 전통에서 통찰력있는 분별로 잘 알려진 사막의 교부들의 체험에서의 한 예가 이 단순성을 잘 알려준다.

한 수도자가 다른 수도자에게 다음과 같이 질문한다. "내가 번 돈을 가난한 사람에게 나누어 주어야 할 의무가 있습니다. 내 여동생도 역시 가난한데 내가 번 돈을 다른 가난한 사람에게 주는 것이나 내 여동생에게 주는 것이나 다를 것이 뭐가 있습니까?"

다른 수도자가 "아닙니다. 다릅니다"라고 말한다.

첫째 수도자가 "왜 다릅니까?"라고 묻는다.

둘째 수도자가 "피는 물보다 진하기 때문입니다"[1]라고 대답한다.

둘째 수도자는 충고나 훈계를 하지 않으며 질문에 대답하는 것으로 스스로 만족해한다. 이 대화의 결과 질문을 던진 첫째 수도자는 두 가지 다른 상황을 혼동하지 않게 된다.

가장 초보적인 수준의 분별은 차이를 인식하는 것이다. 이냐시오 성인은 『자서전』에서 자신이 체험한 최초의 분별에 대해 상세하게 언급한다. 그가 기사로서의 모험과 귀부인과의 결혼을 꿈꿀 때 행복하고 열광적이었다. 그러나 그 행복감은 얼마 가지 않아 불만의 감정으로 대치되었다. 그후 그가 하느님을 위해 위대한 일을 하고자 할 때 그는 다시 행복해지고 열광적이 되었다. 그리고 이 행복감은 지속적이었다. 오랜 세월이 지난 후 그는 그 체험을 회상하며 "나의 눈이 열리기 시작하면서 나는 그 체험의 차이에 대해 궁금해하고 그것에 관해 성찰해 본 결과, 어떤 생각들은 나를 슬프게도 하고 또는 기쁘게도 한다는 것을 인식하게 되었다"[2]라고 말한다. 이렇게 출발하여 이냐시오 성인은 하느님으로부터 오는 것과 잘못 인도하는 충동

---

1. *The Wisdom of the Desert Fathers: Apophthegmata Patrum from the Anonymous Series*, trans. and into. Sister Benedicta Ward, S.L.G., (Fairacres, Oxford: SLG Press, Convent of the Incarnation, 1975), p.32, no.101 참조.

2. Luis Goncalves Da Câmara, *The Autobiography of St. Ignatius of Loyola*, trans. Joseph F. O'Callaghan, ed. John C. Olin (New York: Harper Torchbooks, 1974), pp.23-4.

을 구별하는 데 평생을 보내게 되었다.

분별이란 결국 차이를 인식하고 또 차이를 인정하는 것 이상이 아님을 안다면, 그것의 단순함과 가치를 제대로 평가할 수 있다. 영적 지도자는 피지도자들로 하여금 기도할 때의 체험을 깨닫도록 도와줌과 동시에 체험을 분별하는 것도 도와 주어야 한다.

우리는 여기서 기도와 삶에서 하느님 체험의 진실성 여부를 판단하는 데 일반적으로 사용할 수 있는 기준이 무엇인가라고 질문할 필요가 있다. 모든 영적 체험이 하느님으로부터 오는 것은 아니다. 우리가 일상에 몰두하는 것이나 또 관념적 기도의 습관으로부터 탈피하는 것을 너무 기뻐한 나머지, 평소 우리가 이해하던 것 이상의 조화와 평온을 느끼게 하는 모든 체험을 소중히 여길 수 있다. 그렇지만 조화와 평온을 체험하게 될 때 우리가 하느님께 개방되는 것이 아니라 적어도 일시적으로는 하느님을 향한 움직임이 멈추게 된다.

예를 들어 예수님과의 친교를 더 깊이 깨닫게 된 어떤 사람이 기도중에 그를 매료시키는 추상적인 아름다움을 체험하게 되었을 때, 그가 자신의 반응을 인식하고 이것이 하느님께 대한 올바른 체험인지 스스로에게 물어보지 않는다면, 이 새로운 체험이 매혹적이기 때문에 그는 별 생각 없이 그 체험에 여러 날 또는 여러 주 동안 몰두해 있게 될 것이다.

이냐시오 성인은 『자서전』에서 이와 유사한 것이 자신에게 일어났다고 말하고 있다. 그는 자주 자신에게 큰 위안을 주는 아름다운 모습을 공중에서 보았다. "내가 보기에 그것은 눈은 아니지만 눈같이 반짝이는 것들을 많이 가진 독사의 형태를 하고 있었다. 내가 그것을 바라볼 때 큰 만족감과 위안을 얻었으며 좀더 오래 봄에 따라 그 위안은 증가되었다. 그것이 사라질 때 나는 슬펐다."[3] 그가 카도너 강에서의 하느님 체험 이후 곧바로 십자가 앞에 무릎을 꿇고 있을 때 그 모습을 다시 보았다. 그러나 이번에는 "그 물체가 평소의 아름다운 모습을 가지고 있지 않은 것"[4]을 깨닫고, 그는 자기 의지의 강한 확신으로써 그것이 악마로부터 왔음을 확실히 알게 되었다.

여기서 사람들이 어떤 체험이 하느님께 대한 체험인지 아닌지를 결정하기 위해 사용하는 한 가지 기준을 보여준다. 사람들은 하느님께 대한 체험이라고 스스로 확신하는 체험과 또 다른 체험을 비교한다. 그러고 나서 만약 두 체험이 어떤 점에서 일치하지 않으면 어느 체험을 받아들일 것인지 결정하게 된다. 많은 사람들은 하느님께 대한 기준이 되는 체험을 가지고 있다. 그 기준에 반대되는 것 같은 어떤 체험을 그들은 의심의 눈으로 바라본다. 그런 기준이 되는 체험 동안 하느님께서 그들에게 너무나 장엄하게 존재하셨기 때문에, 그들은 자신의 존재를 의심할 수 없는 것과 마찬가지로 그 체험을 의심할 수 없다.

기도중에 하느님과의 대화의 성격 또한 분별을 위한 기준으로 사용될 수 있다. 우리가 어떤 사람과 시작한 대화를 중단하게 될 때, 중단 자체가 그 관계에 중요할 수 있다. 우리는 대개 그렇게 한 것을 관계의 외적 상황을 둘러대어 변명하려는 경향이 있다. 예를 들어 "내가 피곤하고 지쳐 있었다"든지 "나는 그저 세상에 대해 분노하고 있을 뿐이다"라고. 그렇지만 관계 자체 안에서의 이유를 알 필요가 있다. 예를 들어 "그 여자가 나에게 마음의 상처를 주었기 때문에 어젯밤 그녀와 얘기하고 싶지 않았다"라고. 같은 입장에서 하느님과의 대화의 성격을 살펴본다면, 결과적으로 많은 것을 알 수 있다. 대개 다른 관계에서도 그렇듯이 하느님께 온화하게 말씀드리는 것이 하느님과 감정적 거리를 유지하려는 바람을 의미할 수도 있다.

---

3. Ibid., p.33.   4. Ibid., p.40.

만약 어떤 피지도자가 기도중에 하느님과 매력적이고 활기에 찬 대화를 한 체험이 있다면, 대화가 지루해지고 하느님이 멀리 계시는 것처럼 느껴질 때, 그 체험을 비교점으로 사용할 수 있다. 기도가 지루해지고 하느님과의 거리감을 느끼는 것은 대개 중요한 감정적 태도가 표현되지 않았기 때문이다.

피지도자는 자신이 깨닫고 있는 감정을 표현함으로써 지루한 대화에서부터 훨씬 더 다양하고 풍성한 대화로 옮겨갈 수 있다. 그러나 때때로 그는 자신에게 표현해야 할 감정이 존재한다는 것을 인식하지 못한다. 그러면 영적 지도자가 "지난번에 기도가 흥미롭고 흥겨운 것이라고 한 것을 기억합니까? 그때 무엇에 대해 말하고 있었던가요?" 또는 "그 주제가 어떻게 되었습니까?"라고 물어볼 수 있다. 대개 피지도자는 하느님과 자기 자신에 관한 주제가 떠올랐을 때 기도가 지루해졌고 또 자신이 그 지루함에 대한 이유를 더 이상 캐내지 않기로 마음먹었던 것을 깨닫게 된다. 그러나 그가 그 주제에 다시 되돌아갈 때까지 기도는 계속해서 지루할 것이다. 그가 깨닫고 있는 감정을 표현할 때, 지루했던 기도가 새로운 흥미를 불러일으키는 기도로 극적으로 변화하게 된다.

기도는 하느님과의 대화이기 때문에 기도와 기도 밖의 삶은 확고히 연결되어 있다. 예를 들어, 어떤 남자가 아내와의 관계에 대해 괴로워하면서도, 기도중에 자신의 괴로움에 대해 언급조차 하지 않는다면, 그의 기도는 매우 지루할 것이며 본인 스스로 기도중에 하느님과 함께하고 있지 않음을 알게 될 것이다. 하느님과의 대화의 성격에 주의를 기울임으로써 우리가 삶 안에서의 빛에 스스로 눈감고 있음을 분별하게 된다.

그래서 기도와 삶의 진실함에 대한 하나의 중요한 기준은 "대화가 잘 되고 있는가?"이다. 달리 말해 "나에게 의미있는 어떤 것을 하느님께 말씀드리는가? 하느님께서는 의미있는 어떤 것을 나에게 전달하시려고 하는가?" 만약 이런 질문들을 확실하게 대답할 수 없다면 피지도자는 무엇이 잘못되고 있는지 하느님께 물어볼 수 있다. "하느님께서는 제가 듣기 원하지 않는 어떤 것을 제게 말씀하시기를 원하십니까?"라고. 대화의 성격에 주의를 기울임으로써 피지도자는 하느님께 좀더 솔직하게 될 수 있다. 그 과정은 매우 간단하다. 우리가 내면에 깊이 자리한 진실과 삶에 관련된 태도를 표현하게 될 때, 기도는 활기차고 매력적인 것이 될 것이다. 그렇지 않다면 기도는 죽은 것이 될 것이다. 기도하기가 어려워지는 것은 대개 중요한 태도와 감정을 억제하기 때문이라는 사실을 잘 아는 영적 지도자는 피지도자가 성급히 "기도할 시간이 없습니다"든지 "바쁜 중에 겨우 기도했습니다"와 같은 말을 액면 그대로 받아들이지 않고 기도가 활기차 있었던 과거 체험에 대해 물어볼 것이다.

많은 크리스천들이 훌륭한 기도는 산만하지 않고 또 산만해서는 안 된다고 생각한다. 그들에게 평화는 하느님께 대한 그들의 체험이 진실한지를 결정하는 중요한 기준이 된다. 이 기준은 건전한 크리스천의 체험에 바탕을 두고 있지만 그것이 잘못 인식될 수 있다. 왜냐하면 평화는 두 가지 다른 의미를 가질 수 있기 때문이다. 평화가 하느님께 개방되고 하느님께 응답함으로써 고요히 느끼는 내적 자유를 의미한다면 그것은 예수님께서 최후만찬에서 사도들에게 남기신 평화와 같은 것이다. 평화는 또한 강력한 감정 특히 두려움과 분노와 실망과 거부감과 죄의식 등이 없는 상태를 의미할 수 있다. 만약 피지도자가 평화를 강렬한 감정들이 없는 고요한 상태로 이해하고, 이런 평화가 하느님께서 기도에 함께하시는 표시라고 믿고 있으며, 또 그가 이런 강렬한 감정들을 느끼는 것이 진정한 의미의 기도에서 벗어나는 것이라고 믿고 있다면, 그는 이런 강렬한 감정들에 주의를 기울이기보다는 오히려 억압하려고 노력할 것이다. 이 경우 피지도자가 자신의 기도를 단지 "평화로웠다"고 묘사하는 것은 그를 앞으로 나아가게 하는 실재로부터 도피하고 있는 모습을 보여준다. 좋은 기도가 항상 고요하다고 일반적으로 믿는 데 반하여 이냐시오 성인이 영적 지도자들에게 제시한 말은 놀랄 만한 것이다. 그는 영적 지도자가 피정을 시작할 때 피지도자에게 장기간 아무런 동요가 없는 기도를 체험하는지 묻도록 한다. 만약 이런 일이 있다면 영적 지도자는 피지도자에게 기도에 바치는 시간과 하루 중 어느 때 기도하는지 또 어떤 상황에서 기도하는지 등 기도의 습관에 대해 자세히 물어보아야 한다. 이냐시오 성인을 놀라게 하고 괴롭힌 것은 피지도자가 기도를 통해 느끼는 강렬한 감정이나 동요가 아니라 그가 장기간 아무 흔들림 없이 자기 몰두에 빠져 있다는 사실이었다.[5]

지난 몇 달 동안에 일어난 기도의 과정에 대해 피지도자와 토론하게 될 때, 이냐시오 성인이 염려했던 것을 어렴풋이 이해할 수 있다. 피지도자는 몇 주 또 몇 개월 동안 그들을 격려하거나 방해한다는 느낌을 체험하지 않은 채 기도할 수 있는 것 같다. 그의 기도에는 울퉁불퉁한 산꼭대기나 깊은 골짜기가 존재하지 않으며 심지어 완만한 언덕이나 웅덩이도 존재하지 않고 오로지 "평화"만이 존재한다. 매일매일의 삶이 고달프고 많은 선택의 기로에 있는 사람이 자신의 소중한 체험들과 더불어 전존재를 가지고 기도에 임한다면 그렇게 오랫동안 조금도 흔들리지 않는 평정을 계속 체험할 수 있다고 보기는 어렵다. 만약 피지도자가 이런 것들을 기도에 포함시키지 않는다면, 스스로에게 왜 자신이 기도할 때 이런 것들을 제외시키는지 물어보아야 한다. 이런 질문에 대한 정답은 없다. 물론 기도중에 살림살이를 걱정하고 다가올 사장과의 면담을 연습하라는 것은 아니다. 그렇지만 자신의 기도에 매일의 삶의 특성이 되는 감정적인 태도를 제외

---

5. Ignatius of Loyola, *The Spiritual Exercises of St. Ignatius*, trans. Louis J. Puhl, S. J. (Chicago: Loyola University Press, 1951), no.6, p.3.

시키고 있다면 그 이유를 아는 것이 중요하다. 예수님께서도 복음에서 우리에게 말씀하실 때 이런 감정을 언급하지 않으시는가? 우리는 이런 문제로 인해 우리의 삶이 평화롭지 못할 뿐 아니라 또 이런 감정들을 기도에 포함한다면 갈등을 불러일으킬 것을 어느 정도 의식하기 때문에 이것들을 기도에서 제외시키는 것이 아닌가? 하느님과의 대화인 기도에서 하느님께서 우리의 이런 태도를 만나시도록 함으로써 크리스천의 완전함에로 좀더 가까이 갈 수 있지 않을까?

피지도자가 삶에서 평범한 일상적인 선택을 하게 될 때, 예를 들어 자신을 못살게 구는 직장 상관을 향해 가지는 태도나 그에게 해를 끼치는 동료에 대한 태도 등의 감정들은 자발적으로 일어나게 되고, 또 하느님께 대안을 제시하려고 노력할 때마다 나타나게 될 것이다. 이런 문제에서의 선택은 어느 것이 옳고 그른가라는 추상적인 질문보다는 감정적 태도와 더 밀접하게 연관된다. 내가 편안하게 느끼는 사람이 아니라 나를 분노케 하는 동료가 크리스천 성장을 향한 도전이 된다. 크리스천의 선택은 강한 반항이나 심지어 혐오감을 불러일으킬 수도 있으며, 중요한 결단이 내려지기까지 기도중에 동요가 일어나게 된다. 만약 기도에서의 모든 동요를 피하는 것이 기본 원칙이라면 우리는 결코 선택할 수 있는 기회를 가지지 못할 것이다. 하느님으로부터 오는 충동과 궁극적으로 해가 되는 충동의 차이를 가려낼 수 있는 분별의 능력은 약간의 동요를 지닌 기도의 분위기 안에서 발전될 수 있다. 피지도자가 기도중에 동요를 느끼는 것은 그가 자신이 처한 상황을 직면하고 있다는 것을 의미한다.

그렇지만 하느님의 인도하심을 인식하게 되는 여정에서 동요를 예상한다면, 동요가 일어날 때 하느님의 활동에 의한 것인지 아니면 우리 자신의 게으름과 두려움과 무가치함에 의한 것인지 어떻게 알 수 있겠는가? 다시 한번 관계 자체의 역동이 도움이 될 수 있다. "내가 이런 중요한 감정들을 하느님께 표현하고 있는가?"라고 스스로에게 물어볼 수 있다. 만약 표현하고 있지 않다면 무엇이 표현하는 것을 가로막는지 스스로에게 물어봐야 한다. 우리는 하느님의 치유에 우리를 개방하려는 선택이나 예수님과의 친교를 육성하려는 선택을 가로막는 수많은 감정들을 하느님께 명확하게 표현하기를 꺼려한다. 이런 감정들을 하느님께 표현하지 않는다면 이것들은 우리 안에 계속 머물러 있게 되며, 우리 자신을 하느님으로부터 고립시키게 된다. 우리가 느끼는 모든 것을 하느님께 말씀드릴 수 있게 될 때 이런 감정들은 더 이상 우리에게 분심을 일으키지 않을 것이다.

우리가 하느님께 응답하려고 노력하며 세상을 위한 하느님의 활동에 그분과 함께하기를 원할 때, 우리를 방해하는 요소들은 악이 아니라 단순히 우리를 멈추게 하여 하느님과의 대화를 가로막고, 우리가 하고자 하는 선한 일을 하지 못하게 하는 것들이다. 예를 들어 예수님을 하느님으로서뿐만 아니라 인간으로서 점차 자유롭게 수용하게 된 어떤 사람이 "예수님께서 기도중에 나에게 말씀하시리라고 예상하는 나는 과연 누구인가?"라든지 "결국 우리 삶의 안전을 보장하는 것은 기도에서 일어나는 것이 아니라 교회의 가르침이 아닌가?"와 같은 질문 때문에 예수님과의 대화에서 자주 분심이 일어나는 것을 알게 된다. 이것들은 하찮은 질문이 아니다. 그렇지만 기도중에 이런 질문들을 깊이 생각함으로써 나타나는 결과는 다만 하느님과의 대화의 중단일 뿐이다.

내가 선을 행하지 못하도록 가로막는 것이 무엇인가라고 스스로에게 물어본다면, 그것은 악에 대한 충동이 아니라 친구나 동료들에게 다르게 생각될 것이라는 두려움이거나 "내 주변의 사람들에게 친절하게 대하며 정열을 쏟는 것이 정말 가치있는 일인가?"와 같이 대답될 수 없는 질문일 수 있다. 창조적인 크리스천의 결정을 내리지 못하도록 가로막고 있는 똑같은 질문이 십 년 전에도 또한 그 사람을 움직이지 못하도록 했었다. 우리가 하느님께 응답하는 것을 가로막고 있는 내면의 투쟁은 무척 끈질긴 것으로 이런 똑같은 질문이 수십 년 동안 계속해서 하느님과의 대화를 가로막을 수 있다. 이런 질문들이나 내면의 논쟁은 대답을 유도하지 않으면서 다만 하느님께로 향한 움직임을 멈추게 한다는 사실에서 이것들을 인식할 수 있다.

신앙 체험의 진실성을 결정하는 또 다른 일련의 기준은 바울로 사도가 갈라디아서에서 말한 대로 "성령께서 맺어 주시는 열매는 사랑, 기쁨, 평화, 인내, 친절, 선행, 진실, 온유 그리고 절제입니다. 이것을 금하는 법은 없습니다"[6]라는 것이다. 그렇지만 이런 기준은 쉽게 측정될 수 없다. 각각의 반응은 성령의 활동을 나타내지 않는 다른 반응으로 그릇 인식될 수 있고 또는 심지어 성령의 활동을 거스르는 반응이 될 수 있다. 예를 들어 어떤 결정을 내린 데 대한 안도감이 성령의 평화처럼 보이고[7] 분별없이 황홀해하는 것이 기쁨처럼 보이며 무감동이 때로는 인내처럼 보일 수 있다. 이런 체험들을 대면하면서, 영적 지도자는 "그렇다면 우리가 어떻게 할 수 있겠는가?"라는 질문으로 되돌아가게 된다.

이 질문이 실제적으로 중요하다. 그러나 어떤 객관적 기준이 없다면 영적 지도자 자신이 선호하는 것만을 격려하게 되어 궁극적으로 피지도자의 성장을 가로막게 될 것이다. 예를 들어 영적 지도자에게 겸손하게 순종하는 것의 영적 가치를 어떻게 판단할 것인가? 전통적으로 영적 지도자에게 겸손하게 순종하는 것을 영적 성장의 표시로 생각해 왔다. 그렇지만 피지도자의 영적 여정에서 볼 때 겸손과 순종으로 보이던 것이 단지 개인적 책임을 회피하고 있는 경우임을 보아 왔다. 또한 인내의 성장처럼 보이는 것이 분노의 강력한 억압의

---

6. 갈라 5,22-23.
7. Ladislaus Orsy, "Toward a Theological Evaluation of Communal Discernment", *Studies in the Spirituality of Jesuits* 5, no.5 (1973), pp.173-5와 비교.

결과일 수 있고, 나중에 그 자체가 좌절감과 우울함 그리고 기도중에 장벽을 대하고 있는 느낌 등으로 완곡하게 나타나게 될 것이다. 궁극적으로 그가 사랑하고자 한다면 분노를 대면하고 또 이 억압이 해소되어야만 할 것이다.

다른 기준을 살펴보자. 바울로 사도가 말한 성령의 열매들은 절대적이고 완벽한 것으로 나타난다. 그러나 실제 체험에서 성령의 열매들은 그렇게 나타나지 않고 오히려 발전의 과정을 거치며 때때로 꾸준히 성장하지 않을 때도 있다. 그렇지만 그 근원이 성령의 활동일 때 이 열매들은 한꺼번에 나타난다. 사랑과 기쁨이 나타난 한참 뒤에 인내가 나타나는 것이 아니라 인내는 초보적인 형태이지만 사랑과 기쁨과 함께 나타난다. 그러나 성령의 열매들이 성숙하는 속도는 똑같지 않을 수 있다. 여러 달 동안 기쁨보다는 온유가 더 분명하게 드러난다. 그렇지만 온유가 결코 기쁨의 성장을 가로막지 않는다. 즉, 이 "열매"들은 절름발이식으로 갈등을 일으키는 요소가 아니라 일관된 성숙을 향해 나아간다. 만약 성령의 열매들간에 갈등이 있거나, 하나가 완전히 결여되어 있다면 영적 지도자는 환상을 의심해야 한다. 예를 들어 대개 자아를 조절하려고 억지로 노력하게 되면, 경직하게 되고 자발성과 기쁨이 결여되며 평화를 잃게 된다. 이런 자아 조절은 환상적이라고 쉽게 판단할 수 있다.

이런 기준은 강조되어야 한다. 이것들은 궁극적인 열매들이다. 이것들은 지속적인 행복감을 불러일으킨다. 근본적인 기쁨과 평화와 위로는 기도를 평가하는 최상의 기준이다.[8]

마지막으로, 구체적 상황에서 이런 기준들을 사용할 수 있는 영적 지도자의 능력은 그가 직관적으로 기준 자체를 파악하는 것과 상대

---

8. Josef Sudbrack, *Beten Ist Menschlich: Aus der Erfahrung Unseres Lebens mit Gott Sprechen* (Freiberg im Breisgau: Herder, 1973), p.220.

방의 성숙을 직관적으로 인식하는 것에 의존한다. 예를 들어 만약 영적 지도자가 진정한 평화와 긴장으로부터 벗어나는 것과의 차이를 체험으로 알지 못한다면 피지도자에게 평화가 나타날 때 이것이 도움이 되는 기준임을 알지 못할 것이다. 영적 지도자가 직관적으로 인내를 이해하지 못한다면, 성령께 대한 반응으로써 우울을 인내하고 있을 뿐인 피지도자에게서 활발한 기쁨을 찾으려고 할 것이다.

영적 지도자가 개인적으로 자신의 성숙을 체험하며 스스로 이런 기준들을 사용하면서, 또 예상하지 않았던 다양한 방식으로 성령의 활동을 통해 드러나는 표시들을 사람들에게서 더 많이 보게 됨에 따라 전망이 넓어지고 공감대가 형성된다. 하느님께 대한 다른 사람들의 체험을 듣고 또 스스로 새로움과 독창성을 인식하게 되면서 영적 지도자 자신의 범주가 넓혀지고 다양해지게 된다.

우리 모두는 선호하는 영성생활의 모습들을 가지고 있다. 영적 지도자가 개인적으로 아씨시의 성 프란치스꼬같이 카리스마적이고 서정적인 인물보다는 닥 함마슐드(Dag Hammarskjöld)나 교황 비오 10세같이 헌신적이며 유능한 행정관을 선호할 수 있다. 이런 선호도가 영적 지도에 영향을 미칠 필요는 없다. 그러나 만약 그를 찾아오는 모든 프란치스꼬회 수도자들을 영적으로 미성숙했다고 본다면 영적 지도는 어려움을 겪게 될 것이다.

영적 성장의 초기 단계 이후에 나타나게 되는 또 다른 기준이 있다. 그것은 피지도자 자신이 조종할 수 없는 분으로서 하느님을 알게 되는 것이다. 이 기준 역시 내적이다. 하느님께서 새로운 모습으로 나타나실 때 피지도자는 기도중에 놀라움과 불안을 체험하게 된다. 예를 들어 피지도자가 체면을 유지하기 위해 거짓말을 한 후에도 여전히 하느님께서 자신을 바라보시는 것을 체험하고 이 새로운 체험을 통해 위안을 받지만 동시에 놀라게 된다.

이렇게 현존하시는 하느님께서 나의 조종 능력 밖에 계시다는 것을 체험하게 되는 것은 모든 사람들과 세상을 보살피시는 분으로서 예수님을 체험할 때 정점에 달하게 된다. 모든 크리스천들이 의식적으로나 무의식적으로 현존하시는 하느님과 세상을 보살피시는 예수님을 체험하게 됨으로써[9] 다른 사람들의 반대에도 불구하고 자신의 확신에 따라 살아갈 수 있는 능력과, 사회 경제적 계급을 초월하여 나타내 보이는 동정심과, 현존하시는 하느님께 대한 깊은 신뢰와, 악에 대항하는 전투에 참여하고자 하는 의지와, 죽음을 무릅쓰고 정의와 자비를 위해 싸우려는 의지와, 그런 죽음을 받아들이며 부활을 하느님께 맡겨두는 의지를 체험하게 된다.

토마스 머튼의 사례가 이 뜻하는 바를 잘 묘사해 준다. 그는 게쎄마니 수도원에 들어가려는 희망으로 그곳에 가는 도중에 느낀 심정에 대해 이렇게 언급한다.

> 신기한 노릇이었다. 갈수록 수도원에서 살고 싶은 소망이 믿을 수 없을 만큼 커졌고 그 한 가지 생각만 끊임없이 떠올랐다. 내적 평화가 다른 걱정이나 불안을 멀리 밀어버리고 있었다. 수도원에서 나를 받아주지 않으면 어떻게 할 것인가? 군대에 가면 그만이다. 군대에 가면 불행해질까? 반드시 그렇지는 않을 것이다. 수도원 입회가 거부되어 징집당하면 그것이 하느님 뜻이리라. 나는 내 힘으로 할 수 있는 모든 것을 다했으니 그 나머지는 하느님 의향에 달렸다. 봉쇄구역 안에 살고 싶은 소망이 엄청나게 점점 더 강렬해짐에 따라 혹시 수도원에 못 들어가고 육군에 입대하게 될지도 모른다는 염려가 조금도 괴롭지 않았다.

---

9. David M. Stanley, "Contemplation of the Gospels, Ignatius of Loyola, and the Contemporary Christian", *Theological Studies* 19 (1968), 417-43.

> 나는 자유로웠다. 나는 나 자신에게 속하지 않고 하느님께 속하였
> 다. 하느님께 속한다는 것은 이 지상의 온갖 불안과 걱정과 비애, 그
> 리고 사물에 대한 애착으로부터 해방되어 자유롭다는 것을 뜻한다.[10]

머튼은 모순적인 상황을 설명하고 있다. 그의 바람이 강렬하면서도 그 바람에 대한 좌절을 흠없이 받아들이고자 한다. 이제 그는 스스로의 결정을 내린 후 자신의 미래를 그를 사랑하고 계시는 하느님께 맡겨 둔다.

하느님과 예수님께 대한 체험을 언급하면서 크리스천 전통이 특정한 상황에서 인도하시는 분이 하느님이신지 아닌지 분별할 수 있는 마지막 기준이 있다. "이것이 하느님께서 하시는 일인가?"와 "예수님께서 이렇게 하실 것 같은가?"라는 질문으로 요약될 수 있다. 해석학적 의미나 외형적 모형에 집착함으로써 이 질문들이 왜곡될 수 있다. 그렇지만 이 질문들이 적절하게 사용된다면 무엇이 하느님께 관한 것인가를 분별하는 데 매우 큰 도움이 될 수 있다. 이 질문들에 대한 적절한 예를 4세기의 성인 전기인 『성 마르티노의 생애』[11]에서 볼 수 있다. 마르티노 성인은 영상을 보았고 이 영상이 진정으로 하느님께로부터 온 것인지를 분별해야 했다. 이 영상에서 예수님께서 로마 황제의 복장을 하고 있었기 때문에 그는 이것이 하느님께로부터 온 것이 아니라고 판단하게 된다. 마르티노는 "나는 예수님께서 수난의 의복을 입고 계신 것을 볼 때에만 예수님께서 오셨다는 것을 믿을 것이다"라고 결론을 맺는다.

---

10. Thomas Merton, *The Seven Storey Mountain* (New York: Harcourt, Brace, 1948), p.370. 번역은 성 바오로 출판사의 『칠층산』(정진석 옮김, 1976)에서 인용.
11. Sulpicius Severus, *Life of Saint Martin, Bishop and Confessor*, trans. Bernard M. Peebles, in *The Fathers of the Church* 7, (New York: Fathers of the Church, Inc., 1949), p.136.

마르티노의 질문인 "이것이 하느님께서 하시는 일인가?"를 우리도 역시 사용할 수 있다. 만약 우리가 많은 선을 행하더라도 사람들에게 해가 되며 심지어 파괴적이기까지 한 결과를 유발할 방향으로 인도되고 있다면, 이 방향이 하느님께서 택하실 방향이 아니라고 결론지어 마땅하다.

교부들은 크리스천을 하느님을 모방하는 자로 묘사한다. 크리스천들은 다른 사람의 짐을 기꺼이 질 것이며, 다른 사람들이 자기들을 섬기도록 자신들의 부와 권력을 사용하지 않을 것이다. 이런 행동이 윤리적인 삶과 갈등을 일으키기 때문이 아니라 이것이 하느님께서 행하시는 방식이 아니기 때문이다.

그러나 이 기준의 가치는 내가 하느님께 대해 얼마나 잘 알고 있는가에 달려 있다. 만약 내가 하느님을 이 세상의 일을 염려하시는 분으로 보지 않는다면, 다른 사람의 선에 관심 가지도록 나를 움직이시는 하느님을 인식하지 못할 것이며 내가 줄 수 있는 어떤 것을 필요로 하는 가난한 사람들에 대한 관심을 무시해 버릴 것이다.

이냐시오 성인이 "차이를 알아낼 수 있는" 능력을 가지게 된 것은 그가 하느님을 위해 훌륭한 일을 하기를 원했기 때문이다. 그는 삶을 단순히 잘 사는 데 관심을 둔 것이 아니라 하느님께서 원하시는 훌륭한 일이 무엇인가를 찾으려고 노력했기 때문에 예수님의 삶을 바라보게 되었고 거기에서 그의 질문에 대한 답을 발견하게 되었다. 하느님께서 세상을 염려하셨기 때문에 아들을 보내셨다. 하느님의 아들은 이 세상을 염려하셨기 때문에 비록 자신에게는 손실을 의미했지만 이 세상을 위해 자신을 내놓으시고자 했다. 예수님을 관상함에 따라 이냐시오 성인은 예수님의 마음과 심정과 가치를 받아들이고 예수님께서 사신 것처럼 살기를 바랐다. 예수님께 대한 지식과 사랑이 성장함에 따라 그는 하느님으로부터 오는 충동과 그렇지 않은 충동의 차이를 점차 분별할 수 있게 되었다.[12]

기준을 무엇 때문에 사용하는가? 이것이 피지도자가 처해야 할 상황이나 그가 지녀야 할 이상을 묘사하는가? 만약 영적 지도자가 기준을 이런 방식으로 본다면, 피지도자의 성장을 성령의 활동 대신 자신의 기준으로 측정하게 되며, 피지도자를 막다른 골목으로 인도하게 된다. 그는 실제적이 아닌 추상적인 모습으로 영적 지도의 발전을 보게 될 것이다. 영적 지도자에게 기준이 필요한 이유는 영적 지도자가 이런 기준들을 바탕으로 하여 영적 지도가 하느님과 사람들을 향하는 것인지 분별하게 되고 또 피지도자로 하여금 같은 판단을 내리도록 도와 주기 때문이다. 영적 지도자는 하느님과 피지도자 간의 대화에서 부차적 인물이다. 주된 인물은 영적 지도자가 아니다. 그러나 그는 영적 지도의 과정이 선으로 향하는지 악으로 향하는지 분별할 책임과 또한 피지도자 자신이 그것을 분별하도록 도와 줄 책임이 있다. 피지도자는 환상을 피하는 데 도움받기를 원한다. 영적 지도자가 성장함에 따라 성령의 활동이나 피지도자의 책임을 방해하지 않으면서 이 책임을 완수하는 것을 배우게 될 것이다.

영적 성장이 기본적으로 내적이기 때문에 그것을 관찰하는 기준도 필연적으로 내적이다. 그렇지만 대부분의 영적 지도자들은 외적인 행동이나 반응으로 나타나 보이지 않는 내면의 삶에는 흥미가 없을 것이다. 내적 기준이 너무 다양할 뿐만 아니라 또 하느님과의 진정한 관계는 외적인 삶과 내적인 삶의 일치를 향해 나아가기 때문에 약간의 외적 표시가 필요하다.

이런 외적 표시가 부차적 위치에 머물러 있기만 하다면 내적 기준을 사용하는 보완책으로서 매우 유용할 수 있다. 예를 들어 크리스천의 영성 전통은 신비주의자가 한번도 공동체를 위해 설겆이를 한

---

12. 분별의 성장은 *Autobiography of St. Ignatius of Loyola*, op. cit.의 가장 기초적인 주제이다.

적이 없다면 신비적 기도의 진실성을 강력하게 의심한다. 피지도자가 어떻게 다른 사람과 관계를 맺으며 단순히 그가 반응한다고 생각하는 것이 아니라 실제로 그가 어떻게 공동체와 가족들에게 반응하는가에 대한 어떤 표시가 피지도자 내면의 진실성을 분별하는 보완책이 될 수 있다.

크리스천 영성 전통은 또한 신비주의자가 자신의 내부 음성 이외의 다른 음성을 듣는 것을 거부할 때 신비적 기도의 진실성을 의심한다.[13] 진실한 신앙 체험은 개인과 공동체의 일치를 향해 나아가고 다른 음성 특히 교회에서의 합법적인 권위의 음성에 개방되도록 한다. 진실한 순종이란 내적·외적 음성을 둘 다 충실하게 듣는 것을 의미하며, 하나를 제쳐놓고 다른 하나를 받아들일 수 없기 때문에 이런 개방이 긴장과 투쟁을 유도하기도 한다. 다른 음성 특히 합법적인 권위의 음성을 듣지 않으려는 의도는 그 사람의 기도가 어느 지점에서 그를 자유롭게 하는 것을 멈추었다는 표시이다.

대체로 내적 삶과 외적 실재간에는 상호 작용이 있다. 왜냐하면 이것들은 구분되는 것만큼이나 동일하기 때문이다. 하느님께 대한 피지도자의 내적 반응에서의 성장은 대개 그의 외적 삶, 즉 그의 관계와 그의 활동의 성격과 방향 및 그가 내리는 삶의 선택들에서 나타나 보인다는 것을 영적 지도의 체험을 통해 깨닫게 된다. 외부로 향하는 크리스천의 발전이 없다면 그의 내적 발전에 바르지 못한 어떤 것이 존재함을 알게 될 것이다.

성령의 활동과 인간의 동기가 너무나 다양하고 많은 다른 수준에서 작용하며 또 너무나 내적이어서 외적 활동 자체를 기준으로서 사용할 수 없다. "그것의 열매로써 그것을 알 수 있을 것이다"[14]라고

---

13. Karl Rahner, *The Dynamic Element in the Church* (New York: Herder and Herder, 1964)와 비교.
14. 마태 7,20.

하지만, 영적 지도자가 피지도자의 내적 성장에 대한 어떤 감각을 가지고 있지 않다면, 영적 지도자는 대개 성령의 외적 열매를 분별할 수 없다. 매주 주일미사에 참석하지 않는 평신도나 본당 업무를 소홀히하는 사제가 모든 것을 "올바르게" 하는 사람보다 하느님과의 관계에서 훨씬 생동감있게 보일 수 있다. 만약 영적 지도자가 외적 기준을 일차적인 것으로 여긴다면, 그가 외적 기준의 구조를 제공함으로써 피지도자의 내적 성장을 가로막게 된다. 피지도자는 영적 지도자가 제공하는 기준에 맞추어야 한다고 느끼게 되고 또 그 기준을 하느님께 대한 유일한 반응이라고 받아들이게 된다. "나는 영적 지도자가 하라고 하는 것을 모두 했다"라는 것은 그 피지도자의 영적 지도에 있어서 매우 절망적인 말이다.

또한 성령의 활동은 대개 놀랍고 영적 지도자의 개인적 예상을 뒤엎는 것이라고 생각할 수 있다. 실제로 피지도자가 하느님과의 순수하고 활기에 찬 관계 안에서 살고 있다면 그의 행동이 때로는 영적 지도자를 놀라게 하고 심지어 낙담하게 할 수도 있다. 만약 영적 지도자가 그 기준을 외적인 반응에 둔다면 이런 독창성의 중요성을 과소평가해서 성령을 가로막는 경향이 있을 것이다.

체험에서의 이런 모든 기준들은 상태라기보다는 과정이기에 내면적인 삶이 진정 활기에 차 있을 때 이것들은 성장의 표현으로서, 즉 오르내리며 움직이고 때로 도약하기도 하고 때로는 고요하기도 함을 기억해야 한다. 그러므로 변화와 불안과 저항이 항상 부정적 표시만은 아닐 것이다. 피지도자의 삶이 크리스쳔 성숙을 향해 성장함에 따라, 그의 삶이 점차 완전해지고 풍성해지는 것이 중요한 긍정적 표시가 될 것이다. 실수를 저지르고 또 막다른 골목을 접하게 될 것이지만 이런 긍정적인 표시를 기준으로 하여, 피지도자는 자신의 길을 발견할 수 있고, 자신이 가지고 있는 하느님과 자신과 세상에 대한 환상적인 모습은 하느님과 삶과의 접촉에 의해 교정될 것이라고 확신할 수 있다.

개별적으로 영적 지도를 하는 영적 지도자들이 함께 모여 그들의 활동에 대해 토론하는 모임에 대한 관심이 높아지고 있다. 이런 비공식적인 공동체에서의 교환을 통해 영적 지도자는 매우 다양한 성령의 활동 범위를 인식할 수 있다. 성령께서는 공동체를 통해 영적 지도자들의 개인적 한계를 무너뜨리시고 그들의 시야를 넓혀 주신다.

〈제3부〉

영적 지도자와 피지도자와의 관계

8

영적 지도자가 되려면

개인적인 하느님과의 만남의 성장을 목적으로 하는 영적 지도는 크리스천 삶의 중심적인 활동임이 분명하다. 무슨 권위로 영적 지도자가 이 활동을 하는가? 교회 내에 영적 지도자라는 직위나 영적 지도를 맡고 있는 수도회는 없다. 시에나의 성녀 가타리나와 이냐시오 성인 같은 교회 역사에서 매우 두드러진 몇몇의 영적 지도자들은 특정한 직위를 가지지 않았거나 또는 그들이 어떤 직위를 가지기 전에 대부분의 영적 지도 활동을 했다. 일반적으로 말해 유능한 영적 지도자는 크리스천 공동체에 의해서 발견된다. 왜냐하면 다른 사람들이 먼저 그들에게 도움을 요청하지 않았다면 그들은 자신들을 드러내지 않았을 것이기 때문이다. 일반적으로 사제나 사목자들이 교회 내에서 공식적으로 지도자로서 두드러지기 때문에 대부분 그들이 영적 지도자로서 요청을 받게 된다. 그러나 영적 지도자가 되기 위해 서품을 받아야 할 필요는 없다. 그렇다면 신앙 공동체인 교회와 영적 지도자의 관계는 무엇인가?

  영적 지도에서 일어나는 것을 좀더 자세히 관찰함으로써 영적 지도가 교회 공동체와 어떤 연관이 있는가를 더 분명히 알 수 있다. 피지도자가 무엇을 하거나 무엇을 받든간에, 그는 하느님과 자신과의 관계에 관한 어떤 것을 교회의 다른 구성원에게 전달한다. 그는 자기 내면의 삶을 하느님과 하느님의 백성들로부터 고립시키지 않으며 영적 지도자라는 사람을 통해 자신의 삶을 털어놓으며, 크리스천 공동체의 구성원으로서 영적 지도자와 피지도자는 서로의 믿음을 나누게 된다. 특별한 카리스마나 지식이나 재능의 유무에 관계없이 영적 지도자는 피지도자가 하느님과의 관계를 살펴보고 자신의 여정을 밟아 나가도록 기회를 마련해 준다. 비록 영적 지도자가 아무 말도 하지 않지만 그가 듣고 있다는 사실이 피지도자로 하여금 자신의 체험을 공동체와 나눌 수 있게 하고 그 체험 자체를 고립시키지 않게 한다. 피지도자가 자신의 체험을 나누지 않고 고립시킬 경우 결국 체험의 진실성을 파악하지 못하거나 잘못 이해할 수 있다.

영적 지도자가 크리스천 공동체의 삶을 의식하고 또 체험으로 이루어진 공동체와 하느님과의 관계 및 공동체와 모든 실재와의 관계에 대해 더 많이 알고 있다면 피지도자에게 더 큰 도움이 될 것이다. 영적 지도자의 권위는 기본적으로 하느님과의 대화를 체험한 크리스천 공동체 안에서 신앙생활을 나누고자 하는 사실에 바탕을 둔다. 이것은 영적 지도자로 하여금 먼저 피지도자와 형제자매가 되게 하여 창조적인 대화의 분위기를 마련하고, 또 현대 영적 지도의 특성이 되는 비공식적이고 비권위적인 기본요소를 제공한다.

피지도자가 영적 지도자에게 신뢰를 두는 근본 바탕은 영적 지도자가 신앙 공동체의 구성원이라는 점이다. 피지도자는 하느님과 자신과의 관계에서 성장을 도와 줄 형제자매에게 자신의 신뢰를 둔다. 바로 이 점을 강조하고자 한다. 신뢰는 수많은 기초에 바탕을 둘 수 있다. 예를 들어 우리는 어떤 사람이 교회에서 높은 직위를 가지고 있기 때문에, 어떤 사람이 키가 크고 풍채가 좋기 때문에, 또 우리가 존경하는 사람들이 어떤 사람을 신뢰할 만하다고 말했기 때문에, 상대방을 신뢰할 수 있다. 그렇지만 이 신뢰가 궁극적으로 영적 지도자로서 신뢰할 만하다는 자신의 체험에 바탕을 두지 않는다면, 그 관계는 현대 영적 지도의 특성이 되는 형제자매적 관계가 결코 되지 않을 것이다.

모든 크리스천들, 또한 모든 사제들이 영적 지도자로서 적합한 것은 아니다. 예를 들어 가톨릭 사제직에 대한 최근의 연구 보고는 대부분의 사제들을 아래와 같이 묘사한다.

> 성숙치 못한 사제들이 그들의 심리적 성장의 결핍을 나타내 보이는 주된 영역은 다른 사람과의 관계에서이다. 그 관계는 일반적으로 거리감이 있고, 지나치게 세련되어 있으며, 대개 사제 자신이나 상대방 모두에게 흡족하지가 않다. … 그들은 별로 친한 친구가 없고 … 이런 사제들은 자신의 개성을 통해서가 아니라 오히려 사제직의 역할을 통해 스스로를 알고 있는 경향이 있으며, 수동적이며 과장된 친절함을 나타내 보인다. 그들은 스스로를 신뢰하지 않고 가치없다고 느끼며 자신이 가진 모든 능력을 최대한 사용하는 것을 꺼려한다. 놀랍게도 그들은 개인 신앙의 깊은 수준의 믿음을 말로 표현하지 못한다.[1]

이런 사제들은 이 책에서 보여주는 방식의 영적 지도자가 되기란 무척 힘들 것이다. 왜냐하면 이런 사제들은 바로 관계의 영역에서 가장 큰 어려움을 겪고 있기 때문이다. 그들은 영적 지도를 요청하는 성숙한 사람들의 신뢰를 비교적 얻지 못할 것이다. 이런 사제들은 또한 하느님께 대한 사랑의 체험이 많지 않기 때문에 사랑의 하느님을 피지도자에게 거의 전달할 수가 없는 것 같다. 이런 성숙하지 못한 사제와 같은 특성을 지닌 사람들은 그들이 겪고 있는 발달의 지연을 극복할 때까지 영적 지도 활동을 하지 못하도록 해야 한다. 왜냐하면 그런 사람에 대한 신뢰는 하느님과 다른 사람과의 관계에서

---

1. Eugene C. Kennedy and Vincent J. Heekler, *The Catholic Priest in the United States: Psychological Investigations* (Washington, D.C.: United States Catholic Conference, 1972), pp.9-11. Kennedy와 Heekler는 전체 인구를 대상으로 같은 조사를 할 경우 미성숙한 사람의 비율은 사제들 집단의 경우와 같은 비율을 보일 것이라는 점을 분명히한다.

성장하는 형제자매로서의 체험에 바탕을 둔 신뢰가 될 수 없기 때문이다.

다른 사람들의 신뢰를 받게 되는 사람들은 앞의 연구 보고에서 성숙한 사람이라고 묘사한 사람들이다. 그들은 완전하지 않으나 비교적 성숙해 있으며, 사람들과 함께 삶에 참여하고 있다는 표시를 보여준다. 그들은 낙관적이나 천진난만하지 않고, 유머러스하나 광대는 아니다. 그들은 고통을 받았으나 고통에 짓눌리지 않았고, 사랑했고 사랑받았으며, 다른 사람의 친구가 되려고 노력하는 것이 힘든 것임을 알고, 절친한 친구들이 있다. 그들은 그들 자신과 다른 사람의 실패와 죄많음을 체험했으나, 실패나 죄의 힘보다 더 큰 힘에 의해 자유롭게 되고 구원된 체험을 나타내며 스스로 편안해한다. 그들은 빛과 어둠과 신비를 가진 삶을 비교적 두려워하지 않는다.

또한 영적 지도자는 공동체로서뿐만 아니라 개인적으로 사람들과 의사전달하시려는 하느님의 능력과 바람에 대한 깊은 믿음이 필요하다. 그가 지속적으로 영적 지도 활동을 할 만큼 확고한 믿음이 되려면, 그 믿음은 그 자신의 하느님께 대한 체험에서 우러나오는 것이어야만 한다. 그런 체험에 바탕을 둔 믿음은 하느님께서 의사전달하시기를 바라지 않는 사람은 아무도 없다는 가정을 기초로 한다. 영적 지도자는 모든 실제 안에서 그와 의사전달하시는 분으로서의 하느님을 체험했고, 이 체험이 다른 모든 사람들을 위한 도움의 근거가 된다.

이런 체험에 바탕을 둔 확신 때문에 영적 지도자는 하느님께서 모든 유형의 사람들을 대하는 방식에 개방되게 되고 또 그 방식들을 발견하고자 갈망하는 관상적 태도에 이르게 된다. 하느님의 구원적 사랑과 도전적 존재에 대한 자신의 체험 때문에, 그는 하느님께서 어떻게 다른 사람들과 의사전달하셨고 또 의사전달하시는지 궁금해한다. 하느님께 대한 영적 지도자 자신의 체험에 한계가 있음을 인식하고, 그는 하느님께 대해 더 많이 알기를 바라고, 또 다른 사람들로부터 하느님께 대한 체험을 들음으로써 그분께 대해 더 많이 배우기를 바란다. 영적 지도자가 하느님을 믿고 또 다른 사람들에게 향한 하느님의 현존을 믿기 때문에 신뢰를 받게 된다.

또한 영적 지도자는 자신의 기도와 또 영적 지도를 받아온 자신의 체험을 통해서 발전된 관상적 태도 때문에, 새로운 것과 놀라운 것에 더 개방적이 되고 덜 저항적이 될 수 있다. 다른 말로 관상적 태도 때문에 그는 다른 사람의 체험을 더 잘 들을 수 있고 또 그것으로부터 배울 수 있게 된다. 영적 지도자는 피지도자의 실제 기도 체험에 대하여 듣기를 원하지만, 그럼에도 불구하고 피지도자가 하느님과의 체험을 털어놓는 데는 상당한 시간이 필요하며 때로는 여러 해가 걸릴 수 있다고 알고 있다.

관상적 태도를 통해 영적 지도자는 빛이 피지도자에게 있는 어둠을 극복할 것이라고 믿게 되었다. 그는 스스로 두려움과 어둠과 악령을 체험했고, 또한 그것으로부터 구원된 것도 체험했다. 그는 먼저 사랑하시는 분,[2] 그가 죄 때문에 죽어 있을 때도 사랑하시는 분[3]으로서의 하느님을 체험했고, 또 우유부단함과 사랑과 증오, 욕망과 두려움, 이기심과 이타심을 가진 그를 사랑하시는 분으로서의 하느님을 체험했다. 그는 그런 하느님께 대한 체험에 의해 스스로를 사랑하게 되었고 또 변화하게 되었다. 그래서 그는 하느님께서 비슷한 일을 다른 사람들에게도 하실 것이라고 신뢰하게 되었다. 달리 말해 그는 자신들과 같은 모든 사람들을 사랑하고 구원하시는 하느님을 체험했기 때문에, 사람들을 덜 두려워하고 또 사람들의 어두운 면을 덜 두려워하게 되었다.

---

2. 1요한 4,10.   3. 에페 2,1-10.

이런 태도는 사람들에 대한 지나친 낙관주의가 아니다. 스스로를 사랑받는 죄인으로 체험한 사람들은 곧바로 죄인으로서의 스스로를 체험했다. 그들은 자신들의 걷잡을 수 없는 악의 경향과 강력한 두려움을 체험했지만, 그들 스스로 어둠이 빛을 이길 수 없다는 것[4]과 "죄가 많은 곳에는 은총도 풍성하게 내렸습니다"[5]라는 것을 체험했다. 그들은 "자신의 단점과 죄악과 한계를 알지만" 그것 때문에 그들의 희망이 무너지지 않는다.

피지도자들도 영적 지도자들과 마찬가지로 단점과 한계를 가진 다양한 사람이라는 것을 강조할 필요가 있다. 사람들은 생동감에 넘칠 수도 있고 지쳐 있을 수도 있으며, 중대한 문제와 아울러 사소한 문제에 관심을 가질 수도 있으며, 명랑할 수도 있고 우울할 수도 있다. 그들은 기도의 삶 안에서 이런 모든 성향들과 그들의 이상을 나타내 보일 것이다. 이런 사람들과 하느님과의 관계가 발전하도록 도와 주려는 영적 지도자는 "넘치는 따뜻함"(surplus of warmth)[6]을 가지고 있을 필요가 있다.

또한 영적 지도자는 있는 그대로를 솔직하게 받아들일 필요가 있다. 내가 진정으로 모든 유형의 다양한 사람들을 사랑하는가? 나 자신이 사람들과 함께하는 것을 즐기는가? 나는 그들의 약점을 받아주며 살아갈 수 있는가? 내가 그들의 염려와 관심을 듣는 데 흥미를 가지고 있는가? 왜 농부들이 미국의 베트남 전쟁 참전을 전폭적으로 지지하는지 이해할 수 없었던 대학 농촌 봉사내에게 힌 시저 사베츠(Cesar Chavez)의 다음과 같은 말이 영적 지도자에게도 또한 적용될 수 있다. "여러분은 농부들도 부족한 인간임을 이해해야 합니다."

---

4. 요한 1,5.   5. 로마 5,20.
6. Trygve Braatøy, *Fundamentals of Psychoanalytic Technique* (New York: John Wiley & Sons, 1954), p.2.

여러분이 그것을 이해하지 않으면 크게 실망하게 될 것입니다. 여러분이 열심히 일하지만 어느 날 그들이 여러분을 쫓아내거나 여러분이 하고 있는 일을 고맙게 생각하지도 않을 수 있다는 것을 이해해야 합니다."[7]

어떻게 이런 "넘치는 따뜻함"과 있는 그대로의 사람들에 대한 이런 사랑이 영적 지도에서 나타날 수 있을까? 그것은 세 가지 태도, 즉 약속과 이해하려는 노력과 자발성에서 나타난다.[8] 약속은 영적 지도자가 피지도자로 하여금 하느님과의 일치 안에서 성장하도록 도와주고자 하고, 그렇게 될 때까지 자신의 시간과 정열을 쏟으려는 의지이다. 이해하려는 노력은 영적 지도자가 피지도자를 향해 관상적 태도를 유지하려고 노력하며, 또 피지도자가 어떻게 하느님과 삶을 체험하는지 알려고 노력하는 것을 의미한다. 자발성은 영적 지도자가 자신이 맡은 역할 때문에 형식에 얽매여 경직되어 있지 않고, 피지도자에게 도움이 된다면 자신의 감정과 사고와 희망을 자연스럽게 표현하는 것을 의미한다. 자발성이 없이는 "약속과 이해하려는 노력은 인간적이기보다는 형식적이고 차가운 것"으로 나타나게 될 것이다.[9]

왜 그런 따뜻함이 영적 지도자에게 필요한가? 먼저 영적 지도는 무척 힘들면서도 가끔은 보상받지 못하는 활동일 수 있다. 영적 지도자는 많은 사람들과 깊은 관계에 들어가게 되며 자신의 내면을 되풀이하여 노출하게 된다. 그런 가까운 관계에서 영적 지도자 자신의 실수가 확대되며, 피지도자가 화가 났을 때 그 화가 영적 지도자 자신에게 퍼부어지도록 스스로를 노출해야 한다. 피지도자가 하느님과 자신의 삶에서 자유롭게 되도록 도와 주는 것에 성공한다면, 피지도

---

7. Jacques E. Levy, *Cesar Chavez: Autobiography of La Causa* (New York: W. W. Norton & Co., 1975), p.197.
8. 따뜻함의 요소를 분석한 Edward S. Bordin, *Psychological Counseling*, 2nd ed. (New York: Appleton-Century-Crofts, 1968), pp.183-212 참조.
9. Ibid., p.204.

자가 발견한 자유의 결과 때문에 가끔 교회의 권위자들로부터 비난 받을 위험을 안고 있다. 만약 영적 지도자가 도와 주는 데 성공하지 못한다면 서투른 사람으로 인식될 위험도 안고 있다.

다음으로 피지도자가 자신을 영적 지도자에게 맡기는 위험 부담 때문에, 영적 지도자의 그런 약속과 이해하려는 노력과 솔직하고 자 발적인 인간성을 피지도자 스스로 체험하고자 한다. 사람들이 쉽게 자기 마음 속 생각을 나타내 보이지는 않는다. 피지도자가 영적 지 도자에게 도움을 요청할 때, 그는 어느 누가 자신을 도와 줄 수 있는 지 또는 도와 주려는 관심을 가지고 있는지 확실히 알지 못한다. 어 떤 여자는 영적 지도자가 그녀의 기도를 도와 줄 수 있다는 것을 알 고는 안도감에서 울었다. 많은 사람들은 그들의 사고와 감정과 체험 이 이해할 수 있는 것인지 또는 다른 사람의 시간을 빼앗을 가치가 있는 것인지조차도 모른다. 그들은 자신이 미쳤다고 생각되거나 우 스꽝스럽게 되는 것을 두려워한다. 또 그들이 말하고자 하는 것이 "너무 평범하고", "너무 진부하고", "너무 일반적"일까 두려워한다. 그러므로 그들이 영적 지도 과정을 시작하기 위해 영적 지도자의 따 뜻함을 느낄 필요가 있다.

영적 지도자의 따뜻함은 다른 무엇보다도 인내롭게 듣는 데서 나 타난다. 살아가면서 진정으로 우리의 얘기를 들어주고 이해하려고 노력하는 사람을 만날 기회는 많지 않다. 우리 모두 스스로의 마음 속에 너무 많은 것을 채우고 있어서 다른 사람들에게 깊은 주의를 기울이지 못하는 것 같다. 그렇지만 영적 지도사는 관상적 태도로써 피지도자의 얘기를 인내롭게 들어주고, 피지도자의 눈을 통해 세상 을 보며, 피지도자가 느끼고 체험하는 것을 판단하는 것이 아니라 이해하기 위하여 자신의 염려와 편견과 바람을 옆으로 제쳐둔다.

어떻게 사람의 마음이 따뜻해지는지를 가르쳐 주는 책은 없으며 따뜻함을 발전시키게 하는 교육 과정도 없다. 이런 방식으로 들어주기 위하여 영적 지도자는 먼저 따뜻하고 관심을 가진 사람이어야만 한다. 브라토이(Braatøy)가 정신분석자에 대해 말한 것이 영적 지도자에게도 그대로 적용된다.

> 정신분석자는 도구에 비유될 수 있다. 이 도구는 어떤 능력을 가지고 있어야만 한다. … 만약 칼이 나무로 만들어졌다면 철칼이 한다고 예상되는 일을 할 수 없다. 같은 이유로써 정신분석자로부터 "넘쳐나는 따뜻함"을 요구할 수 없다. 그것은 다소간 그의 타고난 성향이어야만 한다.[10]

또 그는 정신분석자를 양성하는 교육 기관은 이런 자질을 가지고 있지 않은 후보자를 가려내어야만 한다고 말한다. 저자들은 예비 영적 지도자를 가려내어야만 하는 사람들에게도 같은 제안을 한다. 예비 영적 지도자는 단순하고 솔직하며 사람들을 진정으로 사랑하는 자임을 확인해야 한다.

영적 지도자는 자신감을 가질 필요가 있다. 자신감이 없는 영적 지도자는 그가 하고 있는 영적 지도가 옳은 것임을 계속해서 확인하려 하고, 실수할까봐 항상 염려하며, 눈에 드러나는 성공의 표시를 필요로 하고, 분별에 대한 내적 기준에 대한 확신이 없다. 또한 그는 피지도자가 영적 지도를 받는 동안에 겪게 되는 고통스럽고 오랜 성장의 과정을 견디기 힘들어하고, 원칙만을 따르려는 경향이 있으며, 피지도자가 적합한 속도로 성장하는 것을 가로막을 수 있다. 그래서 자신감이 없는 영적 지도자는 성숙한 피지도자에게 확신을 불어넣어 주지 못한다.

---

10. Braatøy, op. cit., pp.50-1.

자신감있는 영적 지도자도 때로 영적 지도를 두려워한다. 기도에 대한 개인적 체험이 상당히 깊은 영적 지도자는 자신이 신성한 영역에 들어가는 것을 알고, 약간의 두려움과 함께 영적 지도에 임한다. 그가 피지도자의 영적 지도에 실패할까봐 두려워하는 것은 당연하다. 그렇지만 실질적으로 영적 지도자가 이런 두려움을 느낀다고 하여 무능한 것은 아니다. 사실 자신감과 더불어 겸손한 태도를 보이지 않는 영적 지도자는 성숙한 피지도자가 보기에 경솔한 것 같고 또 피지도자의 신뢰를 얻지 못할 것이다. 여기서 의미하는 자신감의 결여는 살아 계신 하느님 앞에서 느끼게 되는 경이로움 때문이 아니라, 삶에 대한 두려움과 자기 의심 때문에 발생하는 허약한 느낌이다. 삶을 두려워하는 사람은 살아 계신 하느님과 다른 사람이 개방적 관계를 형성하는 것을 도와 줄 수 없다.

넘쳐나는 따뜻함이 당연한 것이라 할지라도 위에서 언급한 대로 듣는다는 것은 쉽지 않다. 한 가지 예를 든다면 영적 지도자의 관심사가 영적 지도에 갈등을 일으키는 상황을 만들 수 있다. 종종 영적 지도자는 이런 갈등이 그가 듣는 것에 어떠한 영향을 미치는지를 인식하지 못한다. 예를 들어 그는 도움을 청하러 온 사람의 관심사에 따라 활동한다고 생각하면서도 관련된 사람이나 단체를 보호해야 할 책임이 있다고 느낀다. 예를 들어 곧 서품을 받을 신학생인 피지도자가 좀도둑 근성이 있음을 알게 된 영적 지도자는 화가 나서, 이 피지도자가 서품받는 것을 막는 방법에 대해 생각하기 시작하면서 피지도자의 얘기를 들을 수 없게 되고, 또 왜 그가 지금 이 어려움을 얘기하는지에 대한 이유를 알아볼 수 없게 된다.

다른 사람들과 마찬가지로 영적 지도자도 문화적·사회적·정치적·종교적 규범과 제도의 한 부분으로서 무의식적으로 비정상과 위협으로부터 그 규범과 제도를 보호하려는 경향이 있다. 물론 완전한 편견에서 벗어난 영적 지도자는 없다. 그러나 영적 지도자는 스스로 영적 지도를 받고, 광범위한 독서와 체험을 통해 다양한 관점에 자신을 개방하고, 또 효율적인 관리(supervision)를 받음으로써 자신의 편견으로부터 피지도자를 보호하도록 노력해야 한다.

또한 영적 지도자는 자신의 만족감과 안정감을 충족시키기 위해 영적 지도를 해서는 안되며, 피지도자의 "성공"이 그들의 자기 존중에 필수적이지 않도록 하기 위해 피지도자가 아닌 친구들을 필요로 한다. 그렇지 않으면 그는 피지도자를 너무 많이 필요로 하게 되고, 피지도자가 전달하는 것을 모두 들을 수 없게 되며, 또 피지도자에게 적절한 도전을 던질 수 없게 된다. 또 영적 지도자는 개인의 평정을 유지하기 위해서 친한 친구들을 가지고 있을 필요가 있다. 그렇지 않으면 그는 피지도자에게 가까운 사람들이나 높은 지위에 있는 사람들로부터 인정받는 것에 의존하게 되어, 그들의 인정을 받지 못할 때 평정을 잃게 될 것이다. 영적 지도자는 교회의 권위나 가족 구성원들이 자신을 어떻게 평가할까 두려워하는 데서부터 자유롭게 됨으로써 하느님 앞에서 자유롭게 성장하고 있는 피지도자의 얘기를 따뜻하게 들어줄 수 있게 된다.

마지막으로 이런 방식으로 듣기 위해서 영적 지도자는 강력한 감정과 신비스러운 체험과 모든 인간적인 것을 두려워해서는 안된다. 만약 영적 지도자가 자신이나 다른 사람의 강한 분노를 견뎌내지 못한다면, 피지도자가 강한 분노에 대해 얘기하는 것 또한 견딜 수 없을 것이다. 곧이어 그 영적 지도자는 피지도자의 기도중의 분노의 감정에 대해 더 이상 듣지 않게 될 것이다. 왜냐하면 분노의 감정이 일어나지 않기 때문이 아니라, 피지도자가 의식적으로나 무의식적으로 그런 감정이 영적 지도자 앞에서는 금기사항이 된다는 것을 인식하기 때문이다. 피지도자들이 그런 금기사항들을 하느님과 그들의 관계에 적용해서 그들 자신을 선별적으로 표현하는 것은 위험하다.

또한 영적 지도자는 본인과 다른 사람들의 고통스러운 체험을 견디낼 수 있어야 한다. 피지도자가 성장의 고통을 겪을 때 그 고통을 없애려고 노력하는 것이 아니라, 고통중의 그와 함께 있고자 하는 것이 영적 지도자의 진정한 사랑이다. 만약 그가 이렇게 한다면 더 잘 들을 수 있게 되고, 그런 고통을 듣고자 하는 그의 의지를 전달하게 될 것이다.

이런 태도들은 책임을 꾸준히 준수하며 열심히 노력해서 이룩하게 되는 업적이 아니다. 오히려 그것들은 기도해야 하고 감사해야 할 선물이다. 게다가 그것들은 영적 지도자가 꼭 갖추어야 할 절대적으로 고정된 실재가 아니라 사실적으로 희망해야 할 이상(理想)이다. 어느 영적 지도자라도 이 이상의 절반도 충족시킬 수 없을 것이다. 영적 지도자가 우울해하거나 화가 나 있거나 아프거나 근심하고 걱정할 때도 있고, 자신이 원하는 것만큼 정신을 바짝 차려 따뜻하게 들어줄 수 없을 때도 있다. 그러나 영적 지도자가 하느님과 자신의 능력을 신뢰하고 따뜻하게 의사를 전달하기를 바라는 기본 태도를 가지고 있다면, 그는 자신의 약점과 더불어 살아갈 수 있고, 선을 바라시는 하느님께 도움을 요청할 수도 있고, 또 피지도자가 인간적인 동정심으로 그의 실수를 용서하고 저변에 깔린 따뜻함을 기억해 주리라 기대할 수 있다.

영적 시도자로서의 기본 자질 중 넘쳐나는 따뜻함은 교육 과정을 통해서 배울 수 없으나 다른 기본 자질들은 교육 과정을 통해 양성될 수 있다. 예비 영적 지도자는 비교적 광범위한 삶의 체험을 한 사람이어야 한다. 삶의 체험의 폭이 넓을수록 그는 인간으로서 덜 협소할 것이다. 다양한 사회·경제·문화적인 체험을 통해 영적 지도자는 더 넓은 포용력을 갖추게 되어, 다른 사람들의 새롭고 다양한 체험들에 더 개방적이 될 수 있다. 영적 지도자 스스로 하느님과의 관계가 성장하고 깊어지는 것을 체험해야 하고 또 체험하고 있을 필요가 있다. 영적 지도자가 반드시 깊은 신비적 기도를 체험해야 할 필요는 없으나, 그들 스스로 하느님의 사랑받는 죄인임을 체험한 적이 있어야만 한다. 또한 우리의 구세주로서뿐만 아니라, 우리에게 결정을 내리게 하시고 또 자기 희생을 통해 당신께로 부르시는 분으로서의 예수님을 체험한 적이 있어야만 한다. 단지 구원의 편안함만을 체험한 영적 지도자는, 예수님의 사명을 인식하는 단계로 변화하기 시작하면서 일어나는 성령의 활동을 체험하는 피지도자들을 이해하고 도와 주기가 어려울 것이다. 적어도 이런 정도의 예수님과의 관계에 대한 깊은 체험이 장기적 영적 지도에 참여하는 데 있어서의 선행 조건이다.

개인적 체험에 덧붙여 영적 지도자는 자질을 갖추기 위하여 계속해서 공부할 필요가 있다. 유능한 영적 지도자가 되기 위해 영성신학 박사가 될 필요는 없으나, 개인적 체험이나 일반 상식 이상의 풍부한 지식이 필요하다. 앞으로 공부가 왜 필요한지에 대해 토론해 볼 것이다.

영적 지도자는 일반적으로 성서를 개인기도의 자료로 추천한다. 기도를 위해 성서를 사용하는 가장 좋은 방법은 — 유일한 방법은 아니지만 — 가능한 한 그 자체의 의미로 받아들이는 것이다. 즉, 성서가 원래 이해되었으면 하고 의도된 대로 이해하는 것이다. 그렇기 때문에 영적 지도자는 현대 성서 연구를 이해함으로써 정통한 방식으로 피지도자가 하느님의 말씀을 듣도록 도와 줄 수 있어야 한다.

영적 지도자는 사람들이 하느님 앞에서 자유롭게 되도록 도와 주기 위하여 교회의 믿음을 올바르고 현명하게 이해할 필요가 있다. 많은 사람들은 하느님이 누구시며 또 그분이 무엇을 원하시는지에 대해 유년기적이며 부적합한 개념에 사로잡혀 있다. 게다가 모든 크리스천은 교회의 교리와 신학의 바탕이 되어 온 철학적 이론들에 의해 어느 정도 제한받고 있다. 교리와 신학만으로 모든 인식과 이론을 뛰어넘어 하느님을 받아들이기는 쉽지 않다. 이 책 전반에 걸쳐 영적 지도자는 가르치는 사람이 아니라는 점을 고수해 왔다. 그렇지만 영적 지도자가 현대 신학을 지성적으로 성숙하게 파악하고 있음으로써, 피지도자들의 하느님과의 관계를 더 잘 도와 줄 수 있다.

간단한 예로서 많은 사람들은 기도에 대한 이중적 관점에 따른 교육을 받아 왔다. 한편으로 청원기도가 권고되었기 때문에 하느님께 우리의 필요를 말씀드려 하느님께서 도움을 베푸시도록 기도한다. 다른 한편으로는 하느님께서는 전지 전능하시며 변화하실 수 없다는 가르침 때문에 청원기도의 가치를 의심하게 된다. 대부분의 사람들은 후자를 간과함으로써 모순적인 가르침에 따른 혼란에서 벗어난다. 반면 후자의 관점은 사람들의 기도에 영향을 미쳐 청원기도 및 다른 대화적 기도를 포기하게 한다. 철학적 사고가 하느님께 대한 이론의 기초가 되지만, 이런 철학적 사고는 그것이 말하는 것처럼 계시되지 않았고 또 필연적으로 진실이 아니라는 것을 이해하는 영적 지도자는 피지도자가 하느님께서 반응하시고 관심을 가지시는 방식으로 기도하려고 노력하는 것을 도와 줄 수 있다. 영적 지도자는 그 주제에 대해 신학적 논설로 들어갈 필요가 없다. 영적 지도자가 신학에 대한 지식을 터득함으로써, 방어적이 되기보다는 어떤 반대적인 논리도 처리하고 접근할 수 있는 확신을 가지게 된다.

영적 지도자가 신학의 전문가가 되거나 신학의 모든 영역에 해박해야 할 필요는 없다. 그렇지만 그들은 신학에 튼튼한 기초를 둘 필요가 있으며, 적어도 교리문답이 문화 철학적 배경에 의해 어떻게 규정되었는지 정도는 알아야 한다.

마지막으로 영적 지도자는 영성신학의 역사에 대하여 어느 정도 지식을 가지고 있어야 한다. 즉, 하느님께서 다양한 방식으로 사람들을 대하셨다는 것을 알고, 개성과 문화간의 상호작용을 이해하며,

개인의 영적인 삶과 영성신학이 발전하는 데에 있어서 하느님의 활동을 이해하는 정도는 되어야 한다. 크리스천의 신앙 체험의 다양함에 대해 알고 또 비크리스천의 신앙 체험을 동감함으로써, 영적 지도자는 자기 개인의 가치를 초월하여 다양한 사람들이 가지는 하느님 체험의 경이로움에 더욱더 개방되게 된다. 공부를 통해서 얻게 된 지식은 영적 지도자로 하여금 그들이 필요로 하는 건전한 확신과 풍부함을 가지게 한다.

신학적 지식에 덧붙여 영적 지도자는 또한 약간의 현대 심리학의 지식을 필요로 한다. 그러므로 다른 사람을 영적으로 도와 주기를 원하는 사람은 누구든지 스스로 영적인 사람이어야 하고 또 영적 체험에 대해 알고 있어야 할 뿐 아니라 심리학적 지식에 대해 충분히 알고 있어야 한다. 그렇지만 영적 지도자 스스로 심리치료를 하고자 하는 실수를 범해서는 결코 안되며 또 자신이 그처럼 풍부한 심리학적 지식을 가지고 있다는 망상에 빠져서도 안된다.[11]

영적 지도자와 예비 영적 지도자는 이렇게 나열한 자격 요건들의 목록에 놀라서 고개를 가로저을 수 있다. 그러나 영적 지도가 교회 사목활동의 중심이 된다고 앞에서 언급한 것을 기억해 보라. 교회는 항상 교회 사목을 위해 사람들을 가능한 한 전문적으로 준비시키려고 노력해 왔다. 영적 지도가 이런 실천에서 예외가 될 수 없다. 그렇지만 그런 준비에 대한 이상을 제시한다고 해서, 수준높은 영적 지도가 그런 준비 없이 일어나지 않고 또 일어날 수 없다는 것을 의미하지 않는다. 이미 서두에서 시에나의 성녀 가타리나와 이냐시오 성인의 경우를 언급했다. 그렇지만 일반적으로 전문적인 준비 과정을 너무 무시해 버려서는 안된다.

---

11. Friederich Wulf, "Die Leitung des geistlichen Lebens und die Sorge um seine richtigen kirchlichen Strukturen", in F. X. Arnold, F. Klostermann, K. Rahner, and I. M. Weber eds., *Handbuch der Pastoral-theologie: Praktische Theologie der Kirche in ihrer Gegenwart*, Band 3 (Freiburg: Herder, 1968), p.558.

영적 지도자가 되는 것은 평생이 걸리는 과정이다. 신학과 개인적 체험은 항상 더욱 위대하신 하느님을 향하고 있어서, 영적 지도자는 더 성장하도록 계속해서 불려지고 있다고 말할 수 있다. 하느님과 관계를 맺는 다른 사람에 대한 체험을 통해서 영적 지도자는 계속 기도하고, 더 깊이 성찰하며, 그들이 공부한 것을 새롭게 바라보고, 더 공부하도록 자극받게 된다. 영적 지도자로서의 성장은 끝이 없는 것이다.

9

영적 지도자와 피지도자와의 관계의 기초

영적 지도를 궁극적으로 올바른 삶과 기도생활을 지도하는 것으로 이해한다면, 영적 지도자가 무엇을 배웠으며 또 어떤 직위를 가지고 있는가는 그다지 중요하지 않다. 중요한 것은 영적 지도자의 자질과 믿음과 기도생활의 깊이이다. 다시 말해 영적 지도에 있어서 영적 지도자의 사람됨은 매우 중요하다. 영적 지도자는 하느님께 개방된 상태에 있어야 하고 또 사람들과도 원만한 관계를 유지할 수 있어야 한다. 하느님과 다른 사람과의 관계의 발전을 도와 주기 위하여 영적 지도자나 또 모든 사목자들은 하느님의 사랑과 보살핌의 성사적 표시가 되어야 한다. 하느님께서 어떤 중재자 없이도 인간과 관계를 맺으실 수 있다는 것은 명백하지만, 하느님께서는 특히 사람들을 통해서 우리와 관계하신다. 그래서 교회 사목자들의 자질이 주요 관심사가 되며 그들의 지식이 아니라 그들의 전존재가 중요시된다. 이 점은 영적 지도자에게 특히 중요한데 영적 지도자의 사람됨과, 그의 믿음과 희망과 사랑과, 관계를 위한 그의 능력은 영적 지도 활동에 매우 중요하기 때문이다.

영적 지도자의 자질에 초점을 맞추고 영적 지도와 피지도자의 관계에 초점을 맞추기 위해, 금세기에 도움의 관계에 대해 우리에게 많은 것을 가르쳐 준 심리치료자와 정신신경과 의사들의 활동을 살펴볼 필요가 있다. 어떤 사람들은 영적 지도가 초자연적 사목이라는 점에서 심리학이나 정신신경학에 의지하는 것은 합당하지 않다고 생각할 수 있다. 그러나 저자들은 이런 관점에 동의하지 않는다. 하느님과 인간의 관계를 자연적 관계와 초자연적 관계로 분리해서 생각할 수 없듯이 영적 지도에서의 관계도 그러하다. 영적 지도의 관계는 인간적인 모든 것을 포함하기 때문에, 도움의 관계에 대해 연구해 온 학문들과 그 분야의 전문가들로부터 배울 필요가 있다.

또 어떤 사람들은 심리치료와 상담에 대한 현대 이론이 널리 적용됨에 따라 사목적 배려를 심리치료와 상담의 복사판으로 보고 사목상담을 일반적 상담과 다를 바 없다고 생각하는 경향이 있다. 그러나 영적 지도가 심리학을 참고로 하지만, 영적 지도는 정신치료나 심리상담과는 다른 도움의 관계이다. 사람들이 하느님과의 관계를 통해 더 풍요로운 삶을 영위하고, 더 의미있고 완전하게 살아가는 것을 도와 주고자 하는 것이 영적 지도의 목적이기 때문에, 영적 지도자는 특별히 크리스천 전통의 신앙적인 원천에 대해 알 필요가 있다.

영적 지도란 사람들이 개인적으로 하느님과 관계맺는 것을 도와주고, 하느님께서 개별적으로 그들과 관계를 맺도록 하며, 그들이 그 관계의 결과에 따라 살아갈 수 있도록 도와 주는 것이다. 모든 관계의 발전은 신비스러운 과정이기 때문에, 이런 관계를 발전시키려는 사람들을 도와 주려는 영적 지도자는 겸손함과 존경심을 가지고 또 동반자의 정신으로 영적 지도 활동에 임해야 한다. 대화에 참여하는 한쪽이 신비 그 자체일 때 이 점은 더욱 명백하다. 영적 지도는 도움의 관계이지만, 그 도움은 여행 전문가가 여행을 떠나려고 준비하고 있는 여행자의 질문에 답변하고 어느 길을 택할지 충고해 주는 경우의 도움이라기보다는, 오히려 여행을 함께하는 동반자가 주는 도움이다. 그 동반자는 여행을 함께하며 여행자가 지도를 바로 읽고, 막다른 절벽을 피하며, 벼랑길에서 조심하도록 도와 주고자 한다. 우리가 하느님이라 부르는 신비는 바로 신비 그 자체이다. 알 수 없는 분이라는 의미에서의 신비가 아니라, 너무 풍요로우시고, 너무

깊으시며, 너무도 사랑하시기 때문에 하느님이시라는 의미에서의 신비이다. 영적 지도자는 신비 그 자체이신 하느님의 길을 따라 여행하는 사람들을 도와 주는 동반자일 뿐이다.

그래서 영적 지도자가 가질 수 있는 권위라고는 하느님과 교회 공동체에 속한 사람으로서의 권위와, 하느님과의 관계와 공동체와의 관계를 진지하게 대하는 사람으로서의 권위일 뿐이다. 이러한 권위를 바탕으로 그는 공동체의 다른 사람들로부터 도움의 요청을 받게 된다.

이때 영적 지도자는 자신들이 영적 지도방식을 잘 알고 있고, 문제에 대한 해답을 가지고 있으며, 기도에서의 "성공"을 보장할 수 있다는 것을 은근히 나타내는 말투나 태도나 옷차림이나 사무실 배치를 피해야 한다. 또한 영적 지도자가 주는 첫 인상은 영적 지도의 성격에 대한 그들의 확신을 반영하는 것이어야만 하지만, 만약 피지도자가 영적 지도자 자신에게 모든 것을 맡기기만 한다면 피지도자가 가지고 있는 문제들이 곧 해결될 것이며, 하느님을 확실하게 발견할 것이라는 인상을 주지 않도록 조심해야 한다.

이와 반대로 영적 지도자가 너무 사교적이거나 너무 "형제적"·"자매적"이 되어, 피지도자에게 형제애 외에는 아무것도 제공할 것이 없는 것 같은 인상을 주어서도 안된다. 영적 지도를 요청하는 하느님의 백성들은 영적 지도자에게서 더 큰 도움을 기대한다.

그래서 사무실 배치나 영적 지도자의 접근방식이 주는 첫 인상은 여정에서의 동반자가 되고자 하는 영적 지도자의 의지와 동반자가 되는 것에 대한 그의 진지함 — 유머와 인간성을 제외시키지 않으면서 — 을 반영하는 것이어야만 한다. 이런 인상을 전하기 위한 명확한 규정은 없다. 근본적으로 스스로를 동반자로 간주하는 영적 지도자는 이런 인상을 전할 것이다. 단지 말로만 자신을 동반자로 간주하고 있는 영적 지도자는 결코 이런 인상을 전할 수·없을 것이다.

지난 장에서 영적 지도자가 효과적인 영적 지도를 하기 위해서는 "넘쳐나는 따뜻함"을 가질 필요가 있다고 언급했다. 영적 지도자가 피지도자의 체험의 부정적인 면과 어두운 면을 강조한다면, 순수한 따뜻함을 가지고 있다기보다는 그렇게 가장하는 것처럼 보일 수 있다. 일반적으로 다른 사람들의 장점보다는 약점과 실수에 대해 말하기는 더 쉽고 더 재미있는 것 같다. 예를 들어, 강연하는 연사가 영적 지도자나 윤리신학자, 혹은 정신신경과 의사나 심리학자이거나에 상관없이, 그 연사가 인간들의 저항의 가면을 벗기고 단점과 죄악들의 증세를 열거할 때 청중들이 모두 숨을 죽이고 듣는 것을 볼 수 있다. 우리 모두 웃는 얼굴 뒤의 그림자를 발견하고, 드러나지 않은 "숨은" 동기 혹은 불건전한 동기를 발견하는 데 병적인 만족감을 얻는 것 같다. 그러나 영적 지도자가 피지도자의 부정적인 면보다는, 피지도자의 긍정적인 면, 즉 칭찬할 만한 장점과 용기와 바람을 보게 됨으로써 그를 향한 따뜻함이 저절로 우러나오게 된다. 실제 이렇게 저절로 우러나오는 따뜻함이 없다면 영적 지도가 잘 되어가지 않을 것이라고 말해도 과언이 아니다. 영적 지도자가 피지도자에게서 따뜻함을 느끼지 못한다면, 영적 지도는 함께 일하는 동반자의 관계가 되지 않을 것이다. 달리 말해 이 따뜻함은 영적 지도에 있어서 필수적이다. 가끔 영적 지도자는 어떤 피지도자를 향해 이런 따뜻함을 즉시 느끼지는 못하지만, 그 피지도자를 계속 대함으로써 느낄 수 있을 것이고 또 느껴야만 한다.

영적 지도에서 이런 자연스러운 따뜻함이 우러나오게 되는 것은 하느님과의 더 깊은 관계를 발전시키고자 하는 피지도자의 바람 때문이다. 이런 바람이 하느님과의 관계의 발전을 도와 주고자 하는 영적 지도자의 희망에 부응하게 된다. 사실 영적 지도자는 피지도자 내면에 있는 그 바람과 협력관계를 맺는다. 서로가 그 바람이 존재한다는 것을 인식하고 또 서로가 그 바람을 충족시키기 위해 함께 노력할 것을 동의한다. 피지도자는 자신이 그 바람에 저항할 때조차도, 영적 지도자가 피지도자 내면의 그 바람과의 협력관계를 유지할 것이라고 기대한다. 달리 말해 영적 지도에서의 "협력관계"(working alliance)[1]를 통해 피지도자는 영적 지도자가 자신과 하느님과의 관계의 발전을 도와 주기 위해 계속 노력할 것이라고 믿는다. 영적 지도자는 피지도자와의 협력관계를 통해 하느님을 더 잘 알고자 하는 피지도자의 진실한 바람 때문에 우러나오는 피지도자를 향한 따뜻함을 표현한다.

개인의 성장을 진정으로 도와 주고자 하는 모든 도움의 관계는 협력관계에 의존한다. 예를 들어 정신분석에서의 협력관계는 "분별있는 자아"[2]에 의존하고, 로저 방식의 상담(Rogerian counseling)에서는 자아-실재화의 경향[3]에 의존하며, 랑크 방식의 치료(Rankian theraphy)에서는 건강을 위한 의지[4]에 의존한다. 이 모든 개념들은 사람들이 필수적으로 가지고 있는 비슷한 경향을 언급하는 것 같다. 즉, 사람들이 때로 자아-파괴적이고 신경성적이며, 저항적인 행동을 함에도 불구하고, 더 안전하고 솔직하며, 건강하고 고통 없이 살고자 하는 바람을 언급하는 것 같다. 사람들이 가지고 있는 이 바람 때

---

1. "협력관계"의 개념은 심리분석가인 Ralph R. Greenson이 처음으로 다루었다. "환자와 정신분석자간의 비신경성적이고 합리적인 협력관계 때문에 환자가 그 상황에서 자신의 치료를 위해 노력하는 것이 가능하다." *The Technique and Practice of Psychoanalysis* (New York: International University Press, 1967), 1, 46. Elizabeth Zetzel은 "working alliance" 대신 "therapeutic alliance"라는 용어를 사용한다. Elizabeth R. Zetzel and William W. Meissner, *Basic Concepts of Psychoanalytic Psychiatry* (New York: Basic Books, 1973), pp.284-301. 비록 두 용어의 의미가 같지만 치료적이고 의학적 의미를 피하기 위하여 저자들은 "working alliance"를 사용한다.
2. Ibid., pp.192-3.
3. Carl R. Rogers, "Therapy, Personality, and Interpersonal Relationships", In Sigmund Koch (ed.), *Psychology: A Study of a Science* (New York: McGraw-Hill, 1959), 3, 184-256.
4. Otto Rank, *Will Therapy and Truth and Reality* (New York: Alfred A. Knopf, 1968). (First English edition 1936).

문에 상담이나 심리치료가 가능하다. 이 바람 때문에 사람들은 성장과 변화에 따르는 저항을 극복하려는 노력을 계속할 수 있다. 이와 마찬가지로 하느님과의 깊은 일치를 향한 바람 때문에, 피지도자는 자신의 저항을 극복하려는 노력을 계속할 수 있다. 사실 이 바람 때문에 피지도자가 계속해서 기도하며 영적 지도를 지속적으로 받는 것과 마찬가지로, 심리치료를 받는 환자는 이 바람 때문에 저항이 일어나게 마련인 상황에 계속해서 머물러 있게 된다. 즉, 지속적으로 심리치료를 받게 된다.

이런 강력한 바람 때문에 극도로 방어적이며 뿌리깊은 개성의 유형에 대항하여 꾸준히 성장하는 것이 가능하다. 그것의 원천은 무엇인가? 영적 지도와 비교해 봄으로써 두 바람의 공통적인 원천을 캐낼 수 있다. 그렇게 인식되건 인식되지 않건 그것은 살아 계신 하느님의 성령의 머무심이다. 다른 말로 심리치료와 상담을 요청하는 사람들 내면의 더 충만하고 더 완전하게 되고자 하는 바람과 영적 지도를 요청하는 사람들 내면의 하느님과의 더 깊은 일치를 위한 바람은 궁극적으로 같은 원천에서 나온다. 그 해석의 차이는 원천에 대해 어떻게 성찰하며 인식하느냐에 달려 있을 것이다.

"천사들의 소문"[5]은 가장 그럴듯하지 않은 곳에서 나타날 수 있다. 우리가 사람들의 체험을 바라보고 그것을 이해하려고 노력할 때, 더 충만하고 더 완전한 삶을 위한 바람과 또 마음을 다하여 하느님을 사랑하려는 의식적 바람이 똑같은 원천에서 출발한다는 것을 알게 된다. 전자가 믿음의 성격을 띠지 않았기 때문에 얼핏 똑같아 보이지 않겠지만 전자를 "자연적인" 바람으로 후자를 "초자연적"인 바람으로 볼 이유는 전혀 없다. 내면적 삶에서 그런 구분을 가능하게 하는 표준치는 없기 때문이다. 만약 더 완전하고 고통없는 삶을 원하

---

5. Peter L. Berger, *A Rumor of Angels: Modern Society and the Rediscovery of the Supernatural* (Garden City, N.Y.; Doubleday Anchor Books, 1970).

기 때문에 심리치료를 요청한 "비신자"가 우리가 하느님이라 부르는 신비를 믿게 되었을 때, 더 완전함을 향한 자신의 최초의 바람도 성령에 의한 이끄심 때문이었음을 인식하게 될 것이다. 즉, 지금 그가 "아빠, 아버지"[6]라고 분명하게 고백하게 된 것은 성령께서 처음부터 그를 대신해서 말로 다할 수 없을 만큼 깊이 탄식하시며 하느님께 간구해 주셨기 때문이라고 깨닫게 될 것이다.[7]

이런 성찰을 통해서 영적 지도자는 스스로 항상 머무시는 성령께 협력하고 있다고 느끼며, 또 피지도자가 가지고 있는 하느님과의 깊은 일치와 완전한 삶을 향하는 바람에서 드러나는 성령에 협력한다고 인식한다. 그래서 그는 피지도자가 성령에 대항하여 싸우는 내면의 요소들을 극복하도록 도와 주기 위하여 노력한다. 영적 지도자가 그렇게 하는 것은 피지도자들 내면에 존재하는 성령께로부터 오는 힘을 체험하기 때문이다. 그 힘은 피지도자 내면에 있는 두려움과 저항과 허약함과 죄악에도 불구하고 항상 생동적으로 머무시는 성령의 힘이다.

지난 장에서 언급한 영적 지도자의 사람됨과 태도를 바탕으로 피지도자는 특정한 영적 지도자와의 협력관계로 들어가게 된다. 영적 지도자가 피지도자와 의사전달하기를 원하시는 하느님을 믿을 뿐 아니라 성령에 의해 영감을 받아 하느님께 응답하려는 피지도자의 능력을 믿을 때, 피지도자는 영적 지도자를 신뢰하게 된다. 피지도자가 원하는 것이 무엇이며 영적 지도자가 할 수 있는 것이 무엇인가에 대해 쌍방이 동의하는 것은 협력관계에 매우 중요하다. 다시 말해 영적 지도의 목적과 수단에 대해 서로 동의하지 않으면 안된다. 만약 동의가 분명하게 이루어지지 않았다면, 더 이상의 영적 지도가,

---

6. 로마 8,15.   7. 로마 8,26.

특히 저항에 대처하거나 관계에서의 어려움을 다루기가 힘들어질 것이다. 상당 기간 계속되는 영적 지도에서 언젠가는 영적 지도자와 피지도자의 목적이 서로 엇갈리게 될 때가 오게 된다. 이때 영적 지도가 무엇인가에 대한 서로의 동의에 기초한 협력관계가 없다면 그런 시련을 견디기가 매우 어려울 것이다. 더 구체적으로 표현해서 그런 강한 협력관계 때문에, 지난 면담시간에 서로 화난 말을 주고 받았으면서도, 피지도자는 계속해서 영적 지도자와 면담하면서 기도하고 함께 열심히 노력할 수 있다.

상담과 심리치료 분야에서는 지금 언급하고 있는 문제를 "계약 조건"[8]이라는 제목하에서 다루고 있으나, 저자들은 비형식적 "동의"라는 용어를 선호하며 이 동의는 계약(covenant)의 성격을 띠고 있다.

이 책에서 주장하는 영적 지도에서는, 하느님과 피지도자의 관계의 발전을 도와 주는 것이 영적 지도자의 목적이고, 그 관계를 발전시키려는 피지도자의 바람과 노력의 원천은 바로 성령이시라고 본다. 그러므로 영적 지도자는 이 성령의 힘을 바탕으로 피지도자와 협력관계를 형성하고, 성령의 인도하심에 대항하는 피지도자 내면의 저항을 인식할 때에도 계속해서 협력관계를 유지하려고 노력한다. 그렇기 때문에 다른 형태의 사목적 배려가 다만 암시하고 있는 것을 영적 지도는 명시하고 있다. 즉, 피지도자가 더 충만한 삶을 살고, 더욱더 완전하게 되며, 하느님과 더 일치하기를 바라는 것은 성령에 바탕을 두고 있으며, 이러한 관계에서 활동적으로 참여하시는 분이 하느님이시라는 것을 영적 지도는 명시한다. 그래서 영적 지도의 협력관계는 신비에 바탕을 두고 있으며 그 방식 또한 신비적이라는 것을 명시한다. 그 신비를 부정하는 것 같은 영적 지도자의 어떤 행동,

---

8. 이 용어는 Karl Menninger가 처음으로 사용하였다. 상담 관계의 시작에 대해 다룬 Edward S. Bordin, *Psychological Counseling*, 2nd ed. (New York: Appleton-Century-Crofts, 1968), pp.215-31 참조.

예를 들어 하느님과의 관계에서 "우리는 하느님께 화를 내어서는 안 됩니다"란 식의 어떤 인간적 체험을 제외시킨다든지 "이번 주에 당신은 성체 앞에서 무릎꿇고 기도해야 합니다"라는 식의 권위주의적 영적 지도는 영적 지도를 위한 협력관계에 바람직하지 못하며 또 영적 지도관계에 치명적일 수 있다.

다른 충성심이 일어날 때 영적 지도자는 피지도자의 얘기를 제대로 듣지 못하고, 또 그것이 협력관계에 영향을 미칠 수 있다. 그 의미를 분명히하기 위해 예를 하나 들어 보겠다. 두 아이를 가진 어떤 부인이 본당수녀에게서 영적 지도를 받고 있다. 그녀는 매우 건전한 기도생활을 해왔고 하느님께 가까이 머물기를 원하지만, 이혼한 남자와 사랑에 빠졌기 때문에 곤경에 처해 있다. 최근 몇 번의 경우에 그들은 거의 성관계를 가질 뻔했었다. 그녀는 자신에게 일어나는 것을 이해할 수 없다. 그녀는 이전보다 훨씬 더 생기를 느끼고, 기도생활이 더욱 활기차 있음을 깨닫지만 동시에 그녀는 죄의식을 느낀다. 그녀는 하느님과 더 친밀한 관계를 맺고자 하며 또 하느님의 뜻을 발견하기 위해 도움을 요청한다. 영적 지도자는 그녀와 함께 노력할 것에 동의하지만, 그녀가 결혼한 여자로서 또 어머니로서의 삶과 자신의 행동과의 불일치를 보지 못하는 것 같아서, 스스로 분노하고 있는 것을 느낀다. 자신의 관리자(supervisor)와의 면담에서 영적 지도자는 자신이 그녀와의 협력관계에 들어가지 못하게 가로막고 있는 것은 충성심 때문이라는 것을 깨닫게 된다. 즉, 영적 지도자는 피지도자의 가정, 남편과 아이들에 대한 책임감이라는 충성심 때문에, 그 피지도자와 협력관계 대신 적대관계를 가지고 있다. 이런 경우 영적 지도자가 하느님과의 관계에서 성장하려는 그녀의 바람을 인식하고 협력할 수 없기 때문에 영적 지도는 불가능하다. 외도를 막으려는 것은 칭찬할 만하지만 영적 지도자는 그 선택을 피지도자에게 맡겨두어야 한다. 영적 지도자가 나름대로 은밀한 계획을 유지하면서 동시에 피지도자와의 협력관계를 형성할 수는 없다. 영적 지도자의 일차적 충성심은 하느님과의 관계 발전을 그 유일한 목적으로 하는 협력관계를 향하고 있어야만 한다.

그렇지만 협력관계에서 피지도자의 외면적 삶에 대해 질문을 던지는 것이 제외된다고 생각해서는 안된다. 이 예에서 영적 지도자는 피지도자에게 자신의 행동과 크리스천적 가치를 어떻게 타협하는지, 또 이혼한 남자와의 관계에 대해 하느님께 어떻게 말씀드리는지에 대해 질문할 수 있다. 영적 지도자 자신의 생각으로는 예수님과의 깊은 친교를 위해 피지도자의 이러한 관계가 바람직하지 못하다고 말해 줄 수 있다. 그렇지만 영적 지도자가 피지도자와 협력관계를 맺고 있을 때 그 협력관계의 테두리 안에서만 영적 지도에 보탬이 되도록 이런 질문들을 던질 수 있다. 영적 지도자가 자신을 이해하고 또 진정으로 하느님의 뜻을 발견하도록 도와 주기를 원한다는 것을 안다면, 피지도자는 그 질문들을 더 잘 들을 수 있게 되고 또 하느님께 그 질문들에 관하여 말씀드릴 수 있게 된다. 진정한 신앙 체험을 분별하기 위한 기준은 협력관계가 존재할 때만 영적 지도에 유익하게 사용될 수 있다. 왜냐하면 이런 기준을 사용할 때 아주 힘든 질문들을 던질 필요가 있을 것이기 때문이다.

그러나 이런 예가 대두될 때, 어떤 영적 지도자는 "피지도자가 크리스천 신앙 실천에 어긋나게 행동하는 경우, 크리스천으로서의 의무를 상기시켜 주어야 할 책임이 영적 지도자에게 있지 않은가?"라고 물을 것이다. 이 실문에 대한 우리의 대답은 다음과 같다. 첫째, 피지도자는 스스로 모순이 존재하는 것을 안다. 앞의 예에서 그 부인은 죄의식을 느끼면서 동시에 일어나는 흥분에 당황해한다. 둘째, 영적 지도는 교회의 많은 사목활동들 중의 하나일 뿐이다. 강론, 신문기사, 사목상담이 또한 피지도자의 종교적 환경의 일부분이 될 수 있다. 셋째, 문제가 되는 것은 영적 지도자가 피지도자의 의무를 상기시켜 주어야 하는지의 여부가 아니라, 영적 지도의 일차적 목적이 무엇인가이다. 영적 지도의 일차적 목적은 하느님과 피지도자의 관계의 발전을 도와 주는 것이기 때문에 영적 지도자는 피지도자가 자유롭게 자신의 모든 체험을 바라보기를 원하는 것으로 충분하다. 마지막으로 피지도자는 하느님께서 피지도자의 전체적인 삶에 관심을 가지고 계시며, 하느님의 바람에 몹시 어긋나는 그런 행동이 하느님과의 관계에 장해를 일으킬 것이라고 생각한다. 피지도자는 하느님께로부터 거리감이나 불편함을 느끼거나, 진지한 기도를 포기하거나, 기도가 단조롭고 흥미없는 것이라고 느끼게 될 것이다. 기도에서 피지도자를 도와 주려고 협력관계를 맺은 영적 지도자는 피지도자로 하여금 그 장해의 요인에 대해 좀더 깊이 성찰해 보라고 제안하고 피지도자가 명확하게 분별하도록 도와 줄 수 있다.

그래서 영적 지도자는 충성심을 어디에 두고 있는지 분명히 결정하고, 피지도자가 보고하는 기도의 체험에 계속해서 인내롭게 주의를 기울이며, 또한 그들의 일차적 관심사가 하느님과 피지도자의 관계에 있음을 분명히함으로써 협력관계를 발전시킬 수 있다.

영적 지도를 받기 시작하는 대부분의 사람들은 갈등을 일으키는 요소들을 많이 가지고 있을 것이다. 영적 지도자는 협력관계를 형성함으로써 피지도자가 자신의 갈등을 검토하고 정리하도록 도와 줄 수 있다. 그렇지만 피지도자가 가지고 있는 어떤 특정한 태도들이나 바람들 때문에 협력관계가 형성되는 것이 어려울 수 있다.

최근 몇 년 동안 세계 곳곳에서 영적 지도가 굉장한 인기를 얻게 되었다. 이런 갑작스런 인기 때문에 협력관계 형성이 어려울 수 있다. 어떤 사람들은 그것이 "유행되는 것"이기 때문에 영적 지도를 요청할 수 있으며 그렇게 시작한 동기가 뒤에 바뀌지 않는다면 협력관계는 형성되지 않을 것이다. 또한 영적 지도가 인기있는 곳에서는 특정한 영적 지도자들이 각별히 높은 명성을 얻게 될 것이며 그런 상황에서 명성이 높은 영적 지도자들을 택하지 못한 피지도자들은 다른 평범한 영적 지도자들과 협력관계를 형성하기가 어려울 것이다. 차선으로 선택한 영적 지도자의 능력에 대한 드러나지 않은 불신과 노여움은 협력관계의 형성을 불가능하게 할 수 있다. 솔직하게 이런 감정들을 검토해 보는 것만이 그 어려움을 극복하는 유일한 방법이 될 것이다.

영적 지도가 인기있고 또 쉽게 영적 지도를 받을 수 있을 때, 다른 것의 대안으로, 즉 귀기울여 들어주는 사람이나 상담자의 대안으로 영적 지도를 요청할 수 있다. 어떤 사람들은 자신들이 상담이나 심리치료가 필요하다는 것을 생각조차 할 수 없을 뿐 아니라 자신들에게 필요한 것이 심리치료임을 깨닫지 못하기 때문에 영적 지도를 요청하기도 한다. 이런 사람들은 기도의 체험을 다룬다는 계약에 표면상으로는 동의하지만, 실지로는 가족 문제, 교회 공동체 문제, 사장과의 문제, 직장 문제, 성적인 문제, 음주 문제에 대해 얘기하는 데만 관심을 둔다. 이런 경우 영적 지도의 협력관계는 결코 형성되지 않을 것이며 영적 지도자는 이런 경우에 자신들이 어떻게 해야 할지를 결정해야 할 것이다. 그들은 이 보조적인 사목적 배려를 좀더 계속하며 피지도자 스스로 문제를 파악하도록 도와 줄 수 있으며, 혹은 자신에게 이런 피지도자들을 유능하게 다룰 수 있는 전문지식이 없음을 인정하고, 상담자나 심리치료자에게 추천할 수 있다.

어떤 사람들은 "그들의 성소"나 "그들의 결혼"에 도움을 받기 위해 영적 지도를 요청할 수 있으며, 이 동기가 계속 우세하게 남아 있다면 협력관계는 결코 형성되지 않을 것이다. 궁극적으로 영적 지도를 위한 동기는 하느님과의 관계에서 성장하려는 바람이어야 한다.

또 어떤 사람들은 기도생활을 향상시키고 싶다는 목적을 공공연히 밝히고 영적 지도를 요청한다. 그러나 왜 영적 지도 받기를 원하느냐고 물으면, 그들은 대개 "내가 크리스천이기 때문에", "사목자이기 때문에" 또는 "수도자이기 때문에"라고 대답할 것이다. 이런 대답이 단순히 "나는 마땅히 기도해야 한다"를 의미하는지 가려내기 위해 신중하게 검토해 볼 필요가 있다. 많은 사람들은 그들이 기도를 통해 얻는 것이 무엇이며, 왜 기도하기를 원하는지에 대해 스스로에게 물어본 적이 거의 없을 것이다. 신중한 검토 후에 어떤 사람들은 실지로 자신들이 아직 기도하기를 원하지 않는다는 것을 알게 된다. 이런 경우 영적 지도자는 기도하지 않을 자유가 그들에게 있다는 것을 인식하도록 도와 줄 수 있다. 하느님께서는 자유로운 인간이 이해할 수 없는 법에 어리석게 복종하는 것을 원하지 않으신다. 이런 사람들은 이해할 수 없는 의무로부터 자유롭게 됨으로써, 마침내 본인들 스스로 기도하기를 바라도록 희망한다. 신중하게 검토해 보면 대부분의 사람들은 기도하기를 몹시 바라고, 하느님과 관계 맺기를 바라며, 또 실지로 기도에 굶주려 있음을 알게 된다. 이런 경우 그들은 기도를 외부로부터 부과된 의무가 아닌 내면의 바람으로 새롭게 바라보게 된다. 기도를 위한 내면의 바람을 발견하는 데에 필요한 인내와 보살핌 없이는 협력관계가 형성되기 어려울 것이다. 협력관계가 형성되지 않으면 피지도자는 하느님과 영적 지도자 앞에서의 자신의 자유를 결코 인식하지 못할 것이고, 바로 이 자유가 진정한 기도가 발전할 수 있는 유일한 토대임을 인식하지 못할 것이다.

마지막으로 어떤 권위에 있는 사람의 강력한 권고나 명령을 받았기 때문에 영적 지도를 요청하는 경우가 더러 있다. 이런 경우 협력관계가 형성되기 위하여 피지도자가 기도와 영적 지도를 위한 내면의 동기를 가지고 있을 필요가 있으며 이런 경우 영적 지도에 "보내어진" 사람들과의 협력관계를 형성하기 위하여 신중하게 다루어야 한다. 대부분 경우에는 동기가 뒤섞여 있다. 예를 들어 신학생이나 수도회의 수련자들이 영적 지도를 받도록 보내졌을 때, 본인 스스로 영적 지도 받기를 원하기도 한다. 그렇지만 자유로운 협력관계를 발전시키기 위해 이 경우에도 역시 신중하게 다룰 필요가 있다.

협력관계의 형성은 영적 지도에서 필수적이다. 피지도자의 기도와 삶에 도움이 될 영적 지도관계의 발전을 위해, 초기에 두 동반자가 공동 목적을 위해 함께 노력하는 데 필요한 협력관계를 형성하도록 인내롭게 배려하는 것이 매우 중요하다. 그런 배려와 주의가 결여됨으로써 서로가 반대되는 가정을 내려 애매모호한 동의가 이루어질 수 있다. 최악의 경우에는 상호 비난이 일어날 수도 있고, 결국 그 관계는 서로 아무런 만족도 얻지 못하고 흐지부지하게 될 것이다. 명백한 협력관계를 형성하고서도 유지하기 힘든 관계가 영적 지도인데, 하물며 이런 기초가 놓여지지 않는다면 그 관계는 다만 귀찮고 지루한 것이 될 것이다.

여기서 영적 지도의 동의가 이루어진 구체적인 예를 살펴보는 것이 독자들에게 도움이 될 것 같다. 영적 지도자로 명성이 높은 50세 된 사제가 하루는 다른 사제로부터 전화를 받게 되는데, 그 사제는 영적 지도자의 명성을 평소에 익히 들어왔다고 말하고, 자신에게 영적 지도가 필요한지 그 가능성을 검토해 보기를 원한다고 말한다. 그들은 영적 지도자의 사무실에서 만나기로 약속한다.[9]

그 사제가 약속된 시간에 도착하여 서로 인사를 나누고 나서, 예비 피지도자가 "제가 왜 여기에 왔는지 설명해야 할 것 같군요"라든지, 영적 지도자가 "전화상으로 영적 지도에 관심이 있다고 말씀하셨지요"와 같은 말로 대화가 시작될 수 있을 것이다. 여기서부터 대화가 어떤 방향으로 진행될 것인가?

---

9. 일반적으로 말해, 피지도자가 영적 지도자의 사무실이나 집으로 오는 것이 바람직하다. 그렇게 함으로써 첫째, 영적 지도에 참여하는 피지도자의 자유가 존중되고 둘째, 피지도자가 면담 약속을 하게 됨으로써 두 사람의 협력관계가 좀더 분명하게 되고 셋째, 전이의 문제도 좀더 쉽게 다루어질 수 있다.

먼저 영적 지도자는 그 사제가 무슨 동기로 자기를 찾아왔는지 알고자 그의 이야기를 듣는다. 그 사제는 자신이 40세이고, 서품받은 지 15년이 지났으며, 영적 지도가 매우 도움이 된다고 생각하는 어떤 수녀로부터 영적 지도에 대해 들어 왔다고 말한다. 그는 자신의 본당 사목이 좋을 때나 궂을 때도 있었지만 전반적으로 본당신부로서의 삶을 즐겨 왔으며 특히 본당 청소년들과 활동하기를 좋아해 왔다. 그럼에도 최근에 그는 쉽게 피곤해지며 자신감이 줄어들고 외로움을 느끼고 있다. 함께 활동하던 십대들은 성장하고 결혼해서 본당을 떠나 버렸고, 친구 사제 몇 명은 사목활동을 포기하고 환속해 버렸다. 평소에 가지고 있던 일에 대한 열성이 더 이상 없으며 영적으로 메마름을 느끼고, 만약 이런 감정들이 증가한다면 앞으로 20년의 삶이 어떤 식이 될까 두려워한다. 그는 아는 몇 명의 여자들에게 매력을 느끼고 특히 그에게 영적 지도를 받도록 추천한 그 수녀에게 매력을 느낀다. 그는 사제직을 떠나기를 원하지는 않으나, 그러면서 50세에 메말라 버린 노인이 되기도 또한 원하지 않는다. 그는 영적 지도가 그의 삶에 활기를 다시 불어넣어 주기를 희망한다.

영적 지도자는 피지도자인 그 사제가 영적 지도를 어떻게 이해하고 있는지 물어본다. 그 사제는 영적 지도가 기도와 관련이 있다는 것을 알고 있으며, 신학교 때 그가 받은 영적 지도와 같지 않기를 바란다고 말한다. 영적 지도자는 영적 지도가 기도와 관련있고 기도에서의 체험에 대해 얘기하는 것이라고 동의하고 나서, 그 사제가 어떻게 기도하는지 또 기도에서 얻어지는 것이 무엇인지 물어본다. 여기서의 요점은 피지도자의 기도 체험이 어떠했는지 알려는 것이지, 기도생활에 대한 완전한 설명을 들으려는 것은 아니다. 영적 지도자는 이런 질문을 통해 피지도자의 영적 지도의 토대가 될 수 있는 체험적 기초가 무엇인지 알고자 한다. 만약 피지도자가 기도를 기본적으로 의무로 보아왔고, 기도를 즐긴 체험이 거의 없다면, 그 사제로 하여금 기도를 하느님과의 자유로운 관계로 이해하도록 도와 줌으로써 영적 지도를 시작할 수 있다.

이 시점에서 그 과정을 더 구체적으로 하기 위해 가상의 대화를 소개하는 것이 도움이 될 것 같다. 영적 지도자인 톰이 피지도자인 레스를 대하는 두 가지 다른 접근방식을 예로 들겠다.

대화 1

톰: 영적 지도를 통해 바라는 것이 무엇입니까?

레스: 내가 처한 상황에 대해 좀더 자세히 파악할 수 있으면 하고, 나를 정상 궤도에 다시 올려놓을 어떤 기도방식을 당신이 제안해 주었으면 합니다. 성무일도는 거의 매일 바치지만, 도움이 될 수 있는 다른 방식의 기도가 있을 것 같은데요.

톰: 내가 어떤 제안을 해주기를 바랍니까?

레스: 그렇습니다. 예를 들어 내게 도움이 되는 어떤 성서 구절이나 다른 방식의 기도를 제안해 주십시오.

톰: 당신의 처지에 대해 얘기를 나누었는데 당신이 어떤 사람인지 당신의 삶의 체험이 어떠했는지 잘 알겠습니다. 당신에게는 소명의 갱신이 필요한 것 같습니다. 예레미야가 하느님의 부르심을 듣고, 그 부르심에 대해 어떻게 생각하는지 하느님께 말씀드리기 시작하는 예레미야서 초반부에 있는 구절을 택하는 것이 어떻겠습니까? 또는 예수님께서 사제직과 사도직에 대해 말씀하시는 요한 복음의 최후만찬의 이야기를 택할 수도 있겠구요. 그외 적절한 다른 성서 구절이 생각나십니까?

레스: 아뇨. 그것만으로도 한동안 바쁠 것 같습니다.

대화 2

톰의 첫번째 질문에 대한 레스의 응답이 있고 난 후 톰은 다른 접근방식을 따른다.

톰: 당신이 기도해 오던 방식에 대해 좀더 말씀해 주실 수 있겠습니까?
레스: 나는 성무일도를 많이 바치고 있고 여기에서 많은 것을 얻고 있습니다. 나는 성무일도가 훌륭한 형태의 기도임을 알고 또 거의 매일 이 기도를 바칩니다. 어떤 날은 다른 날들보다 기도가 더 잘 되는가 하면 어떤 날은 성무일도의 시편 구절로부터 아무것도 얻지 못합니다.
톰: 당신이 선호하는 어떤 구절이 있습니까?
레스: 글쎄요. 지금 당장 생각나는 것은 하나도 없습니다. 나는 몇 편의 시편과 바울로 서간 중의 일부를 좋아합니다.
톰: 당신에게 하느님께 대해 더 잘 설명해 주는 구절은 없습니까? 아니면 하느님께서 당신과 관계를 더 잘 맺도록 해준다고 느끼는 방식을 묘사해 보시지요?
레스: 지금 당장 아무것도 생각나지 않습니다. 아마도 바울로 서간일 것 같지만 어떤 특별한 구절을 생각해 낼 수 없습니다.
톰: 만약 분명한 하느님의 모습, 즉 당신에게 가장 매혹적인 하느님의 모습이 무엇이냐고 묻는다면 뭐라고 대답하시겠습니까?
레스: 아마도 음악일 것 같습니다. 나는 고전음악 듣는 것을 즐깁니다. 음악이 나를 안심시켜 주고 평화를 주며 편하게 해줍니다. 또 음악이 나를 움직이고 따뜻하게 해주는 것을 느낍니다.
톰: 편안하게 느낀다구요. 감정적으로 감동받습니까?
레스: 예, 나는 늘 음악을 사랑해 왔습니다. 내가 어렸을 때는 컨트리 뮤직을 매우 좋아했습니다. 지금은 대부분이 클래식 음악이며 바하와 베토벤을 좋아합니다. 상당히 좋은 레코드를 많이 가지고 있습니다.
톰: 음악이 당신에게 하느님께 대해 어떤 것을 말해 줍니까?
레스: 음악이 하느님의 모습을 말해 주고 또 하느님께서 내 주변 모든 곳에 계심을 상기시켜 줍니다. 음악은 하느님께서 내가 평화롭기를 바라신다고 말해 줍니다.
톰: 평화롭다구요.

레스: 일거리나 미래에 대한 근심 걱정으로 가득 차 있지 않고 그저 평화로운 상태 말입니다. 나는 근심 걱정이 많은 하루 일과를 마치고 나서 음악을 들으면서 하느님을 만납니다.

톰: 하느님께서는 평화와 휴식을 가져다 주시는 분이십니까? 특히 근심 걱정을 한 후 또 일을 마치고 난 후에요?

레스: 예, 하느님께서 저를 위해 계시고 저와 함께 계십니다.

톰: 그것이 기도를 시작할 수 있는 좋은 상황인 것 같습니다. 당신에게 평화를 가져다 주시는 하느님의 말씀을 듣고 나서 당신 스스로 그 말씀에 응답하도록 하십시오. 당신에게 평화를 가져다 주시는 하느님께 대해 어떻게 느끼는지, 당신의 근심 걱정을 덜어 주시는 하느님께 대해 어떻게 느끼는지 말씀드리면서요.

레스: 내가 그렇게 하는 것은 조금 어리석다고 느낄 것 같습니다. 하느님께 뭔가를 말씀드리라는 의미이십니까?

톰: 그렇습니다. 하느님께 말씀드리라는 것은 당신이 느끼고 있는 하느님께 단지 응답하는 것입니다.

레스: 그것이 내가 불편해하고 좌절감을 느끼는 것과 무슨 상관이 있습니까?

톰: 하느님께 말씀드리는 것과 당신이 느끼는 그런 감정들이 결국 상관이 있게 될 것입니다. 당신은 음악으로써 하느님을 보는 것이 진정한 방식으로 그분을 보는 것이라고 느끼고 있습니다. 만약 당신이 느끼는 대로 하느님께 반응할 수 있다면, 당신의 좌절감이나 불편함과 같은 다른 감정들에 대해서도 그분께 말씀드릴 수 있을 것입니다. 그렇게 하도록 노력해 보시겠습니까?

레스: 나는 지금 그 평화를 너무나 간절히 바라고 있습니다. 약간 이상하지만 그렇게 해보겠습니다.

첫번 대화에서 영적 지도자는 레스의 영적 지도에 대한 바람을 성급하게 받아들인다. 레스가 자신의 불편한 감정과 영적 메마름에 대해 얘기하는 것을 듣고 나서, 톰이 예레미야서의 구절을 제안한 것은 타당하며 현명하다고 볼 수 있다. 그러나 그는 레스가 하느님을 체험하고 있으며 또 레스가 성서 구절을 통해서 체험을 가장 쉽게 할 수 있다는 두 개의 큰 가정을 내리고 있다. 두번째 대화에서 영적 지도자는 레스의 하느님께 대한 실제적 체험에 관해 알아보고 나서, 그에게 도움이 되는 기도의 원천이 현재로는 성서를 통한 것이 아님을 알게 된다.

초기의 면담에서 영적 지도자는 예비 피지도자의 현재의 기도생활에 관심을 둔다. 방금 언급한 최초의 면담에서 영적 지도자는 예비 피지도자가 하느님께서 제시하시는 관계를 어떻게 체험하며 또 어떻게 이해하는지 알아보려고 노력한다. 영적 지도를 위한 동의에 앞서, 영적 지도자는 영적 지도를 위한 기초가 존재함을, 즉 피지도자가 더 개인적으로 하느님과 관계 맺기를 바라고 있음을 확인하고 싶어한다. 물론 그 바람이 이미 명백하게 체험되었고 또 이미 이루어진 하느님과의 관계를 깊게 하는 것이라면 더욱 바람직하다. 두번째 접근방식이 더 나은 것은 사실이다. 톰과 레스는 이제 더 나아가 그들이 어떻게 함께 노력할 것인지에 대해 자세하게 토론할 수 있다.

진정으로 도움을 줄 수 있는 영적 지도가 되기 위해서는 시간이 걸린다. 적어도 몇 개월 때로는 수년의 시간이 필요하다. 시간이 얼마나 걸리는가는 영적 지도자와 피지도자가 얼마나 자주 서로 만날 수 있는지, 피지도자의 필요가 무엇인지, 영적 지도자에게 그 필요를 충족시켜 줄 수 있는 능력이 있는지, 피지도자와 영적 지도자 사이의 관계가 꾸준한지와 같은 삶의 상황에 의해 결정될 것이다.

피지도자는 영적 지도자로부터 비밀에 대한 보장뿐만 아니라 하느님과의 관계에서 자신의 성장에 대한 약속을 기대할 권리가 있다. 따라서 영적 지도자는 비밀 보장에 대한 자신의 입장을 명백히하고, 그에 대한 비밀스런 기록이나 평가서를 작성하지 않을 것임을 피지도자에게 알려준다. 영적 지도자의 의도는 피지도자의 하느님과의 관계에 봉사하기를 원한다는 사실을 강조하려는 것이다. 그러나 비밀 보장이 철저해야 하지만, 피지도자의 신원이 보호되고 피지도자가 허락할 경우, 영적 지도자가 관리(supervision)를 받는 것이 금지되어서는 안된다.

또한 피지도자가 염려하는 것은 자신의 사생활 보호이다. 피지도자는 다른 사람들이 그들의 얘기를 엿듣지 않는다는 것을 확인하고 싶어한다. 그래서 면담이 진행되는 방은 다른 사람들이 엿들을 수 없도록 배치되어 있어야 한다. 만약 피지도자는 누군가가 예고없이 불쑥 들어올지도 모른다고 느낀다면, 내면의 체험을 털어놓기가 매우 힘들 것이다. 예를 들어 울고 있다가 방해를 받으면 당황하게 될 것이고, 그런 방해의 가능성이 있다면 피지도자가 깊은 감정적 문제에 대해 말하기를 꺼려할 것이다. 또한 피지도자는 영적 지도자의 동료나 그의 가족들과 같은 다른 사람들이 그에 대해 너무 많은 것을 알고 있고 또 왜 그가 영적 지도를 받고 있는지 그 이유를 안다면 기분 나쁠 것이다. 자신의 내면을 다른 사람에게 털어놓는다는 것 자체가 힘들기 때문에, 피지도자가 자신의 사생활을 다른 사람들이 알게 될까봐 두려워하지 않도록 영적 지도자는 할 수 있는 한 최선을 다해야 한다.

또한 영적 지도 중 계속해서 걸려오는 전화나 방문객 때문에 자주 중단된다면, 피지도자가 짜증이 나고 화가 날 것은 당연하다. 영적 지도자는 면담시간 전에 가능하면 그런 방해를 받지 않도록 조치해 두는 것이 좋다. 만약 영적 지도자가 면담 도중 방해받을 것을 안다면, 사전에 피지도자에게 그것에 대하여 설명하고 양해를 구해야 한다. 만약 방해받지 않을 것이라는 확신이 불가능하다면, 영적 지도자는 이 문제를 피지도자와 상의해서, 피지도자가 영적 지도자 본인의 난처한 처지를 이해하도록 해야 한다.

영적 지도자와 피지도자는 그들이 얼마나 자주 만날 것인지에 대해 동의해야 한다. 영적 지도의 초기에는 가급적 빨리 서로를 이해하고 튼튼한 협력관계를 형성하기 위하여, 또 피지도자의 기도생활의 리듬에 대한 평가를 하기 위하여 일주일에 한 번씩 만나는 것이 좋다. 초반기 이후, 즉 한 달쯤 뒤에, 영적 지도에 대한 초기 결과를 평가하면서 얼마나 자주 만나는 것이 가장 좋을지 다시 결정할 수 있다.

영적 지도자는 피지도자가 하느님과 의식적으로 함께하는 시간을 따로 정하도록 또 하느님과 함께 있을 때 일어나는 것에 주의를 기울이도록 권고한다. 이런 기도에서의 체험이 영적 지도의 초점이 된다. 이런 기도시간을 자주 또 오래 가질 필요가 있으나, 각자가 자신에게 가장 좋은 리듬을 발견해야 한다. 기도시간의 횟수나 길이보다 더 중요한 것은 피지도자가 기도하는 시간에 접근하는 태도이다. 피지도자가 절친한 친구와 대화하는 시간처럼 진지하게 기도시간을 대할 수 있는가? 아울러 각각의 기도시간이 끝난 후 그때 일어난 것을 간단히 기록해 두는 일기나 일지를 간직하는 것이 도움이 된다.

기도를 규칙적으로 드리는 것에 덧붙여 영적 지도자가 피지도자에게서 기대할 수 있는 것은 무엇인가? 영적 지도자가 유일하게 기대할 수 있는 것은 자유의 발전인 것 같다. 하느님께서 그분 자체로 피지도자와 함께 계시도록 하고 또 피지도자 자신이 하느님과 함께 있도록 더 큰 자유를 향해 피지도자가 나아가도록 영적 지도자는 기대한다. 영적 지도자가 그 이상을 요청한다면, 즉 피지도자가 일정한 기도 수준에 도달하기를 기대하거나, 혹은 그가 사목자나 사제가 되어 남아 있기를 바라거나, 또는 그녀가 결혼생활에 그대로 머물러 있고, 심지어 지금 현재 피지도자가 훌륭한 사람이 되기를 요청한다면, 영적 지도자는 성령의 기대와 자기 자신의 기대를 혼동해서 성령의 활동을 방해하게 된다. 그렇지만 영적 지도자가 피지도자의 자유를 허용하고 또 그가 자유롭게 하느님과의 관계에서 성장해 나가도록 한다면, 이런 기대는 어떤 특별한 결과를 예상하지 않으면서 피지도자를 위한 도전적이고 고무적인 분위기를 제공한다.

이것은 실질적인 기대이며 영적 지도자는 피지도자가 원하는 것 이상으로 더 자유롭게 되라고 요청하는 것은 아니다. 자유 안에서의 성장이 영적 지도에 필수적이라고 본다. 만약 피지도자가 이 시점의 그의 삶에서 더 이상의 자유를 원하지 않는다면, 그는 영적 지도를 그만두고 가끔 얘기를 들어주는 사람을 찾든지 상담과 같은 다른 형태의 사목적 배려로 대치함으로써 자신의 자유를 실천해야 한다.

또 한 가지, 사례비는 논란이 되고 까다로운 문제가 될 수 있기 때문에 분명히해 둘 필요가 있다. 저자들은 영적 지도에 대한 사례비를 받지 않고 있다. 영적 지도는 모든 크리스천에게 경제적 부담을 주지 않고 봉사할 수 있는 하나의 사목활동이 되어야 한다고 생각한다. 대부분의 영적 지도자들에게 있어 영적 지도는 전담 직업이 아니기 때문에, 그들은 대개 무료로 이 봉사를 할 수 있다. 저자들은 모든 영적 지도자들이 이 입장에 동의하지 않을 것을 알며 또 사례비를 받는 것이 정당하다고 주장하는 사람들이 있다는 것도 안다. 저자들은 여기서 다만 우리의 실천과 선호를 말하고 있을 뿐이다. 그렇지만 만약 사례비를 기대한다면 영적 지도자는 이 점을 분명히 하고 피지도자와 그것에 대해 얘기를 나누어야만 한다. 만약 아무 사례도 기대하지 않는다면 영적 지도자는 이 사실을 또한 언급해야 한다. 돈은 곤란한 문제가 될 수 있고 또 무엇이 기대되는지 불확실할 때 피지도자가 난처해할 수 있다.

동의의 요소들이 이 시점의 초기 면담에서 다소간 명백해질 것이다. 이제 피지도자에게 어느 정도 시간을 주어 지금까지 말한 것에 대해 성찰해 보도록 해야 한다. 심지어 그가 영적 지도를 받으려고 결정을 내릴 준비가 되어 있다고 느끼더라도, 최종적으로 마음을 결정하기 전에 성찰해 보기를 권하는 것이 현명하다. 그는 지금 운명적인 한 발자국을 떼어 "어둡고 위험스러운 여정"이 될 수도 있는 것을 시작하려 한다.[10] T. S. 엘리어트는 그것을 이렇게 표현한다.

> 이제 너에게 말해 주겠는데, 낯선 자에게 접근하는 것은
> 예상하지 않은 것을 초대하고, 새로운 힘을 풀어놓는 것이며,
> 또는 제니를 병에서 끄집어내는 것이다.
> 그것은 연쇄 사건들의 시작이 된다.
> 네가 조정할 수 있는 한계를 훨씬 뛰어넘는 …[11]

결정을 내리기 전에 성찰해 보기를 강조하는 것이 좋다. 이렇게 강조함으로써 피지도자가 자유롭게 결정내릴 수 있음을 분명히해 준다. 피지도자가 처음부터 자신의 자유에 대해 인식하는 것이 매우 중요하다. 피지도자의 성장을 위한 자유의 분위기가 존재할 때, 영적 지도는 영적 지도자의 기대 때문에 정체되지 않을 것이고 또 그 과정의 위험을 피하게 될 것이다. 영적 지도는 피지도자가 삶이나 기도의 어떤 세밀한 계획보다는, 살아 계시며 예상할 수 없는 하느님께 자신을 의식적으로 또 자유롭게 개방하도록 도와 주는 것이어야 한다.

첫번 면담을 끝내기 전에 영적 지도자는 피지도자에게 토론된 것에 대해 성찰한 후 영적 지도를 원한다면 면담 약속을 위해 전화하

---

10. J. R. R. Tolkien's *The Fellowship of the Ring* (New York: Ballantine Books, 1965), p.242. 사슴왕국인 Rivendell로 여행을 가려다가 Bree에서 길을 잃어버린 조롱말들의 이야기이다. 그 조롱말들은 Bob과 Tolkien에 의해 구출되지만 'Bree에서 더 힘들게 일해야 했다. 그러나 전반적으로 Bob이 대우를 잘 해주어 다행스러웠다. 그들은 어둡고 위험스러운 여행을 그리워했지만 Rivendell에는 결국 도착하지 못했다".

11. T. S. Eliot, *The Cocktail Party*, act I, scene 1, in *The Complete Poems and Plays* (New York: Harcourt, Brace, 1952), p.306.

라고 말할 수 있다. 여기서 다시 영적 지도를 시작할 자유가 피지도자에게 있음을 강조한다. 피지도자는 영적 지도 받기를 원하지 않을 때 단지 전화하지 않기로 결정할 수 있다.

결론적으로 영적 지도자와 피지도자 사이의 관계를 이해하는 방식은 영적 지도의 성격에 대한 개념에 달려 있다. 저자들은 영적 지도란 다른 크리스천과 하느님과의 관계가 발전하도록 도와 주는 것이라고 이해하기 때문에, 영적 지도자와 피지도자의 관계는 동반자의 관계라고 믿으며 특별한 방식의 협력관계가 영적 지도자와 피지도자 사이에 발전된다고 믿는다. 그 협력관계는 영적 지도자가 피지도자가 원하는 것, 즉 하느님과의 친밀한 관계를 향해 나아가도록 도와 주는 것이라는 동의에 기초한다.

⑩ 영적 지도자와 피지도자와의 관계에서의 장애 요인들

영적 지도를 통해 피지도자는 하느님과 더 깊고 명백하며 친밀한 관계를 발전시키고자 하며, 영적 지도자는 그 발전을 도와 주고자 한다. 영적 지도자와 피지도자는 그 목적 달성을 위해 함께 노력하는 과정에서 친밀한 관계를 형성하게 된다. 영적 지도가 상당 기간 지속된다면, 쌍방은 서로를 더 잘 알게 되고, 더 솔직해지며, 더 친밀하게 된다. 그들은 서로를 위해 기도해 주고, 아플 때 서로 위로해 주며, 가정이 어려울 때 서로 돌봐 주게 된다. 또한 두 사람의 관계가 발전하는 과정에서 서로 오해하기도 하고, 상대방의 실수에 분노하기도 하지만 대화를 통해 오해와 분노를 풀고 화해하게 된다. 영적 지도가 피지도자의 성장을 도와 주려는 특정한 목적을 가지고 있지만 영적 지도자와 피지도자의 관계는 이와같이 일반적인 인간관계의 유형을 따르게 된다.

영적 지도의 특정한 목적 때문에 모든 인간관계에서 발생할 수 있는 어려움에 덧붙여 영적 지도관계에서만 발생하는 독특한 어려움이 존재하게 된다. 이런 독특한 어려움들이 피지도자의 성장을 가로막기 때문에 특별히 주의할 필요가 있다.

앞에서 피지도자의 갈등을 일으키는 바람이 하느님과의 관계에서의 성장에 저항하여 나타나는 것에 대해 언급했다. 또 영적 지도자와 피지도자와의 관계가 피지도자와 하느님과의 관계에 장애 요인이 될 수 있음도 언급했다. 영적 지도자의 자질과 개성과 접근방식이 피지도자의 저항의 초점이 될 경우 영적 지도자는 다음과 같은 말을 듣게 될 것이다. "나의 기도생활에서 그저 인간이라는 것을 제외하고는 잘못된 것이 하나도 없습니다. 문제는 내가 당신으로부터 얻는 것이 거의 없다는 것입니다. 당신은 나를 제대로 도와 주지도 않으면서 내가 말하는 것에 화만 내는 것 같습니다"라든지 혹은 "당신이 나의 기도생활에 큰 도움이 되었습니다만 나는 당신을 전혀 모릅니다. 만약 당신이 아니었다면, 나는 삶을 잃었을 것입니다. 당신은 나의 삶에서 가장 중요한 사람이기 때문에, 우리의 관계에 대해 서로 얘기해야 하고 또 인간적으로 서로를 더 잘 알게 되어야 한다고 생각합니다"라든지.

이런 말은 저항의 표시가 아닐 수도 있지만 저항 자체가 이런 방식으로 표현될 수도 있다. 하느님과의 관계에서 피지도자의 성장을 가로막는 영적 지도자와 피지도자 사이의 모습을 검토해 보자.

거듭 강조하지만 영적 지도의 목적은 피지도자와 하느님과의 관계의 발전을 도와 주는 것이다. 그래서 영적 지도자의 역할은 피지도자로 하여금 자신을 하느님께 개방하고 또 하느님의 신비에 대한 자신의 저항을 극복하도록 도와 주는 것이다. 영적 지도를 통한 영적 지도자와 피지도자의 협력관계는 삶의 완전함과 하느님과의 일치에로 향하려는 피지도자의 바람에 의존한다. 이 바람의 궁극적 원천은 우리 속에 거하시는 하느님의 성령이시다. 그렇지만 이런 바람이 하느님의 신비에 겁을 먹고서 관상과 영적 지도의 과정에 반대한다면, 피지도자와 하느님과의 관계에서뿐만 아니라 영적 지도의 협력관계에서도 어려움을 야기하리라는 것을 예상할 수 있다. 또한 하느님께 대한 저항이 강렬할 때, 또 영적 지도자가 피지도자로 하여금 저항을 직시하고 하느님을 바라보도록 도와 주려고 노력한다면, 영적 지도자와의 관계가 저항의 힘을 끌어모아 접지시키고자 하는 피뢰침이 될 수 있다. 그렇게 되면 피지도자의 초점은 영적 지도자가 되어 피지도자는 영적 지도자와의 관계에 대해 곰곰히 생각하며 대부분의 기도시간과 면담시간을 보내게 될 것이다. 피지도자는 영적 지도자에 대해 느끼는 감정이 긍정적이거나 부정적이거나간에, 피지도자가 영적 지도자에게 초점을 맞추는 반면 하느님과의 관계를 위한 시간이나 에너지를 할애하지 않는다는 사실에서 저항적 성향을 알 수 있다. 따라서 피지도자가 영적 지도를 위해 찾아온 원래 목적과 어긋나게 된다.

하느님과의 관계에서의 성장에 저항하는 가장 일반적인 방식은 영적 지도자를 왜곡하는 것이다. 영적 지도의 초기에 피지도자는 영적 지도자를 도움을 주는 동반자로 인식했으나, 이제 그는 자신의 인식을 구조화해서 영적 지도자를 혹독한 주인이나, 자상한 어머니나, 과거의 어떤 특정 인물로서 보게 된다. 이 구조화는 의식적으로 일어나는 것은 아니지만, 그럼에도 불구하고, 사실일 수 있고 또 피지도자의 관상적 기도에 강력한 영향을 미칠 수 있다. 심리상담에서는 이런 인식의 왜곡을 전이(transferance)라는 용어로 부른다. 그것은 자신이 유년기에 알고 있던 모습에 영적 지도자를 동화(assimilation)함으로써 일어나는 반응이라고 정의할 수 있다.

전이반응이 긍정적이고 애정어린 색조를 띤다고 가정해 보자. 예를 들어, 피지도자인 청년이 자기보다 스무 살 연상인 영적 지도자를 "자상한 어머니"로 인식하기 시작하면서, 피지도자는 "착한 아들"로서 행동하게 된다. 그러면 피지도자는 영적 지도자를 기쁘게 하기 위해 노력할 것이고 그가 품고 있었던 "나쁜" 감정들에 대해 생각해 보고 싶지 않을 것이다. 기도에서 그는 주로 하느님의 활동에 대해서가 아니라, 영적 지도자가 얼마나 기뻐할 것인가 혹은 실망할 것인가에 대해서만 생각하게 된다. 무의식적으로 일어나는 이런 전이반응 때문에 영적 지도의 진정한 목적이 달성되지 않고 있음을 쉽게 파악할 수 있다. 반대로 만약 그 모습이 "엄격한 어머니-나쁜 아이"

와 같이 부정적인 색조를 띤다면 피지도자는 또한 자신에 대한 진실 전부를 영적 지도자에게 말할 수 없고 하느님 앞에서도 물론 자기 자신일 수가 없다.

영적 지도자는 피지도자로 하여금 이런 방해(interference)를 바라보도록 도와 주기 위해 노력해야 한다. 예를 들어 영적 지도자는 "당신은 몇 주일 전 당신의 기도에서 활동하시던 하느님의 방식에 대해 지난 두 주 동안 얘기하지 않고 있습니다. 그 이후 어떻게 되었습니까?"라고 묻거나, 만약 기도가 한동안 아무 특징이 없다면, "당신이 지난번에 기도할 때 활동적이신 하느님과 그분의 현존을 체험한 때를 기억하십니까? 그때 그분은 어떠하셨습니까? 하느님께서 아직도 그런 방식으로 당신과 함께 있기를 원하신다고 생각하십니까?"라고 물을 수 있다. 그렇게 해서 영적 지도자는 피지도자에게 기도의 주된 흐름을 파악하고 그것에 대한 피지도자의 현재 반응에 대해 말하도록 요청할 수 있다. 이런 방식으로 영적 지도자는 전이반응이 의도적으로 토론될 수 있는 분위기를 마련한다.

전이의 심리학적 의미에 별로 친숙하지 않은 독자들에게 간단한 이론적 설명이 도움이 될 것 같다. 전이의 개념에 대해 정의를 내리고 명백히 한 사람은 프로이드(Freud)라고 알려져 있다. 그렇지만 전이 현상은 프로이드 이전에 이미 알려져 있었다.[1] "신경증" 환자들을 다룬 사람들은 가끔 자신들에게로 향하는 강력하고 적절하지 않은 사랑의 반응이나 적대 반응을 인식했지만, 단순히 불쾌한 것으로 취급하거나, 환자들을 다루는 데 어쩔 수 없이 수반되는 난처한 문제로 받아들였다. 프로이드가 공헌한 점은 이 현상을 자세히 관찰하여 치료받고 있는 사람의 성장이나 "완쾌"를 위한 수단으로 사용한 것이

---

1. Henri Ellenberger, *The Discovery of the Unconscious: The History and Evolution of Dynamic Psychiatry* (New York: Basic Books, 1970) 참조.

다. 프로이드의 신경증 이론에 의하면, 신경증 환자는 자기 파괴적이며 자신의 모든 대인관계에 장애가 되는 자아-타인 구조(self-other schemata)와 행동방식을 가지고 있다. 이런 구조와 행동방식은 유년기에 습득한 것으로 성인이 된 이후에도 계속 관계에 영향을 미친다. 프로이드는 이런 미성숙한 개성의 유형이 심리치료에서 전이반응으로써 표출된다고 보았다. 환자는 자기 파괴적이고 부적절한 방식 때문에 삶의 다른 부분에서 어려움을 겪는 것과 마찬가지로 심리치료자에게도 그런 방식으로 반응한다. 협력관계를 바탕으로 심리치료자는 환자가 자기 스스로에게 하는 것을 보게 하고 또 이런 방식으로 실제를 왜곡시킬 필요가 없다는 것을 인식하도록 도와 줄 수 있다. 심리치료자와의 관계를 통해서 환자는 더 적절하고 성숙한 방식으로 인식하고 행동하는 것을 배울 수 있게 된다. 즉, 그의 자아-타인 구조가 더 성숙하게 되고 융통성을 가지게 된다.[2]

환자 스스로 전이반응을 체험할 수 없다면 심리치료로서의 정신분석은 불가능하며 또한 환자가 심리치료자와의 협력관계를 유지할 수 없다면 정신분석은 불가능하다. 전자의 경우는 "분석"할 것이 충분하지 않을 것이며, 후자의 경우는 환자가 분석자와 함께 일할 수 없기 때문에 전이반응을 "분석"하거나 그것들을 극복할 수 없을 것이다. 환자가 전이반응이라는 끈질긴 저항을 통해 자신의 성장을 거부하려 하기 때문에 다루기가 몹시 어렵다. 그렇지만 정신분석에서는 저항이 예상될 뿐만 아니라, 또한 그 과정이 잘 되어가고 있다는 표시로서 저항을 환영한다.

그렇기 때문에 정신분석 치료는 관계 치료이다. 성장과 발전은 심리치료자와의 관계 안에서 또 관계를 통해서 일어난다. 심리치료자

---

2. 프로이드의 심리학 용어에 대한 이해를 먼저 필요로 하는 책이지만, 정신분석 이론을 훌륭하게 설명하는 Elizabeth R. Zetzel and William W. Meissner, *Basic Concepts of Psychoanalytic Psychiatry* (New York: Basic Books, 1973) 참조.

는 환자와의 강력한 협력관계를 발전시킬 필요가 있다. 그 협력관계는 환자가 치료하는 동안에 퇴행(regression)하는 것까지도 허용할 수 있어야 한다. 즉, 다른 사람들과 자기 파괴적인 방식으로 관계를 맺는 것을 극복하기 위하여, 그 자체를 치료적 관계 안으로 끌어들이는 것을 허용한다. 달리 말해 심리치료자는 협력관계를 통해서 환자가 계속해서 현실적 실재를 올바로 파악하도록 도와 주며, 동시에 신경증이 전이신경증의 형태로 그 관계에서 표출되는 것을 허용하고 심지어 권장한다. 전이신경증이란 글자 그대로의 의미이다. 즉, 심리치료자는 환자의 신경증적이며, 고정되고 방어적인 모든 자아-타인 구조와 행동방식이 면담중에 드러나게 하면서 환자의 자기 파괴적 행동에 과격하게 반응하지 않고 따뜻함을 유지한다. 이와같이 심리치료자는 협력관계에 의지하여 환자로 하여금 신경증의 변화에 따르는 엄청난 저항을 극복할 수 있게 한다.

상담이나 심리치료의 관계를 통해 환자가 더 성숙하고 완전한 인간이 되게 하며 또 사람들 및 세상과 원만한 관계를 맺을 수 있도록 하는 것이 목적이라면, 여러 가지 형태의 심리치료와 상담은 비슷한 과정을 거친다고 할 수 있으며, 더 중재적인 형태인 사목적 배려를 그런 심리치료와 상담에 포함시킬 수 있다. 상담자, 심리치료자, 사제나 사목자는 어떤 사람이 그들과의 관계를 통해 새롭고 더 완전한 인간으로 살아가며, 자신과 다른 사람을 바라보는 것, 즉 새로운 자아-타인 구조를 배우게 하는 도구로서의 역할을 한다. 상담과 심리치료의 이론들 모두는 개인의 자유 안에서의 성장을 위한 것이지만 전이 현상을 허용하는 정도에는 차이가 있다. 다른 말로 상담과 심리치료에서 전이는 항상 존재하지만 그 이론들이 허용하는 퇴행의 깊이는 매우 다양하다.

이제 전이에 수반하게 되는 퇴행을 촉진하는 몇 가지 상황을 다룸으로써, 영적 지도자는 자신의 역할을 더 잘 이해하게 될 것이다.

상담자나 심리치료자가 불명확하면 할수록 환자들은 더욱더 자신들의 과거 체험에 비추어 그들과 관계를 맺게 된다.[3] 내가 당신에 대해, 당신의 기대에 대해, 또 당신의 나에 대한 반응에 대해 아는 것이 적을수록, 내가 나아갈 것이 거의 없기 때문에, 나는 더욱더 나의 과거 체험에 기초를 두고 당신과 관계를 맺게 된다. 어떤 심리치료자들은 매우 불명확하고 어떤 심리치료자들은 덜 불명확하다. 그중에서 전통적인 정신분석자들이 아마 가장 불명확한 자들일 것이고, 자신들을 "하얀 천"으로 간주하고, 환자들이 그들의 과거 체험을 그 하얀 천에 투영하도록 허용하고 권장한다. 그들은 환자 뒤쪽에 앉아서 환자가 그들의 얼굴을 볼 수 없게 한다. 그들은 환자들에게 "마음 속에 떠오르는 어떤 것이라도 말하라"는 단 한 가지 기본 규칙을 제시한다. 아마 이 제시보다 더 불명확한 것은 없을 것이다. 그들은 어떤 연상의 좋고 나쁨을 나타내지 않음으로써 환자들의 "자유 연상"(free association)에 영향을 미치지 않으려고 노력한다.

정신분석에서는 긴 의자를 사용하여 심리치료자가 눈에 띄지 않게 하고 비스듬히 누운 자세로 마음 속에 떠오르는 어떤 것이라도 내뱉도록 함으로써 퇴행을 촉진한다. 면담의 횟수 또한 전이반응의 강도에 영향을 미친다. 환자와 심리치료자가 자주 만날수록, 전이는 더욱더 강력해지고 모든 것을 사로잡게 된다. 그때문에 정신분석자는 환자를 일주일에 네 번 내지 여섯 번씩 만날 것을 추천한다.

그러나 비록 어떤 심리치료자가 전이반응을 허용하고 권장할지라도 영적 지도자는 그렇게 해서는 안된다고 믿는다. 상담자는 환자들이 그와의 관계를 통해 성장하고 발전한다고 보기 때문에 그에게로 향

---

[3] Edward S. Bordin, "The Ambiguity Dimension of Therapeutic Relationships", ch.6 of *Psychological Counseling*, 2nd ed. (New York: Appleton-Century-Crofts, 1968), pp.140-65 참조.

한 전이반응을 허용하고 권장한다. 그러나 영적 지도에서 육성되는 관계는 영적 지도자와 피지도자와의 관계가 아니라 하느님과 피지도자와의 관계이며 피지도자의 개인적 성장과 발전은 하느님과의 관계를 통해서 우선적으로 일어나야 한다. 거듭 강조하거니와 영적 지도는 피지도자가 하느님과 더 깊은 관계에 들어가도록 도와 주는 것을 목적으로 한다. 하느님과의 관계 안에서 하느님께로 향한 전이반응은 하느님 자신의 실재에 의해 대치되고 또 극복될 수 있을 것이다.[4] 하느님과 관계를 맺는 이런 미성숙한 방식이 변화함에 따라, 일반적으로 피지도자가 자신의 삶과 다른 사람과의 관계를 맺는 방식도 변화하게 될 것이다. 그러나 이런 변화가 일어나게 하는 도구는 근본적으로 피지도자와 하느님과의 관계이다.

영적 지도자는 그들에게로 향한 전이반응을 허용하지 않으려 하기 때문에 자신들을 명확하게 알리려고 한다. 구체적으로 이것은 그들이 익명으로 남아 있지 않음을 의미하고 또 그들이 미지의 사람이라기보다는 오히려 여정에서의 동반자임을 의미한다. 그들은 그들 자신에 대한 질문이 대두될 때 거기에 대답하며, 영적 지도에 도움이 되는 것에 한해서, 또한 그들 자신의 체험이나 느낌과 반응에 대해 이야기함으로써 피지도자가 알도록 한다. 이때 그들은 피지도자들과 맺은 동의와 협력관계를 염두에 두고 있어야 한다. 피지도자들이 기도의 도움을 받기 위해 영적 지도자를 찾아온 것이지 우정을 위해 찾아온 것은 아니다. 더구나 영적 지도자의 체험이 피지도자를 위한 규범이 되어서는 안되고 또 그것이 너무 지나치게 강조되어 피지도자 자신의 신앙적 주체 의식의 발전을 지연시켜서는 안된다. 영적 지도가 무엇인지 제대로 이해하지 못했거나 역전이가 일어났을 때

---

4. Ernest Becker는 *The Denial of Death* (New York: Free Press, 1973)에서 전이는 죽음에 대한 우리의 두려움을 완화시킨다고 말하며, 또 다른 사람이나 단체를 향한 전이가 위험하다고 지적하고, 하느님을 향한 전이는 덜 위험하다고 말한다.

영적 지도자의 과도한 자아노출이 있을 수 있지만, 영적 지도자가 정신분석자들이 자처하는 것처럼 "하얀 천"이라기보다는 피지도자의 동반자라는 요지는 여전하다.

영적 지도에서 전이반응의 가능성은 토론 자체에 초점을 맞춤으로써 감소될 수 있다. 피지도자들이 기도중의 그들의 체험에 우선적인 초점을 맞추도록 격려한다. 그 초점은 상담이나 심리치료에서보다는 더 분명하고 더 명확하다.

영적 지도자는 대개 피지도자를 일주일 내지 몇 주일에 한 번 정도 만난다. 그래서 자주 만남으로써 발전하게 되는 전이반응의 깊이나 강도는 줄어드는 것 같다. 피지도자가 영적 지도자를 매일 만나 기도의 체험에 대해 얘기하고 기도에서 일어나는 것을 파악하는 데 도움을 받는 개인 피정이나 특히 30일간의 개인 피정은 특별한 경우이다. 보통의 영적 지도에서 이런 강력한 전이반응은 더 잘 일어나는 것 같다. 30일간의 개인 피정을 위해서는 특별한 준비가 필요하다. 이상적으로는, 경험 많고 영적 지도에 대해 훌륭한 관리(supervision)를 받아 온 영적 지도자만이 이런 피정을 지도해야 하고, 이런 피정 동안 영적 지도자가 관리를 받는 것은 특히 중요하다. 이런 피정을 받으려는 사람들 또한 비교적 성숙하고 관상적인 방식으로 기도하는 능력이 이미 입증된 자들로서 신중하게 선별되어야 한다.

영적 지도에서 영적 지도자와 피지도자 사이의 모든 상호관계와 상황은 하느님과의 관계를 통한 피지도자의 성장을 돕는 통로로서의 역할이어야 한다. 영적 지도와 상담을 확연히 구분한다면, 영적 지도에서는 피지도자의 모든 전이반응은 영적 지도자와의 관계에서가 아니라 하느님과의 관계에서 일어나야 한다. 더욱이 피지도자의 저항과 도전 역시 영적 지도 면담중이 아니라 기도중에 일어나야 한다. 실제 영적 지도가 이 모든 원칙을 따를 수는 없지만, 상담과의 구분을 위해 이렇게 분명하게 대조할 수 있다. 그렇기 때문에 영적 지도자에게로 향하는 전이반응을 허용하는 활동이나 상황을 피하도록 노력해야 한다. 대부분의 영적 지도자는 전이를 다루는 데 대한 교육을 받지 않았기 때문에 특별히 주의해야 한다. 영적 지도자에게로 향한 전이반응을 허용하지 않게 하는 중요한 이유는, 전이반응으로 인해 피지도자가 하느님과의 관계에서 벗어나게 되기 때문이다.

그렇지만 영적 지도자를 향한 전이반응은 피할 수 없으며 관상적 기도 과정에 대한 저항으로 일반적으로 일어나는 현상이다. 피지도자들은 영적 지도자를 권위있는 인물로 보는 경향이 있어서 권위있는 인물과 자신과의 과거 체험에 따라 반응하게 된다. 즉, 사제들이 "신부님"이라는 호칭으로 불리기 때문에, 피지도자들은 자신들의 아버지와 또 권위있는 인물들과의 과거 체험에 바탕을 둔 기대에 따라 사제 영적 지도자를 대하게 될 것이다. 여성 영적 지도자는 어머니나 고모나 이모나 여선생과의 과거 체험 특히 유년기의 체험에 바탕을 둔 감정의 대상이 될 것이다. 더구나 피지도자가 영적 지도자와 은밀한 체험들을 나눈다는 단순한 사실은, 유년기에 두려워하면서도 얘기를 털어놓으려 했으나 이해해주지 못했던 사람들과의 불안한 체험을 통해 발전하게 된 개성의 유형을 자극하는 경향이 있다. 그래서 전이반응은 영적 지도 활동에서 피할 수 없는 것이다.

전이반응이 일어나는 것을 어떻게 인식할 수 있는가? 전이반응은 강력하고 부적절하기 때문에 일반적 관계에서의 반응과 쉽게 구별할 수 있다. 피지도자가 영적 지도자를 향해 느끼는 열렬한 사랑, 과격한 분노 및 강력한 의존은 정도가 지나친 것이다. 예를 들어 사려깊고 친절한 여성 영적 지도자에 대해 피지도자가 어느 정도의 사랑을 느낄 수 있지만, 피지도자가 기도중에 그녀에 대해 공상하면서 대부분의 시간을 보내거나, 그녀 때문에 자신이 얼마나 고마워하고 있는지 모른다고 하느님께 말씀드리는 것으로 보낸다면, 그 반응은 너무 강력하고 부적절해서 그 진의를 의심하지 않을 수 없다.

또한 전이반응은 강력한 반대 감정 병존(ambivalence)으로 드러날 수 있다. 피지도자는 영적 지도자에게 의존하면서 동시에 그를 경멸할 수 있다. 그렇기 때문에 전이반응은 가끔 변덕을 부린다. 영적 지도자가 스스로 피지도자가 자신을 향해 어떤 태도를 가지고 있는지 또 영적 지도가 어떤 과정을 가고 있는지에 대해 의아해한다면 전이를 의심할 수 있다. 또한 피지도자가 대부분의 기도 시간이나 영적 지도 시간을 영적 지도자와의 관계에 대해 생각하거나 토론하면서 보낸다면 전이를 마땅히 의심할 수 있다. 물론 영적 지도자 자신의 잘못과 역전이(countertransference)에 의해 이렇게 될 수도 있다. 그러나 만약 영적 지도자가 자신의 역할을 잘 수행했고 또 하느님께 대한 저항이 드러나는 것을 허용한 것 이외에는 전이반응이 일어난 것에 대한 책임이 없다면, 피지도자가 영적 지도에 제대로 참여하지 않기 때문에 일어나는 전이반응이라고 생각할 수 있다.

전이반응이 일어날 때 영적 지도자는 그 강도에 당황하고 놀라며, 또 자신이 무슨 실수를 했는지 궁금해한다. "내가 잘못 처신해서 영적 여정의 동반자 이상이 될 수 있다는 인상을 심어 주었는가? 사실은 나도 그의 생김새와 유머를 즐기지 않았는가?" "내가 잘못된 질문이나 제안을 했기 때문에 그가 이토록 화를 내는 것인가?" "이 분노가 지난 면담시간에 내가 가졌던 조급한 감정에 대한 응답인가?" "내가 과연 영적 지도를 하기에 적합한 사람인가?" 피지도자들은 예리한 관찰력을 가진 사람들이기 때문에 피지도자 자신들에게서 일어나는 전이반응을 합리화시키기 위하여 영적 지도자의 이런 반응을 역이용하는 경향이 있다. 그들이 의식적으로 이렇게 하는 것은 아니며 이것은 우리 인간들이 바람직하지 못하거나 기분 나쁜 체험을 합리화시키기 위해 평소에 쓰는 방법이다. 영적 지도자는 그들이 정상적인 인간으로서 나타내는 따뜻함과 즐거움과 분노와 조급함과 같은 반응이 전이반응에서 볼 수 있는 강력한 감정을 야기시키지는 않음을 기억해야 할 것이다. 영적 지도가 성공적으로 진행되고 또 피지도자를 도와 주기 위해서, 영적 지도자는 피지도자와 대화를 편안하게 계속해야 하고 자신들을 탓하는 데 시간을 낭비해서는 안된다.

한 예로, 영적 지도자는 40대 후반의 남자이고 피지도자는 35세 가량의 여자이다. 첫번째 면담부터 영적 지도자는 피지도자에게서 개방과 신뢰심과 더불어 강력한 적대감이 교차되는 것을 느꼈다. 영적 지도자는 그 적대감에 대해 토론해 보려 했지만 피지도자는 오히려 적대감이 있다는 사실조차 부인했다. 기도가 웬만큼 잘 되는 것 같았으나, 영적 지도자는 뭔가가 빠져 있고 뭔가 미심쩍은 것이 있음을 느낀다. 영적 지도자는 오히려 자신이 이 적대감을 유발시키지 않았는지 궁금해한다. 왜냐하면 그가 대부분의 피지도자들을 향해 느끼는 따뜻함을 이 여자와의 면담에서는 느낄 수 없었기 때문이다.

오랜 시간이 지난 후 진정한 이유가 드러났다. 영적 지도의 처음부터 면담에 사용된 방이 피지도자의 유년기의 특별히 불쾌한 체험을 상기시켜 격렬한 분노와 두려움을 다시 느끼게 했으며, 그녀는 이런 감정들을 영적 지도자와의 현재 상황에 전이시켰다. 이 감정들이 너무나 강렬해서 그녀는 그것들을 기도중이나 면담시간 동안에 다룰 수가 없었다. 피지도자의 강력한 감정을 직관적으로 느꼈지만 자신을 탓하는 경향이 있는 영적 지도자는 자신을 향한 그렇게 격렬한 분노의 감정이 부적절하다는 것을 제대로 이해하지 못했다. 또한 피지도자 역시 저항이 너무나 강력해서 영적 지도자가 분노에 대해 질문해 보았지만 아무 진전도 없었다. 이처럼 분노가 너무나 강렬한 경우 피지도자 스스로 상당한 체험을 통해 하느님과 영적 지도자를 신뢰하게 될 때까지 자신의 분노를 제대로 바라보지 못할 것이다.

영적 지도자는 전이반응을 어떻게 다루는가? 성급한 분석이나 전문 용어가 도움이 되지는 않는다. 예를 들어, "당신이 당신 아버지에게 화를 내고 있었음에 틀림없습니다", "그건 내가 보기에 전이처럼 들립니다", "그런 사랑의 반응은 사실이 아니고 진정으로 나를 향해 있지 않다는 것을 당신이 잘 아실 겁니다. 내가 당신을 돕고 있기 때문에 그 대상이 되고 있을 뿐입니다"와 같은. 또 다른 극단적인 경우는 전이반응을 전적으로 무시하고, "기도가 어떠했습니까?", "이런 감정들을 하느님께 말씀드렸습니까?"와 같이 물어볼 수 있다. 이런 질문들은 방어적으로 들릴 것이고 또 실지로 방어적이다.

실제 상황에서 어느 하나를 택하거나 중립적 경로를 묘사하기는 쉽지 않다. 그렇지만 예를 하나 들어 보자. 피지도자는 28세의 신학생이고 영적 지도자는 40세의 기혼녀이다. 영적 지도가 6개월째 접어들었을 때, 영적 지도자는 그 신학생이 평소보다 자주 그녀의 사무실이나 집에 들르고, 면담시간 중 매우 활발하며, 그가 본 영화나 그가 만나는 사람들에 대해 이야기하면서 면담시간을 질질 끄는 것을 깨닫기 시작했다. 그녀는 그가 기도에 대한 대화를 꺼려하며, 기도에 대해 말할 때는 감사의 기도에 대해 특히 그의 삶에 그녀가 존재하는 것에 대한 감사의 기도에 대해 얘기하는 것을 깨닫게 되었다. 결국 그는 그녀를 사랑한다고 고백하고, 그녀가 자신을 이해한 최초의 여자이며 그녀를 더 잘 알고 싶다고 말한다. 그녀가 이 상황을 어떻게 다루어야 할 것인가?

영적 지도자는 먼저 자기 자신이 느끼는 감정들을 인식해야 한다. 아마 그녀는 이 애정에 대해 조금은 기분좋게 느꼈을 것이다. 평소에 그녀가 자신의 삶에 감사하고 만족감과 생동감을 느끼고 있다면, 그녀는 그녀에 대한 신학생의 반응이 부적절하고 타당하지 않음을 느낄 것이다. 그녀는 또 이런 반응들이 그 신학생이 기도하는 것을 가로막거나 혹은 저항의 경로로써 사용되는지 궁금해할 것이다.

여기서 정면으로 피지도자를 대하는 방식을 제안한다. 실제 삶에서 이렇게 분명하고 명료하게 말할 수는 없겠지만, 대답은 다음과 같을 수 있을 것이다. "당신의 애정에 감동을 받았습니다. 어느 여자가 그렇지 않겠습니까? 당신이 이 화제를 끄집어내어 얘기하기가 몹시 힘들었으리라 믿습니다. 그렇지만 지난번 우리가 만난 이래로 당신의 기도가 어떠했는지 궁금합니다." 이어서 영적 지도자는 그가 기도하려고 노력할 때, 그가 하는 것이라고는 모두 그녀에 대해 생각하며 또 그녀가 자신의 삶에 존재하는 데 대해 너무나 감사하다고 하느님께 말씀드리는 것임을 알게 될 것이다. 그러면 영적 지도자는 그가 그녀에게 몰두하는 것이 어떻게 하느님의 말씀을 듣는 것을 가로막고 있는지 직시하도록 도와 줄 수 있다. 그는 그녀에 대한 몰두가 그의 기도생활의 중요한 시점에서 일어나고 있음을 알게 될 것이다. 예를 들어, 그의 삶의 양상에 대한 도전은 그가 예수님께 대해 관상함으로써 나타나는 것일 수 있다. 그가 그것에 저항하기 때문에 전이반응이 일어나고, 그는 마음 한구석으로 하느님의 도전을 대면하기를 원치 않는다. 그래서 영적 지도자는 피지도자가 그의 기도와 삶에서 일어나고 있는 것을 더 잘 이해하도록 도와 줌으로써, 그와의 협력관계에 충실할 수 있다.

이 예에서 전이반응은 개방적이고 분명히 관찰될 수 있으나, 대개는 전이반응이 이렇게 쉽게 표면화되지는 않고 영적 지도자는 다만 뭔가 잘못되어 가고 있다고 느끼게 된다. 예를 들어, 피지도자들이 면담 약속을 어기거나, 침묵을 지키거나, 기도와 삶에 대해 묘사하기를 싫어하거나 거의 하지 않으며, 논쟁적이 되는 것을 깨닫게 된다. 여기서 다시 솔직하게 성면으로 내하는 것이 가장 좋은 방법이다. 만약 영적 지도자가 피지도자의 이런 태도들이 기도생활을 반영하는 것이 아닌가 의심스러워한다면 그는 이 점에 대해 피지도자와 대화를 나누는 것이 필요하다. 이때 영적 지도자는 단정해서는 안되며 성찰을 위한 질문을 던져야 한다. 만약 피지도자가 아무것도 잘못되지 않았다고 부정한다면 계속 추적해 보아야 아무 소용이 없다.

그 추적이 마치 채근하는 것 같거나, 영적 지도자가 결국 옳았다는 증거를 찾는 것과 같이 보일 수 있다. 하나의 질문이 피지도자에게 생각할 기회를 주고, 만약 영적 지도자의 직관이 정확하다면, 피지도자가 자신의 반응을 확실하게 인식하게 될 것이다. 게다가 만약 기도가 영향을 받고 있다면, 이 사실은 또한 더 분명히 나타날 것이고, 피지도자는 그것과 타협하게 될 것이다. 영적 지도자가 영혼의 형사노릇을 하기보다는 오히려 동반자의 태도를 유지하면서 성찰을 위한 질문을 제시할 때 그의 역할을 가장 잘 수행하는 것이다.[5]

또 다른 예를 들어 보자. 영적 지도자 존은 55세의 장로교회 목사이고, 그 교회 신자인 피지도자 데이브는 최근에 부인을 잃은 두 어린애의 아버지이다. 그들은 4개월 가량 함께 면담해 왔다. 8개월 전 부인이 죽고 나서 몇 개월 뒤, 데이브는 존에게 그의 삶의 공허함에 대해 말해 왔고 또 자신이 뭔가를 하기를 바란다고 말했다. 그들이 몇 차례 만난 후 데이브는 존의 제안을 받아들여 영적 지도를 받기로 했다. 데이브는 신심이 강한 사람이지만 비교적 미성숙한 기도생활을 하고 있었다. 그의 아내 케이트가 죽은 후 기도할 수 없음을 깨달았을 때, 그는 자신의 믿음뿐 아니라 삶 자체에 흥미를 잃는 것이 아닌지 두려워하며 최소한 아이들을 보아서라도 뭔가를 해야 되겠다고 느꼈다. 데이브는 점차 하느님의 말씀을 듣고 자신의 관심사를 하느님께 표현할 수 있는 관상적 방식의 기도를 발전시킬 수 있게 되었다. 처음 한동안 그는 이런 기도에서 큰 위안을 얻었으며 하느님께서 자신과 아이들에게 관심을 가지고 보살펴 주신다고 느꼈다. 이사야서 40장의 "위로하여라. 나의 백성을 위로하여라"는 그에게 상당히 많은 것을 의미했다. 그는 기도중에 그것을 읽으면서 울었고 그 기도 체험에 대해 존에게 말하는 동안 다시 울었다.

---

5. William J. Connolly, "Experience of Darkness in Directed Retreats", *Review for Religious* 33 (1974), 609-15 참조.

그러나 영적 지도를 시작한 지 석 달쯤 되었을 때 데이브의 기도는 건조해지기 시작했다. 하느님이 매우 멀리 계신 것 같고 기도중에 분심이 생기며 기도가 지루하다고 데이브는 느꼈다. 존이 데이브의 감정을 좀더 자세히 알아보려 했으나, 데이브는 그저 가볍게 받아넘기면서, "이제 기분이 나아졌고, 직장 일과 집안 일, 그리고 아이들에게 신경을 많이 쓰게 되어 바쁩니다. 분심이 생기는 것은 당연한 것 같습니다"라고 말하고는 더 이상 파헤치기를 꺼리는 것 같았다. 그러나 존은 데이브가 몹시 바쁘다고 말했을 때 화를 조금 내는 것을 알아차리고, 실제로 그가 왜 화가 났는지 물었지만 "화가 나 있지 않습니다. 정말 화낼 일이 전혀 없습니다"라고 대답했다.

다음 번에 다시 만났을 때, 데이브는 다시 건조함과 분심에 대해 보고했으며 짜증은 더 늘어난 것 같았다. 존이 데이브에게 자신의 건조함에 대해 어떻게 생각하는지 물어보았을 때, 데이브는 "그것은 세상에서 좋은 것은 아니지만, 내가 아는 바로는 기도에서의 건조함은 예상되는 것이 아닙니까?"라고 오히려 반문했다. 존이 "사실 그럴지도 모릅니다. 그렇지만 그때문에 우리가 기도의 건조함에 대해 말할 수 없다는 것을 의미하지는 않습니다"라고 하자 데이브는 "만약 내가 싫어한다 할지라도 내가 그것에 대해 어떻게 할 수 있겠습니까? 나는 최선을 다했고, 아직도 계속 기도하려고 노력하고 있으며, 지금 현재로는 정말 할 일이 너무 많아서 기도에 대해 염려하거나 기도할 시간이 없습니다"라고 대답했다.

존이 데이브의 감정들을 캐내려고 노력하지만 아무런 소용이 없었으며, 그에게로 향한 데이브의 분노가 점점 더 강렬해짐을 느낀다.

존: 데이브, 당신은 나에게 화가 나 있지 않습니까?
데이브: 아닙니다. 화가 나 있지 않습니다만, 더 이상 이런 질문 공세로 나를 괴롭히지 말았으면 좋겠습니다.

존: 당신을 괴롭힐 생각은 추호도 없습니다. 기도중에 일어나는 당신의
감정들을 더 가까이 바라보도록 도와 주려는 것뿐입니다.

그 면담은 곧 끝이 났으나 존은 어떻게 데이브를 도와 줄 수 있을지 갈피를 잡지 못하고, 심지어 자신이 너무 파고들지 않았나 근심했다. 그렇지만 관리자의 자문을 구하고 난 후, 존은 자신의 접근방식에 만족해하고 자신의 근심에서 약간 벗어날 수 있었다.
2주일 후 다음 면담에서 데이브가 몹시 화가 나서 흥분해 있는 것이 너무나 분명했다. 대화는 아래와 같이 진행된다.

데이브: 아무런 진척이 없는 것 같습니다. 내가 당신의 시간을 낭비하고 있다고 느낍니다. 그래서 영적 지도를 그만두기로 결심했습니다.
존: 무슨 일이 있었습니까?
데이브: 아무 일도 없었습니다. 그게 문제입니다. 당신이 나를 마치 신앙적 바보처럼 대하는 데 지쳤습니다.
존: 신앙적 바보라고요?
데이브: 당신이 온종일 자리에 앉아서 기도에 대한 책을 읽고 기도할 시간적 여유를 가지고 있다고 해서 우리 평신도들을 얕볼 권리는 없습니다.
존: 무엇 때문에 내가 당신을 얕본다고 느끼셨습니까?
데이브: 좀 솔직하십시오. 내가 바쁘고 기도중 분심이 생긴다는 것 때문에 당신은 마치 나를 미개인처럼 대합니다. 분노에 대한 그 모든 지겨운 질문들을 생각해 보십시오. 나는 당신에게 화가 나 있고 또 당신의 태도, 너보다는 더 거룩하다는 그 태도에 화가 나 있습니다. 아내를 잃고 두 아이를 키우며 사무실에서 열심히 일한다는 것이 어떤 것인지 당신이 알기나 합니까?
존: 당신이 내게 몹시 화가 나 있다는 것은 명백합니다. 당신의 분노에 대한 나의 질문이나 채근이 당신에게는 얕보는 것으로 느껴지는 것

같습니다. 왜 그런 인상을 가지게 되었는지 말해 줄 수 있겠습니까?

데이브: 분노에 대해 내게 물을 이유가 무엇입니까? 내가 비록 화가 나 있다 치더라도 그게 뭐가 그렇게 잘못된 것입니까?

존: 내가 분노에 대해 질문한 것은 당신을 얕보기 위해서가 아니라는 것을 확실히하고 싶습니다. 믿으실지 모르지만, 나는 전혀 부정적 판단을 하지 않았습니다. 내가 당신 목소리에서 분노를 느꼈다고 생각했고 또 당신이 어떤 것에 대해 화내고 있는지 궁금했습니다. 그런데 당신은 내 질문을 마치 당신께 대한 비판으로 받아들인 것 같습니다.

데이브: 예, 그렇습니다. 그건 마치 당신이 "남자답게 당신 십자가를 지고 가라"는 것 같았습니다.

존: 나는 그런 식으로 느끼지 않았기 때문에 그것이 어디로부터 유래되었는지 모르겠습니다. 나는 당신이 하느님이나 자신의 삶에 화를 내고 있을지도 모르고 당신이 그렇게 느끼는 것은 당연하다고 생각했습니다. 당신이 화가 나 있으면서도 그것을 인식하지 못하거나 표현하지 못하기 때문에 당신이 건조함을 느낄 수 있다고 생각했습니다.

데이브: 그렇지만 어떻게 하느님께 화를 낼 수 있겠습니까? 그분이 내게 해주신 모든 것을 보십시오. 그렇지만 솔직히 말씀드려 우리가 얘기하는 동안에 나는 다시 화가 치미는 것을 느끼기 시작했습니다. 나 혼자 무거운 짐을 진 채 내팽개쳐진 것같이 느껴집니다. 나는 너무나 외롭다고 느끼면서도 계속해서 일을 해야 하고 또 돌보아야 할 아이들이 있습니다. 그렇지만 누구를 탓하겠습니까? 케이트에게 화를 내는 것은 너무 어리석게 느껴지고. 그렇지만 진실을 말하자면 그녀가 나를 구덩이에 내팽개쳐 둔 것같이 느껴집니다. 그리고 그 위안의 하느님께서는 우리가 진정으로 필요할 때 도대체 어디에 계시는 것입니까?

이 예는 압축된 것이지만 이런 반응들이 실지로 일어난다. 이런 경우 영적 지도자가 화를 내고 데이브와 싸울 수도 있으며 아니면 영적 지도자가 자신의 채근에 대해 사과를 할 수도 있다. 어느 쪽이건 영적 지도자는 무엇이 진정으로 데이브를 괴롭히고 있는지 전혀 알아내지 못했을 것이다. 위의 예에서 영적 지도자는 그 분노에 완전히 압도되지 않았다. 실제 상황에서는 아마 영적 지도자가 자신에게로 향한 데이브의 분노를 파악하는 데 좀더 시간이 걸렸을 것이다. 그러나 존은 그 분노가 적절하지 않음을 인식하고, 자신의 평정과 협력관계를 유지하며, 데이브가 자신의 분노와 그것의 진정한 이유를 깨닫도록 도와 주었다. 이제 존은 좀더 나아가 데이브가 이런 감정들을 직접 하느님께 표현하도록 도와 줄 수 있을 것이다. 이 경우 데이브가 하느님과의 관계에서 하느님께 "부정적인" 감정들을 표현하는 새로운 단계에 직면하고 있으며, 또 그가 이 단계를 몹시 어려워한다는 것이 분명하다. 존이 데이브로 하여금 자신의 감정들을 깨닫도록 도와 주려고 시도했기 때문에, 데이브는 자신이 느끼는 분노와 두려움을 존에게로 전이시켰다. 그렇지만 존은 전이반응을 효율적으로 다룸으로써 데이브가 다음 단계로 나아가도록 도와 주었다.

영적 지도자도 역시 인간이기 때문에 그들 또한 과거의 삶, 특히 유년기에서 마무리짓지 못한 일들을 지금 현재 사람들을 대하는 방식으로 쉽게 전이시킬 수 있다. 그들은 특히 자신들의 개성이 시험되는 상황에 처하게 되었을 때 그렇게 하는 경향이 있다. 특히 어떤 특정 피지도자와의 영적 지도를 통해서 영적 지도자는 하느님과 그들 자신과의 관계를 깨닫게 되고 또 그 관계에 저항하려는 자신들의 경향을 인식하게 된다. 이런 상황하에서 영적 지도자 자신의 저항에 대한 도구로서 역전이가 일어날 수 있다.

 역전이(countertransference)[6]가 어떻게 영적 지도에 영향을 미칠 수 있는지를 묘사하는 예를 하나 들겠다. 45세 정도 된 사제가 가정주부에게 영적 지도를 해주고 있다. 그 영적 지도자는 그녀에게 도움이 되어 왔고, 그녀는 하느님과의 친밀한 관계를 발전시키게 되었다. 그녀는 하느님의 사랑을 확신함에 따라 사제들에 대한 경외심에서부터 점차 자유로워지게 되었다. 그녀는 지성적이고 직관적인 사람으로, 점차 자신을 포함한 여성들이 어떻게 교회의 하급 구성원으로 다루어지고 있는지 보기 시작하면서 기도중에 강한 분노를 체험하기 시작했다. 그녀는 교계 제도와 성직자들을 향해서뿐만 아니라 그런 차별을 허용하시는 하느님을 향해서도 분노를 느꼈다. 그녀가 영적 지도자에게 기도중의 이 체험에 대해 얘기하려 할 때, 그 사제는 몹시 화를 내며, 그녀가 겸손함이 부족하고 봉사하려 하기보다는 지배하려 한다고 꾸짖었다. 그 여자는 어안이 벙벙해져서 하느님께 대한 그녀의 모든 체험을 의심하기 시작했으며 무안을 느끼고는 그 사제에게 다시는 영적 지도를 받으러 돌아오지 않았다.

이 경우 역전이가 존재하는 것을 나타내는 요소가 있다. 영적 지도자의 반응은 균형이 깨어져 있고 적절하지 않으며 처벌식이다.[7]

영적 지도자는 이런 역전이반응을 오래도록 깨닫지 못한 채 지나칠 수 있다. 대부분의 영적 지도자는 관리(superevision)를 받지 않기 때문에 위의 예에서의 사제는 강제로라도 자신의 반응에 대해 성찰해 볼 기회가 전혀 없었을 것이다. 그녀가 영적 지도를 받으러 다시 돌아오지 않았다는 사실 때문에, 영적 지도자는 그녀가 자만심이 강하며 솔직한 대면을 직시할 수 없는 사람이라고 생각하며 자신의 행동을 합리화시킬 수도 있다. 비록 영적 지도자가 관리를 받는다 하더라도, "더 흥미로운 다른 것들"이 있기 때문에, 무의식적으로 이

---

6. Ralph R. Greenson, *The Technique and Practice of Psychoanalysis* (New York: International Universities Press, 1967), 1, 348ff에서 이 점을 좀더 자세히 다루고 있다. 또 역전이를 다룬 Lucia Tower, "Countertransference", *Journal of the American Psychoanalytic Association* 4 (1956), 224-55. 참조.
7. 이 반응이 역전이임을 확실히하기 위해서는 영적 지도자에 대해 좀더 알 필요가 있다. 전이와 마찬가지로 역전이도 유년기의 감정이 전이되는 경우에 제한된다.

사건에 대한 언급을 피할 수 있다. 누가 그를 탓할 수 있겠는가? 역전이반응을 인식한다는 것은 영적 지도자 자신에게 고통과 근심을 야기시킨다. 그러나 진실을 피하는 피지도자가 고통을 당하는 것과 마찬가지로 진실을 피하는 영적 지도자 또한 그에 따르는 교묘한 방식의 고통을 당할 것이다.

피지도자에게로 향한 모든 감정적인 반응이 역전이반응이 아님은 분명하다. 영적 지도자가 피지도자를 향해 따뜻한 애정과 분노와 슬픔들을 느끼는 것은 자연스럽다. 그렇지만 우리가 역전이라 부르는 반응은 매우 강렬하고 균형이 잡혀 있지 않으며, 이는 마치 우체부가 당신이 우표 붙이는 것을 잊어버렸다고 말해 주었을 때, 하루 종일 우울하게 느끼는 것과 같다고 할 수 있다. 역전이반응은 영적 지도자 자신의 해결되지 않은 감정적 갈등들이 영적 지도 과정을 방해하고 있음을 의미한다. 하느님과의 관계라는 뿌리깊은 원천에 영향을 미치는 영적 지도 활동에서 아무도 역전이반응을 피할 수 없다. 바로 이런 이유 때문에 영적 지도자는 효율적인 관리를 받아야 한다. 관리를 받음으로써 영적 지도자는 자신이 무엇을 하는지 또 왜 그렇게 하는지에 대해 솔직하게 성찰하게 된다.

영적 지도자가 역전이반응으로부터 피지도자들을 보호하기 위하여 할 수 있는 것이 무엇인가? 각각의 면담시간이 끝난 후 영적 지도자가 자신의 반응에 대해 성찰해 보면서 평범하지 않은 감정적 반응, 특히 강한 분노나 따뜻함이나 감정적 반응이 전혀 없는 경우를 조심스럽게 살펴보는 것이 매우 도움이 된다. 또 기도의 체험이 그 면담의 초점이 되었는지 살펴볼 수 있다. 이런 성찰이 자신의 활동에 대한 관리자와의 면담을 위한 자료가 될 수 있다. 경우에 따라 영적 지도자는 또한 피지도자들의 면담을 검토해서, 그들이 피지도자들 중 어떤 특정한 개인과의 관계에 대한 토론을 회피하고 있는지 알아볼 수 있다. 이런 회피가 그 관계에 어려움이 있다는 신호가 될 수 있다. 그들은 또 때때로 자신의 꿈이나 환상을 살펴 어느 피지도자가 두드러지는지 알아볼 수 있다. 이런 자아 조사의 목적은 자신의 신경을 곤두서게 하려는 것이 아니라, 존재 가능한 맹점이나 저항에 개방되려는 것이다.

남에게 도움을 주는 직업에 종사하는 대부분의 사람들은 자신이 진정으로 남을 돕기 위해 이 일을 하는가라고 스스로에게 물어보아야 한다. 우리는 무의식적으로 다른 사람들을 돌봄으로써 혹은 도움을 필요로 하는 사람들에게 쓸모있는 사람이 됨으로써, 우리가 필요로 하는 사랑과 존경과 따뜻함을 얻기를 희망한다. 그런 희망이 역전이 현상으로 나타나 보이는 경우는, 피지도자에게 너무 지나친 관심을 가지거나, 피지도자들이 기도를 즐기고 그들의 기도가 발전하도록 너무 지나치게 바라거나, 피지도자들이 "발전"에 별로 신경을 쓰지 않거나 "발전"되지 않을 때 회한을 느끼고 당황하게 될 때이다. 효율적인 관리를 받음으로써 영적 지도자는 자신의 이런 경향을 인식하고, 이런 필요에서부터 자유롭고 정상적인 상태가 되도록 하느님께 요청할 수 있다.

관리를 받으면서 여성 영적 지도자가 어떤 특정 피지도자를 극단적으로 싫어하고 또 그것이 남동생과 자신의 과거 체험에 근거하고 있다는 것을 알게 되지만, 그녀로서는 그를 싫어하는 것을 어떻게 할 수 없다고 가정해 보자. 혹은 싫어하는 것이 투영 때문이 아니라 그 사람에게 싫어할 만한 모습이 있다고 가정해 보자. 그녀가 이 피지도자의 장점과 은총에 충만된 면을 통해 협력관계를 형성하지 않는다면, 그녀가 하는 영적 지도는 그에게 도움이 되지 않을 것이다. 그렇지만 그를 다른 사람에게 추천하는 것도 쉽지 않을 것이다. 왜냐하면 그 추천이 피지도자를 거절하는 것으로 받아들여질 수 있고 또 다음 영적 지도자도 역시 그를 싫어할 수 있기 때문이다. 이런 경우 그녀는 하느님의 눈으로 그 피지도자를 볼 수 있는 은총을 주시기를 청하고, 또 그녀가 그의 장점들을 받아들이기 힘들어하는 과거의 상처가 치유되도록 기도드리며, 그녀 스스로 좀더 깊이있는 영적 지도를 받거나 심리상담을 받을 필요가 있을 것이다.

궁극적으로 영적 지도자가 피지도자와의 바람직한 협력관계에 도달할 수 없다면, 피지도자를 위하여 또 영적 지도자 자신을 위해서도 피지도자가 다른 사람에게 영적 지도를 받게끔 설득해야 한다. 그녀가 그렇게 할 경우 그녀는 영적 지도의 진척이 부진한 것이 부분적으로 자신의 탓이라는 것을 분명히해야 한다. 그러나 여기서는 영적 지도자 자신의 역전이문제를 인식했을 경우에 대해 다루고 있다는 것을 기억하는 것이 중요하다. 피지도자들이 자신들의 성장과 발전을 위한 영적 지도에 제대로 참여하지 않기 때문에 문제가 발생할 경우, 영적 지도자는 자신들을 탓하지 않도록 주의해야 한다.

영적 지도자가 피지도자들을 향한 그들의 감정이 적절한지를 구분하는 데 사용할 수 있는 최상의 기준은, "이런 감정들이 하느님과 피지도자들을 향한 그들 자신의 관상적 태도의 발전과 일치하는가?"라는 질문이다. 피지도자들이 기도에서 무엇이 일어나는지에 대해 묘사할 때, 영적 지도자는 그것에 대해 관상적 태도를 가지는 것이 필수적이다. 관상적 태도가 방해를 받을 때 영적 지도자는 그 방해의 이유를 찾도록 해야 한다. 영적 지도자는 피지도자의 얘기를 들으면서 하느님께 대한 새로운 체험에 저항할 수도 있고 또한 해결되지 않은 감정적 갈등의 영향을 체험할 수도 있다. 만약 영적 지도자가 관상적 태도를 잃는 위험에 처하게 된 것을 깨닫는다면, 그 태도를 유지하는 데 필요한 어떤 조치를 취해야 할 필요가 있다.

영적 지도의 관리

지금까지 하느님과의 관계가 크리스천 영성생활의 중심이며 피지도자는 이 관계의 발전에 도움을 받으려고 영적 지도자에게 온다는 것을 강조해 왔다. 하느님과의 관계의 성장을 도움을 목적으로 하는 영적 지도에서 피지도자는 영적 지도자와 관계를 맺게 된다. 이 설명은 매우 단순하며 이것이 묘사하는 관계도 역시 단순한 것 같지만 인간 상호간의 관계는 결코 정지되어 있지 않고 항상 변화한다. 그 관계는 성장할 수 있다. 즉, 더 광범해지고 풍부해질 수 있다. 그 관계는 또한 약해질 수도 있다. 즉, 희미해지고 얕아지며 혼란스럽고 목적 없이 될 수 있다. 때때로 이런 변화들은 의식적 성찰을 통해 의도적으로 선택한 결과 일어날 수 있다. 그러나 대개 변화의 원인이 되는 요소들을 우리가 인식하지 못한 채 이런 변화들이 일어난다.

영적 지도자는 피지도자와의 관계의 건전한 발전을 위하여 상당한 시간과 노력을 투자한다. 저자들의 체험에 따르면 그 관계의 건전한 발전을 위한 최선의 방법 중의 하나는 관리(supervision)이다.

관리의 개념은 영적 지도 분야에서는 새로운 것이지만 그 개념이 지적하는 것은 전적으로 새로운 것은 아니다.[1] 그러나 영적 지도에서

---

1. 초창기 예수회의 실천에서 그 일면을 볼 수 있다. 이냐시오 성인은 그의 회헌에서 "영성수련을 스스로 끝마친 자는 반드시 다른 사람에게 영성수련을 해주어야 한다"라고 수련중의 예수회 회원들에게 언급하고 나서, "처음 다른 사람에게 영성수련을 해줄 때는 위험 부담이 적은 자들을 대상으로 하고, 좀더 경험이 많은 회원에게 유익한 영성수련 방식에 대해 문의해야 한다". *Constitutions of the Society of Jesus*, trans. George E. Ganss (St. Louis: The Institute of Jesuit Sources, 1970), pp.202-3, nos.408-9.

의 관리는 많은 검토나 조직적 발전을 겪지 못했으며 또 최근까지 널리 확대되었던 것 같지도 않다. 관리가 실천되는 곳에서도 문제점이나 문제를 가진 사람들에게 초점이 맞추어졌지 영적 지도자 자신에게 초점이 맞추어진 것은 아니었다. 그렇지만 오늘날 사목적 배려가 정신분석학과 심리학 및 사회학 분야에서 발전한 관리의 이론과 실천을 받아들임에 따라 관리는 모든 분야의 사목적 배려에서 아주 심각하게 받아들여지고 있다. 상담자나 심리치료자를 관리하는 근본 목적은 그들이 더 효율적으로 치료하도록 도와 주려는 것이기 때문에, 관리의 초점은 관리를 받는 사람에게 맞추어지고 도움을 주는 사람으로서의 자신의 성장에 맞추어진다.[2]

이러한 모형을 받아들여 영적 지도자의 관리는 영적 지도자로 하여금 피지도자가 하느님과의 관계에서 성장할 수 있도록 효율적으로 도와 주게 하려는 데에 그 목적이 있다. 달리 말해서 영적 지도자로 하여금 더 유능한 영적 지도자가 되도록 도와 주는 것이 그 목적이다. 영적 지도자와 피지도자의 관계가 하느님과의 관계 안에서 피지도자가 성장하는 것을 도와 주려는 것과 마찬가지로 관리자와 영적 지도자와의 관계도 역시 영적 지도자로서의 성장을 도와 주려는 것이다.

영적 지도자처럼 관리자도 역시 인간이며 인간들은 비슷한 실재들을 구조화하는 방식에 있어서 일관성을 띠는 경향이 있다. 일관성이 변덕을 자주 부린다면, 그것 역시 모든 인간의 마음이 무의식적으로 작용하는 방식인 것 같다. 만약 내가 영적 지도를 충고해 주는 것으로 본다면 나를 위한 관리 역시 충고를 받는 것으로 여길 것이다. 만약 내가 영적 지도를 피지도자가 자신의 삶의 체험 특히 하느님과의

---

2. 상담과 심리치료에서의 관리를 다룬 William J. Mueller and Bill L. Kell, *Coping with Conflict: Supervising Counselors and Psychotherapists* (New York: Appleton-Century-Crofts, 1972) 참조.

관계에서 맞부딪치게 되는 체험의 의미를 깨닫도록 도와 주는 것으로 본다면, 관리를 받으면서도 나의 영적 지도 체험을 검토하려 할 것이다. 실제로 우리가 영적 지도를 하는 방식과 우리가 영적 지도를 관리하는 방식은 매우 유사할 것이다. 그렇기 때문에 관리에 대한 견해가 우리가 가진 영적 지도에 대한 견해와 비슷하다는 것은 놀랄 만한 일이 아니다.

피지도자의 신앙 체험을 영적 지도의 음식 재료로 보는 것과 마찬가지로 영적 지도자로서의 체험이 관리의 음식 재료가 된다. 영적 지도자가 좀더 유능한 영적 지도자가 되기 위해 도움받기를 원한다면, 그와 관리자는 영적 지도 시간에 그와 피지도자 사이에 일어나고 있는 것, 즉 그가 영적 지도를 하면서 겪게 되는 체험에 초점을 맞추어야 한다.

영적 지도에서 체험에 초점을 맞추는 것이 중요한 것처럼 관리에서도 역시 중요하다. 만약 영적 지도자가 피지도자의 신앙 체험에 초점을 맞추지 않게 되면, 면담중에 체험의 은밀하고 도전적인 영역을 회피하려 할 것이다. 삶의 체험의 다른 영역들, 특히 문제시되는 영역들을 다루고 대처하는 데는 시간이 걸린다. 피지도자는 이런 문제시되는 영역들에서 도움을 받을 수 있겠지만 하느님과의 더 깊은 개인적 관계는 발전되지 못할 것이다. 그렇기 때문에 관리자가 영적 지도자의 영적 지도 체험 그 자체에 초점을 맞추지 않는다면 영적 지도자의 성장에 별 도움이 되지 않을 것이다.

또한 영적 지도가 피지도자의 믿음의 삶을 다루는 것과 마찬가지로 영적 지도의 관리 역시 영적 지도자의 믿음의 삶을 다루고 있다. 영적 지도에서 영적 지도자는 피지도자의 하느님과의 체험 및 그 체험들에 대한 저항에 초점을 맞추듯이 관리자는 영적 지도자로서의 체험과 피지도자를 향한 영적 지도자의 태도를 보여주는 살아 있는 믿음에 초점을 둔다.

영적 지도자가 관리를 요청할 때의 목적은 다양할 것이다. 그는 어떤 특정한 피지도자 때문에 당황해할 수도 있고, 그가 유능하게 영적 지도를 하고 있다는 확인을 필요로 할 수도 있으며, 또 관리자는 어떻게 다른 사람을 지도하는지 알아보고자 원할 수도 있다. 이런 목적들이 비록 합리적이고 또 관리적 관계에서 충족될 가능성이 있기는 하지만 초점에서 벗어나는 것이라 생각된다. 관리의 일차적인 목적은 영적 지도자의 개인적 성장을 도와 주려는 것이다. 그렇기 때문에 관리를 요청하는 영적 지도자는 근본적으로 영적 지도의 기술이나, 영적 진단의 방식이나, 적절한 성서 구절의 사용 등을 도와달라고 요청하는 것은 아니다. 그는 더 나은 영적 지도자가 되기 위해 도움을 요청하고 있는 것이다.

그래서 이런 상황에 처한 영적 지도자는 약간 불안해하면서도 자신을 도전과 성장에 개방하며 관리를 받기 시작한다. 평가를 받기 위해 자신의 활동이나 자기 자신을 드러내 보인다는 것은 모험을 하는 것이고 지각있는 사람이라면 누구라도 결핍이 드러날까봐 두려워할 것이다. 게다가 관리자가 교육 과정에서 영적 지도자를 합격시키거나 탈락시킬 권한을 가지고 있다면 그 두려움은 가중될 것이다. 그렇지만 영적 지도자가 관리를 받는 것이 영적 지도자로서 더 유능하게 되는 데 도움이 되기 때문에, 이 모험을 택해야 하고 가능한 한 솔직하게 자신의 체험을 제시해야 한다. 이때 영적 지도자는 생명을 주시는 성령과 자기 자신과 관리자를 신뢰해야 한다.

실제로 이런 형태의 관리는 서로의 신뢰를 요구한다. 관리자는 지식을 갖추고 유능하게 또 확신있게 하느님과의 관계에서의 성장을 도와 주는 자로서 자신을 발전시키려는 피관리자의 바람과 능력을 신뢰해야만 한다. 만약 관리자가 관리의 초기 단계에 이런 신뢰를 발전시키지 못하면, 그의 부정적인 생각을 암시적 태도나 때로는 드러난 행동으로 전달하게 될 것이다. 그는 피관리자에게 질문할 때

화를 내거나 그의 실수를 신랄하게 지적할 수도 있다. 이런 경우 피관리자는 그를 이해하고 함께하는 동반자라기보다는 오히려 반대자나 또는 심판관으로 관리자를 생각하게 될 것이다. 이런 감정들이 쌍방에 의해 노출되거나 혹은 인식되지 않을 수도 있으나, 그들이 조성하는 분위기는 성장에 해를 끼치게 될 것이다. 이런 상황에서 관리를 받는 영적 지도자는 관리받는 것 자체를 지겨워하고 점점 더 영적 지도자로서의 자신의 능력을 의심하게 될 것이다. 또 어떤 영적 지도자는 관리자 앞에서 화를 내거나 방어적인 태도를 취하게 될 것이다. 어느 경우이건 영적 지도자로서의 성장이 성취되기는 힘들고 관리는 성장을 도와 주는 도구가 되지 못한다.

피관리자도 역시 신뢰를 키워나가야만 한다. 그렇지 않다면 그는 영적 지도자로서의 그의 실제 체험을 드러내 보이기를 망설이거나, 그가 잘하는 것만 보이려 하거나, 관리자가 듣고 싶어하는 것이 무엇인지 알아내려고 고심하며, 그런 것만을 내놓게 될 것이다. 신뢰가 발전하기 이전에는 체험을 드러내 보이기 위해서라기보다는 오히려 감추기 위해서 영적 지도의 개념들이 사용된다. 이런 경우 "관상적 태도"나 "하느님께 가지고 간다"라는 말이 사용되지만 체험적 내용이 결여되어 공허하게 들리게 될 것이다.

개인은 다른 사람과의 관계를 통해서 한 인간으로 성장하고 변화하며, 그 사람의 성장은 그가 맺고 있는 관계의 성격과 깊이에 달려 있다. 영적 지도자로서의 성장은 피상적이 될 수 없으며 그 사람의 중심에 뿌리를 내려야만 한다. 그 중심에서 영적 지도자는 가장 친밀하게 하느님과 다른 사람들을 만난다. 영적 지도자는 가슴이 열려 있고 분별할 줄 알며, 믿음과 희망과 사랑이 거의 만져질 것 같은 인간됨을 발전시켜야 한다. 이런 방식으로 발전하기 위해 영적 지도자는 하느님과 관계를 맺어야 하고 또 그의 관리자와 깊이있는 관계를 맺어야 한다. 영적 지도자는 자신의 가슴과 마음, 믿음과 희망과 사랑. 장점과 한계점을 관리자에게 노출시키는 위험을 선택해야 한다. 어떤 영적 지도자라도 쉽사리 이렇게 되지는 않고 다른 인간에 대한 이런 신뢰를 점차 발전시키게 될 것이다. 그래서 관리자와 피관리자는 이런 방식의 신뢰를 발전시키기 위하여 서로 시간을 투자할 필요가 있다. 더구나 깊이있는 신뢰의 관계를 성취하는 것은 일회적인 사건이 아니며 그런 관계는 살아 있으며, 신뢰와 비신뢰의 새로운 수준에 다다름에 따라 움직이고 이동한다. 그러나 만약 그런 관계가 도움이 되는 경우 그것은 일반적으로 더 깊은 신뢰를 향해 나아가는 경향이 있다.

각 개인이 모두 다르기 때문에 관리적인 관계에서 어느 두 사람이 맺는 관계의 방식도 모두 다를 것이다. 어떤 관리자는 피관리자와의 관계에서 자신이 오히려 수동적으로 반응한다고 느낀다. 이때 관리자는 피관리자가 자신의 체험을 자각하고 있으며 또 그 체험을 쉽게 표현하기 때문에 자주 간섭할 필요를 느끼지 않으며, 피관리자가 그 체험의 의미를 이해하도록 도와 주는 데에 더 많은 시간을 보낸다. 반면에 다른 피관리자와는 관리자 자신이 다르게 반응한다고 느낀다. 피관리자가 비교적 자신의 체험에 대한 양상들을 자각하지 못하기 때문에 자주 간섭하여 동작이나 말이나 감정에 대한 질문들을 한다. 이와같이 상호보완성이란 관점에서, 더 직관적인 유형의 관리자는 합리적인 영적 지도자를 관리하는 것이 더 적절할지도 모른다. 이것이 사실이건 아니건, 각각의 관리적 관계가 독특하다는 것은 사실이다.

신뢰에 바탕을 둔 관리에서 협력관계를 형성하는 데 필요한 몇 가지 전제 조건을 살펴보자. 관리의 목적은 어떤 사람이 영적 지도자가 되도록 하는 것이다. 그러므로 서로가 영적 지도자로서의 성장을 추구한다는 데 동의해야만 한다. 관리를 요청하는 사람은 자신이 영적 지도자로서 성장하기를 원하고 있으며 자신이 이런 사목활동에 적합한지 혹은 부적합한지 알기 원한다는 것을 명백히해야 한다. 관리자도 피관리자와 마찬가지로 이 점에 대해 알고 있을 필요가 있다. 피관리자가 원하는 것을 관리자가 명확히 알고 있을 때, 그 관리자는 피관리자를 더 신뢰할 것이고, 더 적극적으로 도와 줄 수 있을 것이다. 피관리자는 관리자와의 협력관계에 의존하여 자신의 가장 깊은 두려움과 힘겨운 체험들과 반응들을 드러내 보일 수 있게 될 것이다. 관리자와 피관리자 사이에 굳건한 협력관계가 형성되었을 때, 피관리자는 도움을 받기 위해 자신의 가장 힘겨운 체험을 훨씬 더 수월하게 드러내 보일 수 있다. 영적 지도자로서의 능력과 믿음을 가장 예리하게 볼 수 있는 것은 바로 이런 힘겨운 체험을 통해서이다.

아래에 협력관계를 형성하는 과정을 묘사하는 것이 도움이 될 것이다.

관리자인 존과 피관리자 로즈는 관리를 시작하기 1년 전에는 서로에 대해 아는 것이 없었으나 서로 긍정적인 평을 들어 왔다. 1년 과정이 시작되었을 때 그들은 관리자를 선택하기에 앞서 신앙 체험 주말 프로그램에 참석했다. 존은 "자신의 악령을 대면하는 로즈의 용기와 하느님께 대해 구체적으로 얘기하고자 하는 그녀의 의지에 감동을 받았다"고 회상한다. 로즈는 "존이 우는 것을 보고 놀랐고, 또 존이 단순한 방식으로 하느님에 대하여 얘기하는 것에 긍정적인 인상을 받았다"고 말한다. 로즈가 존을 관리자로 선택한 후, 그녀는 그에게 "내가 당신을 관리자로 선택한 데는 또 다른 이유가 있습니다. 내가 보기에 당신은 감정을 직접 대면하는 사람인 것 같고 나는 그런 방식의 도움이 필요합니다. 나는 내 감정들을 표현하는 데 서투릅니다"라고 말했다. 이런 로즈의 용기와 솔직함 때문에 존은 그녀를 신뢰하고 그녀를 위한 관리를 받아들였다. 첫번째 면담에서 로즈가 영적 지도자로 성장하는 것을 도와 주는 것이 관리의 목적이라고 동의하고, 서로 그 단계에서 원하는 것과 기대하는 것에 대해 대화를 나누었다. 두 사람은 자신들의 체험을 다음과 같이 보고하였다.

존: 우리가 이 목적에 동의했던 것이 중요했습니다. 때때로 이렇게 힘든 관리활동을 하는 것보다 오히려 경기 관람이나 혹은 다른 활동을 하는 것이 낫겠다고 여겨질 때가 많았습니다. 로즈와의 그런 확고한 동의만 없었다면, 나는 어려운 질문들이나 다루기 힘든 영역을 자주 회피하려고 했을 겁니다.

로즈: 우리가 분명하게 우리의 목석에 동의했던 것이 매우 중요했습니다. 내가 계속해서 피지도자에게 제안할 기술이나 성서 구절을 찾고 있었기 때문에, 존은 끊임없이 나에게 그 목적을 상기시켜 주어야 했습니다. 관리의 진정한 목적이 영적 지도자로서의 나의 개인적인 성장과 자신에 대한 확신을 가지는 것임을 파악하는 데 상당한 시간이 걸렸습니다. 처음 나는 영적 지도를 하는 나 자신의 체험을 노출시키는 것을 두려워했습니다.

존: 나는 그녀의 그런 저항을 느꼈기 때문에 조급해졌습니다. 그녀는 너무 수동적이고 조용한 것 같았고, 그녀가 자신의 체험을 표현하도록 도와주는 것이 아주 힘들었습니다. 내가 조급해져서 그녀를 계속 관리할 수 있을지 의심하기 시작했을 때, 나 스스로 우리의 첫번째 면담을 상기해야만 했습니다.

로즈: 나는 그가 조급해하는 것을 느낄 수 있었고 또한 그가 너무 직선적이고 너무 파고든다고 느꼈습니다. 그가 자신의 감정을 직선적으로 표현하는 것이 나에게 도전이 된 동시에 내가 그를 두려워하게 되도록 했습니다.

이런 부정적인 감정들에도 불구하고, 그들은 신앙 체험의 나눔과 첫번 면담에서 조성되기 시작한 협력관계에 바탕을 둔 서로에 대한 신뢰를 계속해서 키워나갔다. 그들은 두 사람간의 협력관계가 6주 가량 되었을 때 마침내 굳건하게 된 것을 느꼈다(그들은 매주 1시간씩 만났다).

존: 자신의 삶과 하느님과의 관계에서 많은 고통을 느끼고 있는 어떤 피지도자에 대해 로즈가 얘기하고 있었습니다. 그녀는 그 피지도자와 자신의 체험에 대해 조용히 무감동하게 말하고 있었지만, 나는 그녀가 그 피지도자에 대해 몹시 염려하고 있음을 느꼈습니다. 그녀가 슬퍼하고 심지어 두려워하는 것 같았습니다. 내가 처음 그녀가 어떻게 느꼈는지를 물었을 때 그녀는 조용하게 그 피지도자가 하느님을 만나기를 바란다고 말했습니다. 질문을 좀더 던져보았지만 아무런 소용이 없어서, 나는 그녀가 매우 슬퍼하고 두려워하는 것 같다고 말했습니다. 그녀는 처음에는 주춤하는 것 같았으나 곧 그녀의 감정들을 표현하기 시작했고 그녀의 눈에 눈물이 글썽이기 시작했습니다.

로즈: 나를 놀라게 했던 것은 존이 나의 감정들을 인식했다는 것이었습니다. 나는 그 피지도자에 대한 강렬한 느낌을 어느 정도 자각하고 있었지만 존이 자신이 어떻게 느꼈는지를 말하고 난 후, 그것은 마치 나의 느낌을 나 스스로에게, 또 그에게 인정해도 좋다는 허락을 받은 것 같았습니다. 내가 두려워한 이유는 슬퍼하고 있는 그 피지도자를 하느님께서 도와 주시리라는 신뢰가 부족했기 때문이었습니다.

존: 이 면담이 있고 난 후 나는 로즈가 진정으로 훌륭한 영적 지도자가 될 수 있는 마음을 가지고 있음을 알았습니다. 그녀는 그 피지도자를 위해 몹시 염려했고, 또 자신의 두려움과 믿음의 부족을 인정할 수 있게 되면서 더 깊은 믿음을 가질 수 있도록 하느님께 도움을 요청할 수 있었습니다.

로즈: 이제 나는 존이 나를 이해하고 나 자신과 살아 있는 믿음에 더 균형을 가지도록 도와 주고 있음을 확신하게 되었습니다.

영적 지도의 관계에서처럼 관리의 관계에서도 협력관계에 대항하는 저항과 전이반응이 일어날 수 있다. 이때의 저항은 대개 관리자의 사람됨에 초점을 맞추는 경향이 있으나 만약 피관리자가 학점을 따거나 학위를 받거나 수료증을 받는 일에 관리자가 참여한다면, 그 저항은 또한 관리적 상황의 실제적 양상에 초점을 맞추게 될 수 있다. 관리자가 피관리자의 평가에 참여할 경우 협력관계를 형성하기 위해 더 조심스럽게 일해야만 한다. 이 경우 피관리자 자신이 만약 영적 지도를 제대로 할 수 없다면 학위나 수료증을 원하지 않을 것이라고 가정하고 협력관계를 형성한다. 영적 지도에 대한 저항과 마찬가지로 관리에 대한 저항은 예상될 뿐만 아니라 궁극적으로 관리에 도움이 된다. 관리자는 협력관계를 바탕으로 피관리자와 함께 저항을 파악하여 대처하는 것이 가능하게 된다.

자신의 기도와 영적 지도 활동에서 관상적 태도를 이미 가지고 있는 관리자는 관리적 활동에서도 그 태도가 무한한 가치가 있음을 알게 될 것이다. 또한 삶의 다른 영역에서 매우 중요하다고 여겨지는 개방과 경이의 태도가 관리에도 역시 중요함을 알게 될 것이다. 그런 태도는 피관리자가 겪게 될 것을 두려워하는 심문하는 태도에 반대되는 것이기에 배우고 성장하려는 바람과 개방의 분위기를 조성하게 된다.

관상적 태도는 함께 나누기를 초대하는 것이다. 관상적 태도를 가진 관리자는 피관리자의 얘기를 더 잘 들을 뿐만 아니라, 피관리자의 동요나 감정들을 더 쉽게 감지할 수 있기 때문에, 그 자신이 예상하는 것에 반응하기보다는 오히려 그가 듣는 것에 반응하게 된다. 그가 질문을 던지지만 책임을 추궁하는 것은 아니다. 관상적으로 얘기를 듣는 관리자는 "당신은 피지도자의 애정적 감정이 대두되었을 때 방어적인 것 같습니다"나 "당신은 섹스에 집착하고 있습니다"라고 말하기보다는 오히려 "당신이 피지도자의 기도중에 일어나는 애정적인 감정에 대해 말할 때 신경이 곤두서 있는 것을 느낄 수 있습니다"라고 말할 것이다. 관상적 태도를 가진 관리자는 형사가 아니라 듣고 반응하는 사람이며, 그의 반응이 자신의 예상이나 편견 때문에 편파적이 될 수 있음을 알기 때문에 반응을 표현하는 방식에 주의한다.

관리의 위험 중 하나는 관리자와 피관리자가 그 면담에 참석하지 않는 피지도자의 체험에만 초점을 맞추는 것이다. 특히 신뢰하는 협력관계가 아직 형성되지 않았을 때 그것은 매우 위험하다. 그런 방식이 더 안전해 보일 것이다. 왜냐하면 그 자리에 없는 피지도자가 방어적이 되거나 상처를 받거나 화를 내지 않을 것이기 때문이다. 영적 지도자가 관리를 받는 것은 궁극적으로 피지도자를 도와 주기 위한 것이라는 점을 근거로 이런 경향을 합리화시킬 수 있다. 그러나 이런 방식의 관리는 교훈적인 면담으로 전개되기가 쉽다. 이런 경우 영적 지도자는 피지도자에 의해 보고된 체험을 보고하고, 관리자는 그 보고를 듣고 나서 영성 이론의 요지를 설명하고, 다음번에 영적 지도자가 무엇을 할 수 있는지 혹 무엇을 예상할 수 있는지를 알려 주게 될 것이다. 앞의 문장에서 보고라는 말을 반복해서 사용한 점이 바로 그 과정이 적절하지 않다는 것을 지적해 준다. 체험 자체가 아니라 체험의 보고에 대한 보고가 면담의 대상이 된다. 덧붙여 그런 면담은 영적 지도자가 자기 자신의 천사와 악령을 대면하고, 또 피지도자를 지도하면서 가지게 되는 체험과 아울러 관리자에게 그 지도 체험에 대해 보고하면서 가지게 되는 자기 자신의 체험을 대면하도록 도와 주지 않는다. 그 영적 지도자는 신학적 지식이나 영적 지도의 활동에 필요한 전문 지식을 갖출지 모르지만 영적 지도자로서의 자각은 성장되지 않는다. 관리는 영성생활을 다루는 교과 과목과는 구분이 된다. 관리의 주된 목적은 피관리자가 더 효율적인 영적 지도자가 되는 방법을 배우고, 또 더 효율적인 영적 지

도자가 되는 것을 가로막고 있는 저항을 극복하는 방법을 배우도록 도와 주는 것이다.[3]

그래서 관리의 초점은 피관리자의 영적 지도 체험과 그 체험을 표현하는 방법에 맞춰진다. 이렇게 체험에 초점을 맞춤으로써 그는 자기 자신에 대하여뿐만 아니라 피지도자에 대해 좀더 많은 것을 배우게 될 것이다. 궁극적으로 피지도자의 체험이 관리적 면담시간에 대두되게 되고 그 체험이 피지도자 자신에게 무엇을 의미하는지를 알기 위해 검토될 것이지만, 중요한 것은 영적 지도자가 어떻게 들었고 어떻게 반응했는가에 조점을 맞추는 것이다. 훌륭한 관리에서 자주 듣게 되는 질문은 "왜?"이다. 어떤 반응이 피관리자를 괴롭힐 때 그는 "내가 왜 그런 방식으로 반응했는가?"라고 자신에게 또 관리자에게 물어볼 수 있다. 관리자는 피지도자의 기도생활에 대한 피관리자의 질문의 타당성을 이해할 수 없을 때 "왜 당신은 그녀의 가족과의 관계에 대하여 질문했습니까?"라고 물을 수 있다. 그러나 이런 "왜?"라는 질문들이 공허하게 동기에 대해 추측하는 방향으로 유도되어서는 안되며 오히려 그것들은 영적.지도 면담시간에 일어난 영적 지도자의 체험을 자세히 관찰하는 방향으로 유도되어야만 한다. "내 마음에 떠오르는 것이 무엇이었는가?" "내가 무엇을 느꼈는가?" "내가 그렇게 말하기 바로 전에 무슨 일이 있었는가?" 영적 지도에서 분별을 위한 질문들이 피지도자로 하여금 기도의 체험을 더 자세히 바라보고 더 예리하게 자각하도록 유도하는 것과 마찬가지로, 관리에서도 역시 이런 질문들이 영적 지도자로 하여금 영적 지도중에 일

---

3. 저자들이 영적 지도자를 관리하면서 터득한 바로는, 영적 지도자들에게 가장 필요한 관리는, 그들이 피지도자들로 하여금 하느님의 체험에 대하여 구체적으로 말하도록 도와 주는 능력을 키워주는 것이다. 영적 지도자는 체험을 그렇게 구체적으로 표현하는 데 대해 강력한 저항을 하면서도 그 저항을 깨닫지 못할 수 있다. William J. Connolly, "Spiritual Direction: An Encounter with God", *Human Development* 1, no.4 (1980), 43-4 참조.

어나는 체험을 더 예리하게 자각하도록 유도한다.

이런 질문들을 던짐으로써 영적 지도자는 피지도자의 하느님과의 관계를 위해 현명하고 적절한 도움을 주었다고 인식하게 된다. 그래서 앞의 예에서 영적 지도자는 피지도자와 하느님과의 관계에 가정생활이 중요하다는 데 대한 자신의 직관이 옳았음을 확신하게 된다. 그 질문에 대한 답변이 피지도자의 삶이 얼마나 힘들고 구속적인 것인지, 또 그녀의 가정생활의 분위기가 기도생활의 성격에 얼마나 많은 영향을 미쳤는지를 나타내 보일 수 있다. 그렇기 때문에 관리자의 질문들은 피관리자로 하여금 자신과 자신의 확신에 대해 좀더 확실하게 해준다. 훌륭한 관리는 피관리자에게 도전을 던질 뿐 아니라 아울러 격려해 주고 사기를 북돋아 주는 것이다. 자신들의 영적 지도 활동을 성찰해 보기 위해 도움을 받는 영적 지도자는 이런 성찰이 자신들의 장점뿐만 아니라 단점을, 또 자신들의 믿음뿐만 아니라 불신도 드러낸다는 것을 알게 된다.

관리가 실제로 어떻게 전개되는지 살펴보기 위하여 또 다른 예를 들어 보자(다시 존과 로즈의 체험을 사용하는 데 실제 관리 과정을 가상해서 묘사한다. 다른 예에서처럼 관련된 사람들의 신원을 보호하기 위하여 그들의 성명과 나이 및 성별과 상황을 변경시켰다).

영적 지도의 어떤 특정한 면담에 대한 보고서를 작성하는 것이 관리에 큰 도움이 된다. 영적 지도의 면담이 끝난 직후 영적 지도자는 그 면담에서 무엇이 일어났는가에 대해 성찰하고, 그 면담 동안에 진행된 것에 대해 간단히 기록해 둔다. 관리자와의 면담을 위해 영적 지도자는 피지도자와의 면담의 일부분을 택하여 그때의 대화를 재구성해 보도록 노력한다. 영적 지도자는 관리자와의 면담에 앞서 이 보고서 한 부를 관리자에게 보여주고, 더 긴급한 문제가 없는 한 그 보고서를 중심으로 면담이 진행된다. 재구성된 대화에 초점을 맞추는 것은 영적 지도자가 행한 영적 지도의 실제 과정을 파악하는 최상의 방법 중의 하나이다. 로즈는 관리자와의 면담을 위해 그런 보고서를 작성하기로 동의했다.

초기에 로즈의 보고서에서 두드러지게 드러나는 양상은 그녀가 옳은 것을 말하고 행하는 것에 대해 염려한다는 점이었다. 이런 자아 몰두 때문에 로즈는 피지도자의 얘기를 제대로 듣지 못하였고 또 피지도자의 기도 체험이나 일반적인 삶에서의 체험에 대해 초점을 맞추기가 어려웠다.

대부분의 사람들이 상담이나 심리치료나 영적 지도를 하면서 관리를 받기 시작할 때, 자아에 몰두하게 되는 것은 매우 보편적인 것 같다. 그들은 그런 역할을 맡고 나서 한동안, 다른 사람을 도와 주는 사람으로서 그들이 가지고 있는 주요한 원천, 즉 다른 사람에 대한 관심과 그들의 인간성을 잃어버리는 것 같다. 로즈의 경우에도 역시 피지도자를 위한 그녀의 사랑과 관심과 인간성을 신뢰하도록 도와 주는 것이 필요했다.

존은 "로즈가 피지도자의 기도를 위해 필요한 제안들을 하고자 할 때, 로즈로 하여금 하느님과 자신의 체험과 자신이 받은 교육이 그 원천이 됨을 신뢰하도록 도와 주는 것이 매우 힘들었습니다"라고 말한다. 점차 로즈는 영적 지도 면담을 위해 사전 계획을 준비할 필요가 없음을 인식하게 되었다. 로즈는 "존은 내가 하느님의 성령을 신뢰하도록 기도할 필요가 있고 또 성령께서 면담 동안 현존하시면서 나와 피지도자를 도와 주시도록 기도할 필요가 있음을 인식하게 도와 주었습니다. 내가 받는 영적 지도는 하느님을 더욱더 신뢰하고자 하는 나의 바람과 나에게 그런 신뢰가 필요하다는 데 초점이 맞추어졌습니다. 성령을 더욱 신뢰하게 됨에 따라 나는 점차 다른 사람의 체험 — 그것이 나의 체험과 상당히 다른 것이라 할지라도 — 을 더 잘 들을 수 있게 되었습니다. 나는 피지도자의 체험을 통해 하느님께 대해 배울 수 있다는 가능성에 점차 신이 났습니다"라고 말한다.

일반적으로 영적 지도가 좀더 관상적이 됨에 따라 기도가 더 관상적이 되고, 아울러 기도가 관상적이 됨에 따라 영적 지도가 더 관상적이 되는 것은 자명한 것 같다. 전반적으로 영적 지도 면담시간 중 기도를 위한 제안과 성서 구절들이 필요에 따라 자연스럽게 마음에 떠오르게 된다. 로즈와 같은 영적 지도자가 무엇을 말할 것인지에 대해 염려하지 않게 될 때, 그들이 이미 가지고 있는 풍부한 지식과 체험을 자연스럽게 사용할 수 있게 될 것이다.

관리는 또한 영적 지도자가 피지도자의 얘기를 들을 때 일어나는 자기 자신의 반응에 주의를 기울이도록 도와 준다. 이런 반응들은 하느님의 은총과 능력에 대한 영적 지도자 자신의 믿음과 불신을 지적하는 것일 수 있다. 예를 들어 하느님께서는 나의 분노를 치유하실 수 없을 뿐 아니라 심지어 참지 못하실 것이라고 나 자신이 두려워한다면, 내가 다른 사람으로 하여금 하느님과의 관계에서 자신의 분노와 싸우는 것을 쉽게 허용하지 않을 것이다.

로즈는 아래와 같은 방식으로 자신에 대해 인식하게 되었다.

그녀는 심각하지 않지만 상당한 우울증을 겪고 있는 어느 남자에게 영적 지도를 해주고 있었다. 그는 직업상 어느 정도 성공하였고 비교적 행복한 가정생활을 하는 것 같았다. 다음과 같이 관리적 면담이 진행되었다.

로즈: 그가 이사야 43장을 읽고서 기도하려고 노력해 보았지만 그렇게 할 수 없었다고 말했습니다. 그는 삶에 실패한 사람처럼 느꼈고 하느님께서 그에게 큰 도움이 되심을 느낄 수 없었습니다.

존: 흠 (고개를 끄덕이며).

로즈: 그래서 나는 진정으로 그의 심정을 이해할 수 있었기 때문에 그가 승진한 한 달 전의 일을 상기시켜 주었습니다.

존: 왜 그렇게 말했습니까?

로즈: 그가 자신의 우울증 때문에 좋은 일들을 잊어버린다고 느꼈기 때문입니다.

존: 그가 자신이 어떻게 느끼는지 하느님께 말씀드렸답니까?

로즈: 모르겠습니다. 그가 그것에 대해 언급하지 않았습니다.

존: 그래서 당신은 그에게 묻지 않았습니까?(로즈가 고개를 끄떡인다). 그가 얘기하고 있는 동안 당신이 어떻게 느꼈는지 기억하시겠습니까?

로즈: (잠시 침묵한 후) 나도 역시 슬펐고 약간 두려웠다고 생각합니다.

존: 두려웠다구요.

로즈: 예, 그가 우울증에서 헤어나지 못할까봐 두려웠습니다.

이 면담은 로즈 자신의 두려움과 그녀의 삶과 하느님과의 관계 및 하느님께 대한 그녀의 신뢰를 검토하는 것으로 옮겨졌다. 그녀는 자신이 가급적 슬픔을 피하려 하기 때문에 슬퍼하는 사람들의 기분을 풀어주려는 경향이 있음을 인식했다. 이번 경우에서처럼 그녀는 대개 상대방으로 하여금 하느님께 슬픔을 표현하고 도움을 요청하도록 도와 주지 않았다. 로즈는 자신의 기도와 자신이 받는 영적 지도 면담중 이런 경향에 대해 성찰하면서, 자신이 실질적으로 하느님을 불신하고 있음을 알 수 있게 되었다. 그녀는 자신이 생각한 그런 가치 없다고 느끼는 슬픔에 대해서 하느님께서는 뭔가를 하실 수 있다고 믿지 않았다. 로즈는 기도와 자신이 받는 영적 지도를 통해 이런 경향을 극복하게 되었다. 해가 지남에 따라 그녀는 점차 피지도자의 슬픔과 두려움의 체험들을 들을 수 있게 되었고, 피지도자 스스로 위로와 치유를 위해 하느님께 의지하도록 도와 줄 수 있었다. 또한 그녀는 하느님께서 우울한 사람들을 위로하시기를 원하신다는 것과 또 그런 능력이 있으시다는 것을 점차 믿게 되었다. 그녀가 듣는 데 점차 자유롭게 됨에 따라 그녀의 피지도자들도 점차 그들의 어두운 면들을 그녀와 하느님과 함께 나누기 시작했다.

위의 예에서 로즈의 실제 영적 지도의 체험에 초점을 맞춤으로써 성취하게 된 것에 주목하는 것이 중요하다. 그것 때문에 영적 지도자로서의 그녀는 한 명의 피지도자와의 관계에서뿐 아니라 다른 모든 피지도자들과의 관계에서 변화하게 되었다. 만약 관리의 면담에서 초점이 피지도자에게 맞추어져 있었다면 그녀는 그녀 자신의 실존적 믿음에 대한 태도를 결코 알지 못했을 것이다. 초점이 그녀 자신의 체험에 맞추어져 있었기 때문에 그녀는 자신을 좀더 잘 알 수 있었고 자신의 기도와 영적 지도를 통해 그것에 대해 뭔가를 할 수 있었다. 또 다른 면에서는, 로즈가 자신의 한계를 인식하고 하느님께 도움을 청할 수 있게 되었을 때, 그녀는 더 많은 피지도자들이 절망감과 실망감에 대해 얘기하기 시작하는 것을 깨닫게 되었다. 너무나 자주 영적 지도자가 무의식적으로 어떤 특정 체험에 대해 듣기를 원하지 않기 때문에 피지도자는 무엇이 일어나는지를 자각하지도 못한 채 그런 영적 지도자의 태도에 반응하게 된다. 영적 지도자의 체험에 초점을 맞춘 관리는 영적 지도자가 그런 장애들을 알아내도록 도와 주고 또 그 장애들을 제거하도록 도와 준다. 그러면 영적 지도자는 자신이 피지도자들로부터 더 많은 것을 듣게 됨을 알게 된다.

동료 그룹의 관리(peer group supervision)에 대해 여러번 언급해 왔으며 이런 그룹이 여러 분야에서 도움이 된다고 알려져 있다. 개별적 관리에서 언급된 원칙들이 그룹 관리에서도 똑같이 적용된다. 물론 그룹 관리에서는 훌륭한 협력관계의 기초가 되는 신뢰도를 형성하기가 더 어려울 것이다. 그럼에도 불구하고 조력자(facilitator)와 함께하는 믿음과 체험의 나눔시간이 신뢰도를 키우는 데 도움이 된다고 알려져 있다. 그룹 관리에서 신뢰가 형성되었을 때, 참석자들은 더 어렵고 곤란한 체험들을 기꺼이 나누기 시작한다.

신뢰도가 높을 때 그룹의 유익한 점은 가장 분명해지며 그룹에서는 중요한 문제점을 피하기가 매우 어려울 것이다. 왜냐하면 그룹 구성원 중의 누군가가 망설임이나 당혹감이나 이상한 말을 깨닫게 될 것이고, 또 초점이 영적 지도자에게서부터 피지도자에게로 이동하게 될 때도 누군가가 깨닫게 될 것이기 때문이다.

영적 지도자인 죠가 기혼 남자와의 어떤 영적 지도 면담시간에 대해 묘사하며 피지도자의 기도는 약간 건조하고 지난 몇 달 동안의 기도와는 대조적으로 하느님께서 아주 멀리 계신 것 같다고 말했다. 죠는 발표 도중 "그는 부부관계에 약간의 어려움이 있다고 언급했는데 그가 급히 지나쳐 버렸기 때문에 나도 더 이상 간섭하지 않는 것이 최선이라고 생각했습니다"고 말했다. 죠의 발표가 끝난 후 그룹 구성원들은 그 피지도자의 기도의 건조함의 원인이 무엇인가에 대해 궁금해하기 시작했다. 그들은 저항의 가능성을 추측하고 죠에게 지난번까지의 그 피지도자의 기도의 성격에 대해 물어보았다.

그룹의 구성원 중 한 여자가 그들이 피지도자에게 초점을 맞추고 있음을 지적하고, 죠가 왜 "부부관계의 어려움에 대해 좀더 말씀하시기를 원하십니까?"라고 묻지 않았는지 궁금하다고 말하고 또 영적 지도자인 죠가 "간섭"하지 않기를 바란다고 말한 것에 호기심이 일어난다고 말한다. 그녀는 죠가 "간섭"이라는 말을 사용한 것에 관심을 두고 죠는 자신을 방어하기 시작하면서 "만약 그것이 중요했다면 피지도자가 그것에 대해 더 많은 말을 했을 것입니다. 더군다나 나는 간섭하는 것처럼 보이기가 싫었습니다"라고 답변한다. 그녀는 계속해서 "예를 들어 그가 '지난 주 직장에서 매우 화가 났습니다'라고 말하고 다른 문제로 넘어 갔다고 가정해 봅시다. 당신은 '당신이 직장에서 화가 났다고 했는데 그것에 대해 좀더 얘기하기를 원하십니까?'라든지 '그 분노가 당신의 기도에 전혀 도움이 되지 않았습니까?'라고 묻지 않겠습니까? 그런 질문이 간섭하는 것 같습니까?"라고 말한다. 죠가 잠시 머뭇거린 후 "그 질문은 아주 적절합니다. 나는 나의 내면에 불안함이 있는 것을 느낄 수 있습니다. 나는 피지도자가 느끼는 분노에 대해 질문하는 것을 간섭하는 것으로 생각하지 않습니다만 부부 사이의 관계와 같은 사적인 문제에 대해 물어보는 것을 이상하다고 느낍니다. 또 때로는 개인과 하느님과의 관계에 대해 물어보는 것도 그렇습니다만 그 건조함이 부부관계의 어려움과 어떤 연관이 있지 않을까 생각합니다"라고 말한다.

죠가 그 피지도자와 그 주제에 대해 대화를 계속하지 않았기 때문에 그 그룹은 그 가능성을 다만 추정할 수 있을 뿐이다. 그 그룹이 토론을 계속함에 따라 그들 중 상당수가 친밀한 관계에 대해 질문하는 것을 간섭하는 것처럼 느끼고 있다는 것이 분명해졌다. 그들 자신의 불안함 때문에 그들이 영적 지도자의 체험보다는 오히려 피지도자의 건조함에 초점을 맞추었다고 결론짓는다.

개별적 관리에서는 관리자가 똑같이 불안해한다면 죠가 "간섭"이라는 말을 사용한 것이나 약간 당황해한 것에 대해 그냥 지나칠 수 있다. 그러나 그룹 관리에서는 참석자 중 적어도 한 사람은 이 점을 깨달을 것이라고 기대할 수 있다.

그룹 관리(group supervision)에서 비밀 보장의 문제가 매우 강력하게 대두된다. 물론 영적 지도자가 관리를 요청할 때마다 언제든지 그 문제가 대두되지만 개별적 관리자와의 관계에서의 비밀 보장이 더 쉽다. 그러나 그룹 관리에서도 신원을 감출 적절한 보호책이 사용된다면 역시 가능할 수 있다. 이 책에서 해온 것처럼 발표를 가상화하는 깃이 바람직하다. 참석하는 사람들도 개별적 관리에서 요구되는 것과 같은 수준의 비밀 보장을 지켜야 한다. 더구나 관리의 초점이 영적 지도자의 활동에 맞추어져야지 피지도자에게 맞추어져서는 안된다. 왜냐하면 관리의 과정은 영적 지도자가 더 유능하게 되도록 도와 주는 것을 목적으로 하기 때문이다. 피지도자가 관리의 목적을 이해하고 그의 사생활을 보장하기 위해 적용되는 보호책을 이해한다면 관리가 진행되는 것을 알게 될 때 감사하게 된다. 영적 지도자가 비밀 보장에 대한 의무 때문에 어떤 특정한 피지도자의 사례를 발표하는 것에 의심이 생긴다면, 단체에서 발표하는 것을 피하고 자신의 의심이 없어질 때까지 개별적 관리를 요청해야 한다.

저자들이 매우 도움이 된다고 알고 있는 단체적 관리의 하나의 형태는 사례 발표 회의(case conference)이다. 사례 발표에서 영적 지도자는 한 차례의 면담을 발표하는 것이 아니라 여러 차례의 면담에 대한 영적 지도의 개략을 발표한다. 이런 경우 영적 지도자는 영적 지도관계 전체를 검토해서 그것이 어떻게 진행되고 있고 또 어떤 요소들에 의해 현 시점에 이르게 되었는지 알 수 있게 된다. 이런 개략을 발표함으로써 영적 지도자는 영적 지도에 대한 자신의 견해를 발표할 기회를 가지게 될 뿐만 아니라 동료들의 도움으로 자신의 영적 지도 활동을 평가할 수 있다. 이렇게 함으로써 영적 지도자는 피지도자에 대한 자신의 감정적 반응을 분명히 파악할 수 있고 또 모든 참석자들도 영적 지도의 더 넓고 다양한 과정에 대해 배울 수 있다. 즉, 개별적 관리의 면담시간을 통해 얻게 되는 제한된 의견보다 광범위한 견해를 알게 됨으로써 참석자들은 영성생활에 대한 이론과 사변신학의 이론들을 구체적 사례로 연관지을 수 있게 된다. 따라서 이런 사례 발표는 사변신학과 실천신학 사이의 더 결실있는 상호관계를 이끌어낼 수 있을 것이다.

맺는 말

이 책의 서두에서 저자들은 영적 지도가 사람들의 삶의 중심을 하느님 안에서 발견하도록 도와 줄 수 있을 것이라고 제안했다. 대부분의 현대 크리스천들은 토마스 모어처럼 자신의 영혼을 다른 사람에게 맡길 수 없기에 그들 자신의 중심을 스스로 발견할 필요가 있다. 사목적 배려의 한 형태인 영적 지도의 근본적이고 직접적인 목적은 사람들이 그들의 중심을 발견하도록 도와 주는 것이다. 그리고 이 책의 나머지 부분은 영적 지도자가 자신에게 주어진 시간과 소명에 대한 책임을 더 유능하게 완수할 수 있도록 도와 주는 것에 대해 언급했다.

저자들은 독자들이 크리스천의 삶과 사고에 이바지할 수 있는 대화에 참여하기를 희망하며 또한 영적 지도가 사람들의 하느님께 대한 체험으로 시작되고, 그 체험에서 우러나오는 기도를 발전시키도록 도와 주는 것이라고 묘사하려 노력해 왔다. 그러나 우리가 그런 방식의 영적 지도에 대해 완벽하게 묘사했다고 생각하지 않으며 독자들이 그것을 함께 검토하기를 바란다.

사실 우리가 체험에 바탕을 둔 영적 지도에 대해 묘사할 때 자주 어려움에 접하게 된다. 그 어려움을 가장 잘 묘사해 주는 것으로서 사목활동에 종사하는 사람들, 즉 대부분 어느 정도의 체험을 가진 영적 지도자들을 대상으로 3일간의 연수회를 실시했을 때 일어났던 현상을 살펴보는 것이 좋을 것 같다. 대부분 연수회는 다음과 같은 순서로 진행되었다.

첫째날, 참석자들은 영적 지도에 대한 우리의 해설을 관심있게 들으며 우리가 제시하는 방식이 매우 매력적이라고 생각한다. 그러나 질문의 대부분은 적절하기는 하지만 체험과 관련된 것은 아니다. 그들은 "영적 지도와 상담의 차이는 무엇입니까?" 혹은 "특정한 문제를 가진 사람을 어떻게 도와 줄 수 있습니까?"라고 묻는다.

일반적으로 참석자들은 영적 지도의 체험을 예시하기 위하여 사용하는 역할극(role play)을 열광적으로 받아들인다. 그들은 직선적이지 않은 영적 지도자의 태도에 질문을 던지기도 하지만, 대개는 피지도자의 역을 맡은 사람과 자신들을 밀접하게 동일시한다.

둘째날, 참석자들은 우리의 해설에 더 큰 관심을 보이며, 그들의 질문은 더 예리해지지만 그들은 역할극에서의 피지도자와 자신들을 여전히 동일시하는 경향이 있다. 그래서 소그룹에서 영적 지도자의 역할을 맡게 될 때, 대부분의 참석자들은 피지도자의 체험에 초점을 맞추지 못하거나 약간 근접하기는 하나 전반적으로 거기서 벗어나는 경향이 있다.

셋째날, 대개는 아침에 다른 역할극을 제시한다. 이날의 반응은 무척 다르다. 참석자들은 "이제까지 내가 이해하고 있다고 생각했으나, 실지로 이해한 것이 아니었음을 깨달았습니다", 혹은 "처음에 나는 내가 하고 있던 영적 지도와 당신들이 말하고 있는 영적 지도와의 차이점을 깨닫지 못했습니다. 이제 다른 면으로 생각 좀 해봐야 되겠습니다" 등으로 말하기 시작한다.

여러번 반복된 이런 체험들은 우리를 의아해하게 했다. 더구나 우리 자신의 영적 지도에 대한 토론에서도 우리는 체험에서부터 초점이 자주 멀어지는 것을 깨달았다. 저자들 및 다른 사람들의 이런 체험들 때문에 지성적이고 활동적인 사목자들조차도 신앙 체험에 바탕을 두고 또 신앙 체험에 초점을 맞추려고 노력하는 영적 지도를 이해하기가 어렵다는 결론에 도달하게 되었다. 그 어려움의 가장 큰 이유는 우리측에서 살아 계신 하느님께 개방되기를 또 항상 개방된 상태로 남아 있기를 꺼려하기 때문이라고 생각하게 되었다.

이 생각이 사실이든 아니든, 방금 묘사한 체험들에 비추어 이 책을 읽는 독자들에게 무엇이 일어났는지 물어보고 싶다. 독자들은 연수 참석자들과 유사한 반응을 보이면서, 아직도 우리가 묘사한 것이 평소에 그들이 영적 지도로써 체험했던 것과 별반 다를 게 없다고 생각할 수 있다. 그렇지 않을 수도 있지만 만약 독자 자신들이 읽은 것에 주의를 기울였다면 대화는 이미 시작되었을 것이다.

이 대화는 다음과 같은 방식으로 계속될 수 있다. 독자는 특히 상세한 예화들로 돌아가서 그것들을 다시 읽어보고 자신을 영적 지도자의 위치에 놓고 "여기서 묘사하고 있는 영적 지도에서 내가 어떻게 반응할 것인가? 여기서 내 귀에 거슬리는 것이나 내가 완전히 이해하지 못하는 것이 있는가?"라고 물어볼 수 있다. 만약 독자가 이상한 것을 깨닫게 된다면 설명에 되돌아가 자신의 질문에 대한 도움을 찾아보기를 바란다. 그는 그가 발견한 것에 동의할 수도 있고 동의하지 않을 수도 있다. 특별히 영적 지도자들 사이에서 토론과 의사전달이 계속해서 활발하게 이루어진다면 어느 경우이건 대화는 계속될 수 있다.

달리 말해 이 책이 저자들과 독자들에 의해 계속 검토되기를 바란다. 하느님께 대한 우리의 체험과 삶에 밀접하게 머물러 있는 것은 다른 사람과 관계를 맺는 우리의 마음과 가슴과 능력의 가장 깊은 원천을 요구한다. 아무도 자신의 체험이나 다른 사람의 체험을 완전히 이해할 수는 없다. 만약 우리 자신이 이해의 부족을 인식하고, 그런 인식의 검토가 계속적 자극제가 될 수 있다면, 우리는 체험에 대해 더 많은 것을 배우게 될 것이고 또 실제로 사람들을 끌어당기시는 하느님의 방식에 더 개방될 것이다. 이런 노력의 궁극적인 목적은 이해를 증진시키고 또 삶을 더욱 깊이있게 하려는 것이다.

대화와 검토가 계속됨에 따라 사목적 배려와 신학적 성찰이 모두 도움을 받을 것이다. 즉, 신앙적 체험에서 분리된 신학은 치유되기 시작하고, 영적 지도자는 신학적 문제들을 인식하고 계속해서 크리스천의 신앙 체험을 접함으로써 치유에 더욱 이바지하게 될 것이다.

또한 대화와 검토를 계속함으로써 기도와 영성생활의 발전을 묘사하는 더 적절한 용어를 개발하려는 노력에 이바지할 수 있다. 전통적 용어는 관계를 묘사하는 데 적절하지 않다. 예를 들어 이냐시오 성인의 영성수련은 대개 "주"(week)의 의미로 묘사된다. 영성수련에 친숙한 사람들은 자주 "첫째 주" 혹은 "둘째 주"의 역동에 대해 말하며 이 용어들은 피정 참석자들의 실질적 체험을 더 분명하게 표현하는 것 같다. "첫째 주"의 역동은 피지도자가 자신을 사랑하고자 하시며 또 있는 그대로의 자신을 구원하고자 하시는 하느님의 의지를 갈망하면서 동시에 그것에 대항하여 싸우는 단계를 말한다. 이 역동에 의해 피지도자가 얻게 되는 것은 하느님으로부터 사랑과 구원과 용서를 받을 수 있는 자유이다. "두번째 주"의 역동은 피지도자가 예수님의 가치를 받아들이고, 예수님과 일체감을 느끼고, 예수님께서 관심두는 것에 관심을 두려고 노력하는 단계를 말한다. 이 역동에 의해 피지도자는 예수님과의 친교를 가지게 되고, 예수님께서 우리에게 베푸시고 봉사하신 것처럼, 우리 자신을 베풀고 봉사할 수 있게 되는 자유를 얻게 된다. 이같은 체험에 계속 주의를 기울임으로써 영성신학과 사목적 배려에 혜택을 줄 수 있는 더 새롭고 표현적인 용어 발전에 이바지할 수 있다.[1]

영적 지도자는 크리스천의 삶과 사고를 풍부하게 하려는 목적을 달성하기 위해 광범위한 사람들과 체험들에 개방되어 있어야만 할

---

1. 신앙의 발달 단계에 대한 James W. Fowler, *Stages of Faith: The Psychology of Human Development and the Quest for Meaning* (San Francisco: Harper & Row Publishers, 1981) 참조.

것이다. 영적 지도자는 사회 계층, 민족, 교육 수준, 환경, 종파가 모두 똑같은 사람들만으로 구성된 작은 그룹을 형성할 위험이 있다. 실제로 같은 종파 내에서의 그런 그룹은 목사들과 그 배우자들, 사제들, 신학생들, 수도자들 등 모두 "전문 신앙인"들로 구성될 위험이 있다. 이렇게 될 때 같은 생각을 가진 사람들이 모여서 형성한 작은 그룹이 체험하는 것만이 유일한 하느님께 대한 체험이라고 생각할 위험이 있다. 대부분의 평범한 사람들이 교회에 흥미를 잃게 되는 것은 전문 신앙인 계층의 체험을 바탕으로 사목적 배려와 또 강론을 해왔기 때문인 것 같다. 얼마나 많은 전문 사목 담당자들이 택시 운전사, 어린아이를 둔 어머니, 공장 근로자와 사업인의 신앙 체험에 대해 알고 있는가? 점점 더 많은 평범한 사람들이 기도를 위한 도움을 찾고 있다. 그들이 하느님께 대한 체험을 나누게 됨에 따라 교회의 삶은 풍성해질 것이며, 영적 지도자 자신들의 체험을 규범적인 것으로 만들려는 경향이 줄어들 것이다.

다른 문화와 국적을 가진 사람들의 체험이 우리의 지평을 열어 줄 수 있다. 문화적 식민주의가 관상적 태도와 충돌을 일으킨다. 관상적 태도는 다른 사람의 체험에 관심을 두고 상대방을 자신의 틀 속에 끼워맞추려고 하지 않는다. 비크리스천의 신앙 체험에 공감하며 관상적 태도로 이해하는 것 또한 지평을 확대하는 데 도움이 될 것이다.[2] 하느님을 사랑하는 사람들은 모두 하느님에 대해 좀더 알기를 바란다.

우리는 몹시 가난하고 절망적인 사람들이 하느님을 어떻게 체험하는지를 알 필요가 있다. 이미 몇몇의 소수 영적 지도자들이 절망적인 사람들과 활동하기 시작했다. 이 활동은 아직 초기 단계이나 영

---

2. John T. Carmody는 "A Next Step for Catholic Theology", *Theology Today* 33 (1976), 371-81에서 부처의 체험에 대해 묘사하고, 부처의 체험을 예수님의 체험과 연결시켰다.

적 지도자의 관상적 태도가 잘 발전할 경우에는 전도가 유망한 것 같다.

영적 지도가 더 많은 하느님의 백성들에게 이용되기를 바란다. 그렇게 되기 위해서는 영적 지도자는 기도에 대해 얘기하는 것에 익숙하지 않은 사람들과 얘기하는 방법을 배워야 할 것이다. 영적 지도자는 체험의 용어를 사용해야 하고, 사람들이 자신들의 체험이 중요하다는 것을 믿도록 도와 주는 데 시간을 투자해야 할 것이며 그렇게 투자한 시간은 결코 헛되지 않는다. 예를 들어 시저 샤베츠의 신앙 체험을 듣는 것은 유익하며 색다른 체험이 될 것이다.[3]

마지막으로 영적 지도와 사회정의와의 관계를 주목해 보도록 하자. 시저 샤베츠의 정의를 위한 운동의 원천은 바로 그의 영적 삶이었다.[4] 닥 함마슐드(Dag Hammarskjöld)의 사후 출판물인 『마아킹』(*Marking*)은 세계 평화를 위해 활동한 그의 관상적 삶에 바탕을 두고 있다고 알려져 있다. 위의 두 사람의 예에서처럼, 기도와 활동적인 삶을 함께할 수 있다는 것은 의심할 여지가 없다. 그렇지만 어떤 크리스천들은 현대의 영적 운동의 증가로 인해 내적인 면에만 관심을 쏟음으로써 이 사회의 불의를 바로잡기 위해 필요한 힘을 잃게 되지는 않을까 우려한다. 저자들은 이 질문에 대한 답변을 이 책의 결론으로 제시하고자 한다.

영적 지도자와 사회이론 및 사회활동과의 관계는 무엇인가? 영적 지도의 목적을 분명하게 이해함으로써 첫번째 답변을 얻을 수 있다. 영적 지도자의 임무는 피지도자에게 어떤 활동을 하라고 지시해 주는 것이 아니라 피지도자와 하느님 사이의 개방적 의사전달을 발전

---

3. Jacques E. Levy, *Cesar Chavez: Autobiography of La Causa* (New York: W. W. Norton & Co., 1975). Rosengarten's *All God's Dangers: The Life of Nate Shaw* (New York: Alfred A. Knopf, 1974)는 또 다른 강력한 체험을 다루고 있다.
4. Levy, op. cit.

시키는 것이다. 영적 지도자는 하느님께서 피지도자를 통해 무엇인가 하기를 원하신다면 그것을 피지도자에게 표현하시리라고 믿는다. 다양한 영역에서 사회정의를 위한 투쟁에 참여하는 많은 사람들은 영적 지도에 참여함으로써 사회활동의 필요를 더욱 인식하게 된다고 말한다. 정의와 평화를 부르짖고 있는 이 세상에서, 또 교회가 크리스천들이 정의를 위한 투쟁에 참여하기를 촉구하는 이 시점에서, 피지도자가 기도중에 한 번도 그 투쟁에서의 자신의 역할에 대해 생각해 보거나 질문해 보지 않았다면 이상한 것이다. 크리스천 전통은 다른 사람에게 관심을 보이지 않는 기도생활을 의심해 왔다. 그렇기 때문에 영적 지도자들이 사회정의를 무시하는 기도생활에 대해 의문을 제기하는 것은 당연하다. 그러나 그들은 선생이나 설교자나 훈계자로서가 아니라 영적 지도자로서 그렇게 하는 것이다.

둘째로 버나드 로너간[5]과 같이 회개(conversion)한 사람들은 회개하지 않은 사람들과 다르다고 말할 수 있다. 이들 두 부류는 모두 사회정의를 위한 활동에 참여할 수 있으나 그들의 내면 태도는 다르다. 영적 지도가 관심을 두는 것은 내면 태도의 차이이다. 활동적으로 참여하는 사람들은 영적 지도를 받으면서 하느님의 백성들과 함께 또 하느님의 백성들을 위하여 활동하는 데 필요한 열성을 잃지 않을 것이며 오히려 그들이 회개함에 따라 다른 견해를 가진 사람들을 경멸하거나 엄격하게 대하지 않게 된다.

또한 오늘날 영적 지도를 시작하는 사람은 이냐시오 성인에게 영적 지도를 요청한 사람들과 다르며 자신의 내적인 삶에 바탕을 두어야 할 필요성은 널리 인식되고 있다. 그러나 사회 이론가들은 우리가 사회·정치·문화적 규범과 제도에 너무 뒤엉켜 있기 때문에 우리의 내면과 외면을 명확히 구분하기가 어렵다고 말한다. 이런 우리

---

5. Bernard J. F. Lonergan, *Method in Theology* (New York: Herder and Herder, 1972), p.271.

들 체험의 "공적" 구조[6]는 어느 대인관계의 유형에서와 마찬가지로 무의식적으로 작용한다. 실제로 주변의 모든 사람이 사회적·문화적·제도적 구조를 공유하고 있기 때문에 우리들 체험의 구조를 파악하기가 더 어렵다. 우리들 체험을 구조화하는 특정한 방식에 너무 습관화되어 만약 그런 방식들이 제거된다면 우리는 극도의 불안을 겪게 될 것이다.[7] 달리 말해 이런 공적 차원은 우리로 하여금 하느님을 더 분명히 보고 하느님의 세상을 더 분명히 보는 것을 가로막을 수 있다. 그래서 사회 이론가들이 영적 지도자에게 묻는 질문은 "사람들이 더 실제적으로 되는 것을 가로막는 이런 맹점들을 어떻게 인식하도록 도와 줄 수 있는가?"이다.

이것은 좋은 질문이다. 그에 대한 유일한 대답은 영적 지도는 그 자체의 내면적 역동에 머물러 있어야만 한다는 것이다. 그 내면적 역동은 하느님과 피지도자의 관계가 발전하도록 도와 주고, 하느님과 삶을 신뢰하며, 교회의 다른 사목활동들이 그 역할을 수행해 낼 것을 신뢰하는 것이다. 개성의 공적 차원과 공적 죄의식[8]을 이미 의식하고 있는 사람들이 관상함으로써 더 내면적이고 사적인 신앙생활로 돌아가게 되지는 않는다. 사람들이 하느님 앞에서 더 실제적이 되고 하느님께서 그들 앞에서 더 실제적이 됨에 따라 급진적인 변화가 일어난다. 예를 들어 그들은 그들의 "공적" 구조에 도전하는 방식의 독서와 강연과 설교에 더 개방적이 된다.

---

6. Peter J. Henriot는 우리의 개인적·대인적·공적 차원에 대해 "The Public Dimension of the Spiritual Life of the Christian: The Problem of 'Simultaneity'", in William R. Callahan and William A. Barry, eds., *Soundings: A Task Force on Social Consciousness and Ignatian Spirituality* (Washington, D.C.: Center of Concern, 1974), pp.13-4에서 다루고 있다.

7. William R. Callahan, "The Impact of Culture on Religious Values and Decision-Making", in Callahan and Barry, eds., *Soundings*, op. cit., pp.8-12.

8. William A. Barry, "The Spiritual Excercises and Social Action: The Role of the Director", in Callahan and Barry, eds., *Soundings*, op. cit., pp.22-4.

마지막으로 기도나 영적 지도가 모든 문제에 답을 주리라는 망상에 가까운 집요하고도 위험스런 생각을 접어두어야 한다. 기도나 영적 지도가 모든 문제에 해답을 주지는 않으며 기도와 영적 지도는 관계에 관심을 두지 마술적인 해결책에 관심을 두는 것은 아니다. 다른 어느 관계처럼 하느님과의 관계는 하느님께 대한 사랑 때문에 발전되고 소중히 간직되는 것이지, 그것이 투표를 어떻게 해야 하는지, 정의를 위해 어떻게 활동해야 하는지, 어떤 사회 문제를 먼저 개선해야 하는지에 대한 실질적인 지식을 제공하기 때문은 아니다. 하느님과 사랑에 빠진 사람도 여전히 학교에서 공부할 때 숙제를 해야 하고, 지방 정치에서 중요한 문제에 어떻게 투표해야 할지 결정할 필요가 있으며 부당한 집주인에 대항하여 빈민촌 주민들을 조직하려 한다면 그 일을 어떻게 해야 하는지 어디에선가 배워야 한다.

요즘 너무나 자주 신앙인들이 어떤 문제에 대해 기도했다고 말하면서 그들의 결정을 정당화시킨다. 그들이 선택을 내리기 전에 기도를 함으로써 좀더 그 일에 열성적이 되기를 희망하지만, 아울러 그들이 해야 할 일을 제대로 했기를 바란다. 만약 나쁜 판단이나 결정이 기도에 의해 얻어지고 또 기도의 탓으로 돌려지게 된다면 기도와 영적 지도는 나쁜 평판을 얻게 될 것이다. 마지막 분석으로써 영적 지도는 "올바른 선택"이나 "훌륭한 신자", "활동적인 사도들", "명석한 결정권자"들을 만들어내는 데 목적이 있는 것이 아니라 관계, 즉 사랑의 관계를 발전시키는 데 그 목적이 있다. 그리고 영적 지도의 도움을 받은 많은 사람들은 이 세상에서 하느님 왕국의 도래를 위해 활동하기를 바라며 그것을 위해 노력한다. 그러나 영적 지도는 그들이 자신들의 활동을 자유롭게 선택하도록 맡겨두어야 한다.

참고 문헌

Barry, William A., et al. "Affectivity and Sexuality: Their Relationship to the Spiritual and Apostolic Life of Jesuits. Comments on Three Experiences." *Studies in the Spirituality of Jesuits* (St. Louis: American Assistancy Seminar on Jesuit Spirituality, March-May, 1978), vol.10, nos.2 and 3.

Connolly, William J., S.J. "Contemporary Spiritual Direction: Scope and Principles." *Studies in the Spirituality of Jesuits* (St. Louis: American Assistancy Seminar on Jesuit Spirituality, June 1975), vol.7, no.3.

Connolly, William J., S.J., and Land, Phil. "Jesuit Spiritualities and the Struggle for Social Justice." *Studies in the Spirituality of Jesuits* (St. Louis: American Assistancy Seminar on Jesuit Spirituality, Sept. 1977), vol.9, no.4.

Dyckman, Katherine Marie, and Carroll, L. Patrick. *Inviting the Mystic, Supporting the Prophet: An Introduction to Spiritual Direction.* New York / Ramsey: Paulist Press, 1981.

Edwards, Tilden. Spiritual Friend: *Reclaiming the Gift of Spiritual Direction.* New York: Paulist Press, 1980.

English, John, J., S.J. *Choosing Life.* New York: Paulist Press, 1978.

English, John, J., S.J. *Spiritual Freedom: From An Experience of the Ignatian Exercises to the Art of Spiritual Direction.* Guelph, Ontario: Loyola House, 1979.

Fleming, David L., S.J., ed. *Notes on the Spiritual Exercises of St. Ignatius of Loyola.* St. Louis: Review for Religious, 1981. (This collection contains a number of articles on spiritual direction.)

Gratton, Carolyn. *Guidelines for Spiritual Direction.* Denville, N.J.: Dimension Books, 1980.

Hart, N. Thomas. *The Art of Christian Listening.* New York: Paulist Press, 1980.

Isabell, Damien, O.F.M. *The Spiritual Director: A Practical Guide.* Chicago: Franciscan Herald Press, 1976.

Laplace, Jean, S.J. *Preparing for Spiritual Direction.* Translated by John C. Guinnes. Chicago: Franciscan Herald Press, 1975.

Leech, Kenneth. Soul Friend: *The Practice of Christian Spirituality.* New York: Harper & Row Publishers, 1980.

McNeill, John T. *A History of the Cure of Souls.* New York: Harper & Row Publishers, 1951.

Merton, Thomas. *Spiritual Direction and Meditation*. Collegeville, Minn.: Liturgical Press, 1960.
des Places, Edouard, et al. *"Direction Spirituelle." Dictionnaire de Spiritualité*, vol.3, cols.1002-1222. Paris: Beauchesne, 1957.
Sullivan, John, ed. *Spiritual Direction*. Carmelite Studies no.1. Washington, D.C.: Institute of Carmelite Studies, 1980.
Wall, K. A. "Direction, Spiritual." *New Catholic Encyclopedia*. New York: McGraw-Hill, 1976.
Wulf, Friedrich. "Spiritual Direction." *Sacramentum Mundi*, vol.6, pp. 165-7. New York: Herder & Herder, 1970.